涉外秘书实务

谭一平　史玉娇　符海玲　编著

内 容 简 介

本书从理论联系实际、解决秘书日常工作中的困惑和难题出发，以突出职业秘书的基本素质和技能为特点，以培养跨文化沟通能力为重点进行编写。同时，本书配有大量的案例分析、技能实训及专业英语会话练习，分别从秘书工作概述、从事秘书工作的基本条件、秘书的工作知识、人际关系与沟通、礼仪与接待、秘书的基本技能、职业生涯规划及作为助理应具备的经营常识等八个方面对涉外文秘工作进行了介绍。

本书既可作为相关院校涉外文秘专业的教材使用，也可作为在职涉外文秘人员的日常参考用书。

图书在版编目(CIP)数据

涉外秘书实务/谭一平，史玉峤，符海玲编著. —北京：北京大学出版社，2011.10
ISBN 978-7-301-18075-4

Ⅰ.①涉… Ⅱ.①谭…②史… ③符… Ⅲ.①三资企业－秘书学－高等学校：技术学校－教材 Ⅳ.①F276.43

中国版本图书馆 CIP 数据核字(2011)第 220866 号

书　　　名：涉外秘书实务
著作责任者：谭一平　史玉峤　符海玲　编著
策　划　编　辑：周　伟
责　任　编　辑：傅　莉
标　准　书　号：ISBN 978-7-301-18075-4/F·2642
出　版　发　行：北京大学出版社
地　　　址：北京市海淀区成府路 205 号　100871
网　　　址：http://www.pup.cn
电　子　信　箱：zyjy@pup.cn
电　　　话：邮购部 62752015　发行部 62750672　编辑部 62754934　出版部 62754962
印　刷　者：北京鑫海金澳胶印有限公司
经　销　者：新华书店
　　　　　　787 毫米×1092 毫米　16 开本　13.75 印张　335 千字
　　　　　　2011 年 10 月第 1 版　2013 年 11 月第 2 次印刷
定　　　价：27.00 元

未经许可，不得以任何方式复制或抄袭本书之部分或全部内容。
版权所有，侵权必究
举报电话：(010)62752024　电子信箱：fd@pup.pku.edu.cn

前言

随着改革开放的深化,我国的外资企业越来越多,从事涉外秘书工作的人也越来越多;与此同时,外资企业对文秘人员的素质和能力的要求也越来越高。因此,无论是各学校涉外文秘专业的师生,还是广大的在职涉外文秘人员,都迫切需要一本理论联系实际、解决日常工作中的困惑和难题的教科书。与传统的同类教材相比,本书具有以下两大特点。

第一,突出职业秘书的基本素质和技能,同时配有大量的案例分析,以提高学生的学习兴趣和教师的教学效果。

第二,注重跨文化沟通能力的培养,同时配有大量的专业英语会话练习及拓展阅读。涉外秘书首先要有较强的专业英语沟通能力,但仅有较强的外语表达能力还不足以胜任涉外秘书一职,协助外籍上司工作还必须具有相当的跨文化沟通能力。所以,本书安排了专门的章节讲解沟通技巧,特别是跨文化的沟通技巧,以培养学生的跨文化沟通能力,这在同类教材中是独一无二的。

需要特别说明的是,由于教学安排和篇幅有限等原因,本书未对写作和档案管理这两项秘书应具备的基本技能进行具体讲解,编者将在另外的教材中作详细的介绍。此外,关于本书中案例分析的参考答案,读者既可登陆北京大学出版社的相关网站下载,也可在本人的"一平工作室"(www.tanyiping.com)下载。

与以往的涉外秘书教材相比,本书无论是在理念上还是在内容和结构上都有很多创新。在编写过程中,本书得到了北京物资学院的李明怡、张娇、周祎帆、孔丽娟、李筱叶、刘薇、孟阳等人的帮助,在此表示感谢。

尽管本人竭诚努力,但由于水平有限,本书仍有种种不足之处,所以,本人期望与广大师生多多交流。因此,欢迎读者登陆本人的"一平工作室"(www.tanyiping.com),对本书给予批评指正,以便在将来修订完善。

另外,本人在此声明:不管以何种方式使用本书的原创性故事和案例,都必须经本人授权,否则将被视为侵权行为,本人保留追究侵权行为的权利。

谭一平

二〇一一年七月于北京

目 录

第一章　秘书工作概述 (1)
第一节　秘书的定义及其作用 (2)
一、秘书的定义 (2)
二、秘书的作用 (2)
三、助理、秘书与文员的区别 (3)
第二节　秘书工作的起源 (4)
一、我国古代秘书的起源 (4)
二、现代意义秘书的诞生 (4)
三、秘书的性别 (5)
第三节　领导人选择秘书的标准 (5)
一、容貌端庄 (5)
二、为人稳重 (5)
三、经验丰富 (6)

第二章　从事秘书工作的基本条件 (7)
第一节　做好从事秘书工作的各项准备 (8)
一、成为标准的白领 (8)
二、具备做好秘书工作的"使命感" (13)
三、学会使用职场语言 (13)
四、遵守上下班时间 (13)
第二节　秘书的素质要求 (14)
一、认真 (14)
二、诚实 (15)
三、谦逊 (15)
四、合群 (15)
五、宽厚 (16)
六、自信 (16)
七、缜密 (16)
八、有上进心 (17)
九、幽默风趣 (17)
第三节　秘书的能力要求 (17)
一、判断能力与执行能力 (18)
二、理解能力与洞察能力 (19)
三、信息收集能力和写作能力 (19)
四、记忆力 (20)
五、交流沟通能力 (20)
六、OA 操作能力 (20)
第四节　秘书的知识要求 (20)
一、秘书必须成为"常识家" (20)
二、一般社会生活常识 (22)
三、母企业所在国常识 (23)
第五节　保守机密 (23)
一、保密的重要性 (23)
二、日常保密 (24)
三、保密不是封闭 (24)

第三章　秘书的工作知识 (29)
第一节　上司与秘书的工作 (30)
一、企业与上司 (30)
二、上司与秘书的关系 (30)
三、秘书的工作内容因上司而异 (31)
第二节　秘书的工作内容 (31)
一、日常工作 (31)
二、当上司不在办公室 (32)
三、发挥主观能动性 (32)
四、注意"越位"问题 (32)
五、工作出现失误之后 (33)

第三节　秘书的工作特点……（34）
　一、需要自己马上拿主意的
　　事情多……（34）
　二、工作的内容变化快……（34）
　三、一心多用的时候多……（34）
　四、忙闲苦乐不均……（35）
第四节　接受指示与执行指令……（35）
　一、接受指示……（35）
　二、服从指令……（36）
第五节　请示与汇报工作……（36）
　一、请示的方法……（36）
　二、汇报的方法……（37）
第六节　给上司提醒与建议……（38）
　一、注意提醒上司……（38）
　二、给上司提建议……（39）
第七节　提高工作质量与效率……（41）
　一、质量意识……（41）
　二、制订工作计划……（41）
　三、工作程序化……（42）
　四、分清工作轻重缓急……（42）
　五、合理利用空余时间……（43）
　六、工作创新……（44）
第八节　养成良好的职业习惯……（45）
　一、换位思考……（45）
　二、勤做笔记……（45）
　三、坚持写日记……（46）
　四、说话"铺垫"……（47）
　五、首先倾听……（48）
　六、不耻下问……（48）
　七、起草腹案……（48）
　八、日事日清……（48）

第四章　人际关系与沟通……（53）
第一节　概述……（54）
　一、人际关系与沟通的含义……（54）
　二、处理好人际关系的意义……（54）
　三、构筑人际关系的基础……（55）
　四、有效沟通的意义……（56）
　五、沟通与人际关系的
　　相互作用……（57）
第二节　处理人际关系的基本
　　　　原则……（57）
　一、实事求是……（57）
　二、为人谦逊……（58）
　三、不卑不亢……（58）
　四、尊重公司潜规则……（59）
第三节　与上司的关系……（59）
　一、了解上司……（59）
　二、协助上司工作……（62）
　三、与上司形成默契……（63）
　四、与新上司的关系……（63）
　五、正确对待上司的"毛病"……（64）
　六、与外籍上司相处……（65）
第四节　与其他秘书及其他方面的
　　　　关系……（66）
　一、与其他秘书的关系……（66）
　二、与公司各部门的关系……（67）
　三、与客户的关系……（69）
第五节　沟通的基本功……（70）
　一、"听"的学问……（70）
　二、"说"的艺术……（71）
第六节　与上司沟通的五大
　　　　技巧……（73）
　一、倾听的技巧……（73）
　二、提问的技巧……（74）
　三、表示敬意和感谢的技巧……（76）
　四、报告的技巧……（78）
　五、提建议的技巧……（79）
第七节　协助外籍上司沟通……（80）
　一、价值文化的冲突……（80）
　二、思维方式的冲突……（83）
　三、管理方式的冲突……（86）
　四、企业文化的冲突……（89）
　五、言语行为的冲突……（91）
　六、非言语行为的冲突……（94）

第八节　秘书的情商 …………… (97)
　　　一、情商的基本内容 ………… (97)
　　　二、情商对于秘书的意义 …… (99)
　　　三、提高情商 ………………… (99)
第五章　礼仪与接待 ……………… (105)
　第一节　概述 …………………… (106)
　　　一、礼仪的基本概念 ………… (106)
　　　二、秘书与礼仪 ……………… (107)
　第二节　秘书的形象要求 ……… (108)
　　　一、打扮的基本原则 ………… (108)
　　　二、仪表的要求 ……………… (108)
　　　三、举止优雅 ………………… (109)
　　　四、情绪管理 ………………… (110)
　　　五、健康的生活方式 ………… (110)
　第三节　接打电话 ……………… (111)
　　　一、基本要求 ………………… (111)
　　　二、接转电话 ………………… (112)
　　　三、拨打电话 ………………… (114)
　第四节　接待客人 ……………… (115)
　　　一、接待的基本要求 ………… (115)
　　　二、前台的工作规范 ………… (116)
　　　三、接待客人的要领 ………… (118)
　　　四、接待中意外情况的处理 … (120)
　　　五、接待投诉的客人 ………… (121)
　第五节　与外籍员工交往的
　　　　　礼仪 …………………… (122)
　　　一、问候 ……………………… (123)
　　　二、介绍 ……………………… (124)
　　　三、告别 ……………………… (124)
　　　四、请求 ……………………… (125)
　　　五、道歉 ……………………… (125)
　　　六、感谢 ……………………… (126)
　　　七、提议 ……………………… (126)
　　　八、恭维 ……………………… (127)
　　　九、拒绝 ……………………… (127)
第六章　秘书的基本技能 ………… (137)
　第一节　管理上司的办公室 …… (138)
　　　一、每天早晨的工作 ………… (138)
　　　二、日常资料的处理 ………… (139)
　　　三、给上司送材料的时间和
　　　　　顺序 …………………… (144)
　　　四、邮件的收发 ……………… (145)
　　　五、上司的保健 ……………… (146)
　第二节　信息收集 ……………… (146)
　　　一、收集信息的基本要求 …… (147)
　　　二、信息的基本内容 ………… (148)
　　　三、信息的来源 ……………… (149)
　　　四、收集信息的技巧 ………… (150)
　　　五、信息的筛选 ……………… (151)
　第三节　上司的日程管理 ……… (152)
　　　一、日程管理的意义和内容 … (152)
　　　二、日程管理的原则 ………… (153)
　　　三、制定日程表的方法 ……… (153)
　　　四、制定日程表的注意事项 … (156)
　　　五、日程表的管理 …………… (156)
　　　六、安排约见的基本原则 …… (158)
　　　七、拜访客户的注意事项 …… (159)
　第四节　会务工作 ……………… (160)
　　　一、会前的筹备工作 ………… (160)
　　　二、会中的服务工作 ………… (163)
　　　三、会后的扫尾工作 ………… (165)
　　　四、电视电话会议 …………… (166)
　　　五、参加外部会议 …………… (166)
　第五节　出差实务 ……………… (167)
　　　一、出发前的准备工作 ……… (167)
　　　二、上司出差期间的工作 …… (169)
　　　三、与上司一起出差 ………… (170)
　　　四、到国外出差 ……………… (171)
　　　五、出差归来的工作 ………… (171)
第七章　职业生涯规划 …………… (175)
　第一节　职业生涯规划的含义与
　　　　　意义 …………………… (176)
　　　一、职业生涯规划的含义 …… (176)
　　　二、制定职业生涯规划的意义 … (176)

III

第二节 秘书工作的发展趋势 …(177)
　一、秘书工作的综合化………(177)
　二、秘书工作的信息化………(177)
　三、秘书工作的国际化………(178)
第三节 制定职业生涯规划的
　　　　依据 ……………………(179)
　一、社会对秘书工作的新
　　　要求 ……………………(179)
　二、把握自己的价值观………(179)
　三、秘书的职位优势…………(180)
　四、如果不适合做职业秘书……(182)
第四节 制定职业生涯规划的
　　　　方法 ……………………(183)
　一、确定职业目标……………(183)
　二、了解职业目标的素质与能力
　　　要求 ……………………(183)
　三、根据职位要求制订学习
　　　计划 ……………………(183)
　四、对职业生涯规划的修订……(184)
第五节 自我提升 ………………(185)
　一、充分发挥主观能动性……(185)
　二、提高工作的含金量………(186)
　三、充分发挥职务优势………(186)
　四、在"打杂"中创造机会……(187)
　五、将上司当作学习的楷模……(188)
第六节 自我管理 ………………(189)
　一、学习管理 …………………(189)
　二、健康管理 …………………(190)

第八章 作为助理应具备的经营
　　　　常识 ……………………(193)
第一节 企业管理常识 …………(194)
　一、公司常识 …………………(194)
　二、公司产品（服务）常识……(195)
　三、人力资源常识……………(195)
　四、市场营销常识……………(195)
　五、生产管理常识……………(196)
第二节 财会常识 ………………(197)
　一、会计常识 …………………(197)
　二、财务常识 …………………(199)
　三、支票常识 …………………(200)
　四、税务常识 …………………(200)
第三节 法律常识 ………………(201)
　一、《中华人民共和国公司法》…(201)
　二、《中华人民共和国合同法》…(202)
　三、《中华人民共和国劳动法》…(202)
　四、《中华人民共和国专利法》…(203)
　五、《中华人民共和国商标法》…(204)
第四节 统计学常识 ……………(205)
　一、绝对数 ……………………(205)
　二、相对数 ……………………(205)
　三、平均数 ……………………(206)
　四、发展速度 …………………(207)
　五、增长速度 …………………(207)

参考书目 ………………………(209)

第一章

秘书工作概述

第一节 秘书的定义及其作用

一、秘书的定义

长期以来,秘书作为一种职业在人们心目中的形象犹如云雾缭绕的庐山,横看成岭侧成峰,远近高低各不同。在一部分人看来,秘书长相漂亮,地位显赫,出尽风头;但在另一部分人的眼中,秘书缺乏个性,默默无闻,专为他人作嫁衣裳。"秘书是上司的助手"、"秘书是上司最重要的商品——时间的管理者",与这些倾向于积极的评价相反,也有消极的评价,如"秘书是上司的传声筒"等,各种评价,不一而足。

那么,秘书到底是什么?秘书是为上司(即秘书的直接领导,本书下同)而存在的,没有上司就不会有秘书这种职业。因此,要了解"秘书"的含义,就必须先了解"上司"是做什么的。

由于行业和职位的不同,"上司"们的工作千差万别,有的搞实业,有的做贸易,但他们工作的本质都是一样的,那就是"决策"。在现代企业里,随着市场竞争日益激烈,现代企业领导人的决策风险也越来越大,而且企业规模越大决策风险也就越大。他们在日常工作中经常需要面对各式各样的问题,如人事问题、市场问题、新产品研发问题等。面对这些问题,他们常常被迫做出各种决策,而且,这些决策又必须是明确的和及时的。因此,如果没有人帮助他们处理日常工作中的杂务,事事都需要他们亲力亲为的话,那就很难保证他们的决策是科学而且及时的。如果企业领导人的决策不能做到科学而且及时,就有可能影响企业的发展,甚至影响企业的生存。如果是上市公司的领导人,他们不仅要对公司所有的员工及员工的家属负责,而且还要对公司所有的股东负责,不仅如此,他们还要对所有的经销商和供货商负责,由于他们的产品已进入千家万户,因此,他们还必须对整个社会负责。因此,如果企业领导人的决策稍有失误,那它不仅会影响企业的发展,而且还会造成严重的社会影响。

为了让领导人的决策做到科学而又及时,就必须为他们创造一个良好的决策环境。所以,秘书的定义是**"秘书是为上司创造最佳环境的人"**。

二、秘书的作用

领导人所需的决策环境可分为"硬环境"和"软环境",或者可称之为"有形环境"和"无形环境"。所谓良好的"硬环境",就是指领导人办公室要做到整洁与舒适,领导人在决策时不易受外界的影响和干扰,能保持一个良好的心态,所以,这就需要秘书为他们整理办公室、转接电话、招待客人甚至处理一些个人事务。所谓良好的"软环境",是指领导人在决策过程中,要有充分、及时而又准确的决策信息。只有具备充分、及时而又准确的信息,领导人才能做出科学而又及时的决策,所以,这就需要秘书为他们收集和整理各种信息。简而言之,企业为领导人配备秘书,就是让秘书协助上司处理他们工作中的杂务,以便让领导人能专心致志地工作。从这个意义上来说,秘书的工作就是为上司"打杂"。

三、助理、秘书与文员的区别

目前,越来越多的企业设置了"助理"的职位,但事实上我国目前对"助理"、"秘书"和"文员"这几种职位没有进行严格的区分。在我国大多数的企业中,秘书的职责范围并不是十分明确,他们要负责的工作范围很宽,因此,他们常常被称为"不管部部长"。

从现代人力资源学的角度来看,助理、秘书和文员这三者同属于"秘书"的范畴,它们在本质上没什么区别,只不过是在分工上略有不同。所以,要给助理、秘书与文员作一个明确的区分十分困难,最多只能勾勒一个大致的轮廓。

日本著名学者田中笃子在其《秘书的理论与实践》[①]一书中将秘书的日常工作分为四个层次,并称之为"钻石图"(如图 1-1 所示)。

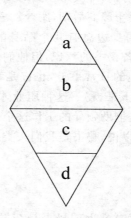

图 1-1 秘书工作"钻石图"

"钻石图"中的 a 部分工作是指参与企业经营决策、协调与各方面的关系和负责秘书部门的管理等工作,b 部分工作包括上司办公室的管理、负责文件起草、信息收集、日程安排、上司出差准备等工作,c 部分工作包括为上司接打电话、接待客人、收发邮件等工作,d 部分工作主要是负责办公用品管理、安检、卫生等行政后勤工作。

从这个"钻石图"可以看出,从事 a 部分的工作一般是办公室主任这类人,它实际上属于企业管理的范畴,不是严格意义上的"秘书工作"。同样,d 部分的工作也不是严格意义的"秘书工作",它属于行政后勤工作的范围。只有 b 和 c 才是我们通常所说的"秘书工作"。因此,现在人们习惯上这么理解:

助理＝a＋b
秘书＝b＋c
文员＝c＋d

[①] 谭一平译,高等教育出版社。

第二节

秘书工作的起源

一、我国古代秘书的起源

我国的秘书工作到底起源于什么时候,目前学术界似乎还没有定论,有的学者认为我国的秘书工作起源于部落联盟的昌盛时期,即黄帝至禹时期,距今约在四千五百年至四千一百年之间;也有学者认为秘书工作诞生于殷商后期,距今约三四千年之间。

在古代原始部落里,每个首领的身边总有几个贴身的人,这些人协助首领对内渔牧开荒,对外或战或和,他们虽然还不具备秘书的意识,但他们已为现代秘书的作用定下了基调。当然,那个时代的辅助作用仅是单纯的日常事务,也许是在文字出现之后,部落首领或族长们才觉得有必要将自己的命令记录下来,秘书这种职业才算真正诞生。不管我国古代秘书到底起源于哪一年,从秘书的职责是辅助领导的工作这个意义上来说,早在人类还处于原始部落的时代秘书就已经诞生了。可以说,秘书是我们人类历史上最古老的职业之一。

二、现代意义秘书的诞生

作为一种正式的社会职业,现代意义上的秘书是在发明打字机之后才正式形成的。打字机是1714年由汉利米尔(Henry Mill)发明的。打字机一诞生就大大提高了一直以来用手抄写文件的效率。打字机提高打字效率,再加上精美的印刷,于是打字和印刷就逐渐成为办公室里的时尚和必备,这样又大大加快了打字机的普及速度。当然,这一切与产业革命带来的生产效率的提高以及伴随而来的大量的文件处理的需求是分不开的。

打字机的出现再加上速记法的改进大大提高了办公室的工作效率。秘书要能够用速记将上司口述的指示迅速地用打字机打出来,形成正式的文件,这逐渐成为欧美国家雇佣秘书的首要条件。长期以来,速记和打字是秘书的两大基本技能,直至20世纪70年代,在录用秘书的考试中,速记仍然是考试的重点。

欧美国家的女性秘书真正引起社会关注是在第一次世界大战期间。在此之前,在欧美国家的企业中,经营管理基本是男性的天下,很少有女性进入。由于上前线打仗男性人手不足,于是雇主们开始增加录用女性。那时人们认为女性比男性更容易掌握打字和速记的技能,而且女性大多不会拒绝从事薪水较低的辅助性工作。因此,雇主们开始录用大量的女性来给男性从事辅助工作,女性不仅薪水较低,而且比男性更适合从事打字速记这类的工作,于是,女性秘书作为一种正式的社会群体进入社会舞台。

三、秘书的性别

目前在发达国家,女秘书的比例都高达 90% 以上,我国女秘书的比例也越来越高,这一点在快速成长的民营企业中尤为明显。就秘书工作本身来说,应该是没有性别差别的,无论是会议准备还是起草文件,男秘书和女秘书都要一样地完成,标准相同。但是,这并不否定由于性别特点而使男女秘书在工作中各自具备优势。一般来说,男秘书在知识结构、组织能力等方面占有一定优势,并且还有方便陪同上司出差和应酬等优势。而女秘书有工作细心、善于沟通等优势,事实上,女秘书的细致、耐心都常常让上司的工作受益匪浅。

第三节 领导人选择秘书的标准

一、容貌端庄

上司在选择自己的秘书时一般都有自己的偏好,有的喜欢性格开朗的,有的喜欢美貌的,有的喜欢勤快的,有的喜欢沉稳的……尽管选择的标准各不相同,但最终对"好"秘书的看法都基本相似:作为一个秘书,首先必须容貌端庄,让上司看着舒服。这个看着"舒服"并不一定是特别漂亮,它还要求衣着打扮和言谈举止都非常得体,有相当的气质。

秘书给上司的第一印象很重要。在这个"第一印象"中,除了容貌之外,还包括秘书说话的重音、音调和口齿是否清楚等因素,它们都有可能影响上司对秘书的第一印象。尽管一个秘书的价值和她的外表没有什么直接的关系,但遗憾的是,即使秘书的内在品质非常优秀,给上司的第一印象仍是由秘书的外貌决定的。上司决定是否选择谁做秘书,往往取决于给他的第一印象。当然,如果秘书仅仅只给上司留下好感,那还不足以让他放心地把工作交给秘书。

二、为人稳重

光看着舒服,上司还不会真正信任秘书,他还要继续考察秘书是否忠诚老实、为人稳重。秘书只有让上司信得过,让他感到放心,才能算是真正的"秘书",否则,尽管秘书可能被称为"秘书",实际上也就是一个普通的文员。

为什么秘书一定要让上司感到放心呢?因为秘书经常要直接或间接地接触一些企业重大决策的信息,甚至有可能参与对这些信息的处理,如果上司对秘书不放心,他就不会让秘

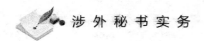

书接触这些机密。这一点也可以说是秘书与普通文员的标志性区别。因此,作为秘书,秘书职业的第一条准则就是保守秘密。有些年轻的秘书泄密,并不是因为她们有意这么做,很多时候的泄密是由于她们的疏忽造成的,如被人盗走机密或对方通过对秘书的行为进行推测得到机密。因此,秘书要小心慎言。

三、经验丰富

只有当上司对秘书感到放心之后才会根据秘书的能力来安排工作,而秘书也只有通过充分发挥自己的能力才能让上司对自己的工作满意,成为上司名副其实的助手。那么,要具备什么条件才能让上司省心呢?

第一条就是经验丰富。一个有经验的秘书在工作中会有这么些特征:先决定工作的优先顺序,然后再着手开始工作;做好必要的准备工作后再开始工作;恰到好处地整理好办公环境,以减少疲劳;文件存放从不将就,按规定存放一步到位,这样要找文件时非常方便;在不是特别强调优先顺序的情况下,工作从难到易;对于那些特别耗时间的工作,在处理过程中向上司反映,听取上司的指示。

第二条就是身心健康。上司对秘书的要求首先是头脑敏捷,所以说秘书工作既是体力工作,也是脑力工作,因此,身心健康是从事秘书工作的先决条件。生活有规律,保持适度的运动与休息,注意饮食的平衡。只有保持身体健康,秘书才能够在工作中保持相当的耐力和爆发力,出色地完成自己的工作,这是秘书的最基本的条件。

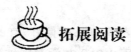 拓展阅读

Devoted to Office Work

Although secretaries' work is trifling, it is with great value and can not be neglected. There is no simple key to maintaining job satisfaction as a secretary. But there is a general goal: to keep a balance between job security and new challenges.

Job security results from a secretary's competence and commitment. If the boss trusts the secretary's work and judgment, he is not likely to give her up. There is much satisfaction in the knowledge that one is needed.

However, security alone does not assure job satisfaction. Indeed, it can be just the opposite. A secretary who feels that her job is exactly the same day after day is not likely to be happy. She will get bored. Her boss will take her for granted. Other employees will be promoted while she remains in the same position.

For these reasons, a secretary should seek new challenges in her job. Sometimes this is difficult. Many bosses fail to recognize the potential of their secretaries. The secretary has to create new tasks for herself and then prove that she can do them well.

Fortunately, these days there are many levels of secretary, all the way up to executive assistant. A good secretary may seek promotions and new challenges throughout her career.

第二章
从事秘书工作的基本条件

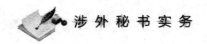
涉外秘书实务

第一节

做好从事秘书工作的各项准备

一、成为标准的白领

在现代职场上,秘书属于特殊的白领。之所以特殊,是因为秘书每天都在领导人身边工作,直接协助上司处理他们的杂务,而且还经常代理上司与各方面打交道,所以,无论是内在的素质还是外在的形象,领导人对秘书的要求都比一般员工要高。可见,成为标准的白领是做好秘书工作的前提。

按照《现代汉语规范词典》的解释,白领是"指以脑力劳动为主的雇员"。其实,白领是相对于"蓝领"而言的。"蓝领"(Blue collar)一词最早产生于英国的 18 世纪后半叶。随着第一次工业革命的到来,传统的手工作坊逐渐被生产流水线所代替,在生产流水线上劳动的工人人数也急剧增加;为了加强管理,雇主们要求在流水线上劳动的工人们穿上统一的蓝领服装,以区别于非生产流水线的工作人员,故而出现了"蓝领"一词。由于流水线的增加,工厂的生产效率的大大提高,非生产线上的工作人员也急剧增加,他们主要从事非生产性的经营活动,如采购、设计、制定质量标准、产品检验、销售等。为了区分他们与生产线上的蓝领工人,雇主们要求他们穿白领的衬衣,所以,人们便将这些从事经营活动的人称为"白领"。随着时代的变迁,"蓝领"与"白领"的内涵与外延都发生了变化,目前"蓝领"泛指那些以体力劳动为主、收入较低的雇员,而白领则泛指那些在高档写字楼办公、收入较高的企业职员。

一个标准的白领具有两个显著的特点,一是具有强烈的白领意识,二是严格遵守职场的日常行为准则。

(一)白领意识

1. 理解企业所承担的社会责任

人们经常从报纸和电视上看到某个地方发生地震或其他的自然灾害,造成大量的人员伤亡后很多的企业捐款赈灾。企业的这种行为就是其承担社会责任的一种表现。

从企业的产权来看,我国 90% 以上的企业属于"私人"。但是,这些私人企业提供的产品(或服务)影响着千千万万人的工作和生活(如蒙牛集团),影响着我们整个社会的繁荣与稳定,因此,从这个意义上来说,这些企业也是"社会"的。既然企业是社会的,那它就必须承担相应的社会责任,因此,任何企业的经营目的不仅仅是追求利润。

白领要做好自己的工作,首先要了解自己工作的意义,即自己的工作不仅仅是为了那份薪水。白领通过自己的工作为企业的发展作贡献,从而为社会的进步贡献自己的一份力量。

这就是作为白领应承担的一份社会责任。只有具备了这种"社会责任"的意识,才能算是一个名副其实的白领。

2. 理解自己所在的企业

白领是企业的一员,也就意味着其是这个组织 N 个"终端"之一,因此,白领应该对这个"组织"有某种程度的理解,以便发挥其作为"终端"的作用。

组织就是人集中的地方。在组织中,按一定的规则集中着很多人,以便共同实现一些个人不能实现的目标。组织是在为一定的目标而活动着。作为组织的一员,应和大家一起为这个共同的目标而活动。就企业而言,这个共同目标就是向社会提供具有竞争力的产品(或服务),从而实现利润最大化。

个人应分担作为组织成员的责任。为了提高效率,组织的领导者会分配给每位员工相应的职责。在企业里,员工的工作被分配成行政、推销、财务、研发、客服、采购等;员工的职务被分配为总经理、副总经理、部门经理、项目主管和一般员工等。不同的工作和不同的职务承担不同的责任,企业就是按这种严密的分工而实现正常的运营。作为企业的员工,要能严格按照企业的分工完成自己的工作。

作为企业的一员,个人的活动要能按企业的要求进行调整。作为员工,一方面要努力工作,圆满地完成企业分配的任务;另一方面,又要能根据企业为适应环境变化而对其工作的调整,从而适应企业的新要求。当然,在这种调整过程中,要加强沟通,使个人与组织之间的关系更加融合。

3. 理解企业与个人的关系

当个人被分配到具体的工作部门后,其身份就发生了变化,比如"行政部张娜"或"销售部李军"。

作为企业的一员,个人首先要了解该企业的结构,从而明白其所处的位置。其次,要了解该企业各部门的分工,知道本部门的具体职责,从而在将来的工作中知道如何与其他成员配合或给予协助。

作为企业的一个组成部分,个人所在的部门虽然在从事着各种各样的具体业务,但它们都是为实现企业的总目标而运行的。同样的道理,虽然个人的分工不同,但大家工作的目标都是一样的,即为实现部门工作的目标而努力。

在那些规模较大的企业里,由于分工很细,一些员工的工作显得很单调,从而使他们感到在这样的企业里其价值非常渺小,进而产生作为白领的某种失落感。其实,只要把个人的梦想与企业的目标有机地结合起来,共同努力,个人的梦想仍有可能实现。

4. 了解企业的组织结构

所有的组织都在为实现其目标而高效运转。虽然各个组织运转的目标不同,但其追求高效率却是一致的。作为企业,为了追求高效率,它们多数按下面的方式运转。

根据工作的内容分工。一般的企业将业务分成设计(研发)、市场、销售、财务、客服等工作,而将从事同类工作的员工分配到同一个部门。这种专业化的管理,使工作效率得到了大大提高。

根据工作的责任进行分工。如果说根据工作内容分工是纵向的垂直分工的话,那么,根据工作的责任进行分工就是横向的平行分工。企业决策的方式大多是这样的:企业最高领

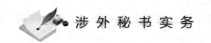

导层制定企业发展战略,部门经理负责将企业战略制订成具体的工作计划,普通员工的职责就是落实这些计划。每一项工作的决策都由上一个层次的人制定,但决策者都必须对其决策的结果负责。

根据地域制约进行分工。我国地域辽阔,各地经济发展水平相差悬殊,一些全国性的大企业必须在各地设分企业或办事处。为了适应当地实际情况的需要,一些企业授权当地分企业(办事处)的负责人进行负责。

5. 了解新员工的位置与作用

为了提高工作效率,无论什么样的组织都是实行金字塔式的垂直管理。新员工往往经验不足,资历浅,故而在工作之初多处于企业的最底层。这是提高工作效率的需要,所以,这种"最底层"并没有人格上的意义。

对于新员工,上司多安排他们做一些简单的杂务。但一些新人对这种"打杂"心怀不满,认为这是浪费生命,所以目前职场上新员工跳槽的现象非常普遍。新员工希望在工作中尽快独当一面的心情是可以理解的,但其没有必要焦虑。既然是"新员工",那就要从长计议,为"将来"着想。其实,对了新员工来说,"打杂"是一个难得的机会,通过"打杂",一来可以熟悉环境,二来可以积累经验,三来可以收集将来从事具体业务所需的信息。这三点正是个人独当一面的基础。没有这种基础,个人很难独当一面,所以欲速则不达。

对于白领来说,要想在职场上有所作为,首先要对自己有正确的态度。职场上的导师就是自己,在自我培养的过程中,要虚心向上司和同事学习,积累经验,积累人脉。只有这样,当机会到来的时候,才能敏锐地发现并抓住它。

(二)白领的日常行为准则

1. **责任感**

什么是责任感?责任感就是自觉地做好自己分内的事。比如,某人被安排做秘书工作,那协助上司处理好各种杂务就是其分内的工作;既然是分内工作,那就应当自觉地去做。上司的客人来了,就要自觉地去给客人沏茶;上司准备写年终总结报告了,就要自觉地帮他向各部门"索取"材料……这种"自觉"就是责任感的体现!

责任感是一个白领成熟的标志!如果一个人把做好分内的工作当作其责任,那这种责任就会进而成为一种价值尺度,他将随时以之约束其行为,不在乎有没有外在的监督,并且也不会因为其工作"技术含量低"而怨天尤人。责任感是对自己负责,是一种尊重自己的感情和价值观的表现。因此,白领要学会承担责任,绝不能将责任当成一种负担。这样在承担责任的过程中,可以让个人的职业素养不断提高,并在更高的层次上体验职业成功带来的快乐和幸福。

2. **守时**

在现代职场多是"集团作战",也就是大家应在规定的时间内完成自己的工作,使工作流程顺畅。如果某人不能按时完成其工作,就有可能影响整个部门的工作进度。所以,为了保证个人工作任务的完成,就不能浪费工作时间,做到守时。上班不迟到是守时的最基本要求。

不论是与同事还是与客户定好的约会,都一定要准时到达。如果迟到,不仅影响约会本身的效果,还会影响对方下一步的工作,所以,不守时是现代职场上最令人厌恶的行为之一,它会严重影响个人的信誉。在赴约会的途中,如果遇到交通事故等意外情况而不能准时赴约(只要超过5分钟)时,就要及时与对方联系,做出解释,请求对方谅解。可以说,守时是作为白领最低的礼仪要求。约会迟到之后,千万不要向对方解释迟到的理由,尤其不能用"联系不上您"之类的借口为自己辩护,而是要先向对方做出诚恳的道歉。现在已经是手机和笔记本电脑非常普及的时代了,联络的方式非常多,如果用"联系不上您"作借口,只会让对方更加失望。

3. 信守承诺

作为白领,没有信用就意味着没有职业发展前途。例如一上班,某人的上司让其在当天吃午饭之前递交新产品策划方案,该员工也承诺午饭之前一定递交。如果该员工未能信守承诺,则不仅有可能影响上司下午的工作,而且可能在上司那里失去信用。

市场经济实质上就是契约经济。在日常工作和生活中,人们经常需要签订各种各样的契约,例如,招聘时与企业签订的劳动合同是契约;工作中与客户签订的合同或协议是契约;结婚时与配偶领取的结婚证也是契约……可以说,人类目前正在进入一个契约社会。契约社会的本质就是信用,如果彼此没有信用,谁会去签一个根本得不到执行的契约呢?在现代职场上,信用就是每个白领的职业生命。

一个白领从进入办公室的第一天起,其上司、同事和客户就开始通过其言行举止,在有意和无意之间为之做信用等级评估了。上司让其这个星期五下班之前把报告交上去,他却拖到了下个星期一;中午在食堂买饭时,跟同事借5块钱,说好一回办公室就还,可一个星期过去之后,他已把这事忘得一干二净了;与客户约好10点钟去拜访,可到10点20分他才姗姗而来……人们就像收集商场里的打折优惠券一样,在收集他人的信用纪录。这些信用优惠券积累到一定程度就会自动兑现。如果个人的信用纪录良好,别人就会提供额外的机会;相反,如果信用纪录很差的话,即使有机会也不会得到。

有一点需要注意,"契约"最好立字为据,但并不是说只有白纸黑字才是契约。中国人崇尚"一口吐沫一颗钉",口头承诺也是一种"契约"。与书面协议相比,在日常工作中人们更看中口头承诺,如果事事立字为据,反而有可能被当成是"小家之气"和"不通人情",甚至被看成是怪人。

4. 公私分明

对于白领来说,"公私分明"有两方面的意思。一是严格区别企业和个人的私人财物。例如,办公桌上的电话是企业的,而个人包里的手机是私人的。如果某人下班后要与朋友一起去唱歌,不回家吃晚饭,需要告诉其母亲不要等,那就应当用个人的手机或者使用外面的公用电话,因为与母亲说的是私事。

"公私分明"的另一层意思是在公共场合就要注意公共形象。例如,星期六不上班,个人可以在家里不化妆、穿睡衣等,因为是在私人空间里;但是,星期一则不能穿拖鞋、素面朝天地去上班,因为办公室是公共场所,不能只顾个人的感受而不顾其他人的感受。

5. 团队意识

所谓职场,就是大家一起工作的地方,也就是说,职场是由三教九流的人组成的,因此,遇到几个不欣赏甚至很讨厌的同事是很正常的事情。既然是同事,那在工作中就有需要相

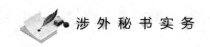

互协助和配合的时候。遇到这种情况,即使觉得再讨厌,也得主动积极地跟对方协调,把工作做好,这就是团队意识。

6. 离开座位时要打招呼

作为白领,经常不在自己的办公座位上是很正常的事,比如外出见客户、在会议室开会、在会客室见客人、上洗手间等。但是,当上司、客户或同事因不知某人的去向而无法进行下一步的工作时,就会严重影响工作效率。因此,离开座位打招呼,也可以说是作为白领的起码礼仪。

在上班期间,不管去哪里,都应让同事知道个人的去向和联系方式。现在很多办公室的墙壁上都挂有告示板,通报本部门的各种事项。如果要离开办公室半个小时以上,就应在告示板写上自己外出办什么事和估计什么时候回来(如果是上司交办需要保密的事除外)。如果办公室没有告示板,那在外出时就应跟周围的同事打个招呼。外出时,一定要带手机并且开机,这样,上司、同事或客户才能与之及时联系。

7. 不随便打扰别人

不管同事为人多么热情或是乐于助人,在别人下班之后就不要去打扰对方。当然,为了联络感情且对方也有兴趣的话,下班之后大家可以一起去喝点酒或唱唱歌,这是另一回事。

8. 借钱必还

例如某人在写字楼大厅的自动售货机前想买瓶可口可乐,但其口袋里又没有零钱,于是向正好路过的同事借了3元钱,说好回办公室就还。可当其回到办公室后,工作一忙,就把还钱的事忘得一干二净了,因为在其潜意识里,这区区3元钱根本不算回事。但是,当此人下次再向同事借支铅笔时,就有可能被拒绝。这并非对方小心眼,而是此人在同事眼中已没有信用。因此,跟同事借钱必须还,不管钱多钱少。当然,最好是改变学生时代那种随便向人借钱的习惯,因为开口向同事借钱会让对方尴尬,不情愿借,又抹不开面子。

(三) 适应职场的生活方式

1. 增强时间观念

绝大部分企业的上班时间是从上午9点到下午6点,除去中午吃饭休息1个小时,其余8个小时都要认真工作,完成既定的工作目标。作为白领,必须保持高度的时间观念,无论是早上起床,还是在上班期间,都要抓紧时间。可以说,是否树立起"时间就是效益"的观念,是一个人由学生转变为白领的重要标志。

俗话说:"一年之计在于春,一日之计在于晨。"成为白领之后,不仅要改变学生时代喜欢睡懒觉的习惯,而且要充分利用早晨上班之前的空余时间,尽可能多地掌握一些作为白领所需的社会资讯。因此,要养成利用早餐时间看电视或在上班途中看报纸的习惯。

2. 养成说"早上好!"的习惯

作为白领,一定要养成说"早上好!"的习惯。每天早晨上班时对上司和同事说声"早上好",下班时说声"再见",就这么简单的两句话,能让人感受到个人的教养和工作的热情,因而使他人乐意提供更多的帮助和支持。相反,如果同事说"早上好!"而某人毫无反应,那同事就会觉得此人"不懂礼貌"或"为人够呛"等,进而疏远此人。

3. 用新标准要求自己

作为白领,不仅要对自己的未来负责,还要对自己的家庭负责,对自己的工作和所在的企业负责。为了承担作为白领需要承担的社会责任,个人就必须用新的标准要求自己,在工作中学习,在工作中成长。

二、具备做好秘书工作的"使命感"

什么是"使命感"?例如一位空中小姐,当飞机在高空飞行中遇到气流而出现强烈的颠簸时,她不仅不能露出一丝惊慌,而且对乘客的抱怨甚至漫骂也应报以微笑。如果她自己先惊慌失措,就会让不明所以的乘客更加恐慌。因此,即使因颠簸而感到心里难受,即使面对责骂,空中小姐也要对乘客保持热情和微笑。这就是空中小姐的使命感!

职业秘书的使命就是竭尽全力辅助上司的工作,不管是遭到上司无理的责骂还是受到同事无情的刁难,都要尽心尽力地完成自己的本职工作!

三、学会使用职场语言

语言是秘书的主要"工具",它不仅影响秘书的工作质量,也决定秘书人际关系的和谐与否,因此,秘书,特别是刚从学校毕业的秘书新人,第一件事就是学会使用职场语言。

1. 改变"学生腔"

秘书作为一个企业交流的枢纽,从每天早晨的"早上好!"开始,工作的大部分时间是在传达、说明、汇报、答复等,用语言与上司、同事和客户进行交流。为了让对方明白自己的意思,就必须用职场的通用语言进行交流。

长期生活在校园中的秘书新人,说话时常会有一些"学生腔",例如说话结束时喜欢带一个表示语气的尾语,或者只要见到比自己年长的人都称为"老师"等。语言是有惯性的,"学生腔"是多年以来养成的语言习惯,要在一朝一夕改变是很困难的;但是,如果不改变"学生腔",即使说话很自然,对对方也很尊重,也仍有可能引起对方的误解和不愉快,从而对工作造成不利。因此,成为秘书之后,首先要下决心改变自己的"学生腔"。

2. "流行语"只会给人肤浅的印象

由于电视、网络等媒体的发达,大量追求新奇、甚至哗众取宠的广告语言进入以中小学生为主的青少年口语中,成为"时尚"的流行语。但是,作为秘书,如果在工作中经常使用那些网络"流行语"的话,只会给上司和同事一个为人肤浅的印象。

四、遵守上下班时间

1. 迟到和需要请假的时候

绝大部分秘书新人都是乘公交车上下班,因此,因交通堵塞等原因而迟到的现象难以避免。如果觉得有可能迟到的话,就一定要与办公室主任或其他老同事联系,向他们说明情况。如果迟到又不事先联系,那不仅会影响个人的工作,更为严重的是有可能影响上司的工作。作为秘书一般要比上司提前20分钟到办公室,因此,最好每天早晨提前一些起床和出门,这样既减少了公交车拥堵的可能,也不用担心鞋在车上被人踩脏或衣服被弄皱。

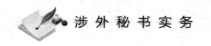
涉外秘书实务

如果身体不舒服或家里有急事一定要请假的话,应尽可能地将上司的一些准备工作做好。作为秘书,一定要注意锻炼身体,不能经常请假。

2. 加班

应该说,加班通常不是一件令人兴奋的事,个人讨厌加班也是可以理解的,但是,作为秘书,不能逃避加班。由于工作任务繁重,或者上司的工作习惯,秘书加班在很多企业都是一种正常现象。既然加班不可避免,那就要调整心态,把它当作本职工作愉快地完成。秘书拒绝加班,就像军人拒绝上战场一样,最终不可能得到上司和同事的信赖。当然,如果有特殊情况不能加班,就应该向上司说清楚,得到上司的理解。如果是长期不能加班(比如晚上要上夜校学英语),那就要考虑个人是否适合做秘书。作为秘书,一定要养成在考虑问题时以工作优先的习惯。千万不要为了逃避加班而编一些谎言来欺骗上司或同事,那是非常可耻的事情,不仅丧失了做秘书的资格,也失去了做白领的资格。

3. 下班时一定要打招呼

如果到了下班时间而周围的同事都还在工作,则不能一个人悄无声息地下班,因为那会让同事(包括上司)不高兴。所以,下班时,应该像早晨上班时对办公室的同事打招呼一样,对同事说"明天见!"

随着工作经验的积累,个人的工作量也会随之增加。也许秘书正收拾东西准备下班时,上司又临时有事需要秘书处理。因此,即使秘书确认当天已没什么工作了,也应先跟上司打招呼"还有什么事要我帮忙吗?"得到上司的确认之后才能离开办公室。

第二节　秘书的素质要求

素质是"一个人天生的内在才能",但是,素质如同原油一样深埋在地下。原油需要经过开采和加工提炼才能造福于人类,人的素质也需要经过启迪或培训才能发挥作用。秘书的日常工作虽然是帮上司"打杂",但这种"打杂"往往会影响上司的决策质量。要做好秘书工作,就必须有良好的素质作保证。

一、认真

且不说秘书,就是一般的员工,在工作中也要"认真"。可以说,做到"认真"二字对于秘书来说是最起码的要求。但是,从另一个意义上而言,"认真"这也是很困难的,特别是对于年轻的秘书来说,谁没有个小爱好,想自在一点呢?比如,与朋友在电话里聊天是一件很惬意的事,但是,无论哪个企业都不会允许员工有这种享受及类似的行为。作为秘书,不仅要遵守单位的规章制度,而且还要比一般员工做得更好。因为秘书在领导身边工作,他们对秘书的要求自然更严,标准更高;领导不可能容忍秘书工作毛手毛脚、大大咧咧或办事拖拖拉拉。

二、诚实

所谓诚实,就是说老实话,办老实事,做老实人。当然,所有的员工都需要诚实,但对于秘书来说这一点尤其重要,因为不管经验多么丰富,秘书在繁杂忙乱的工作中多少会出这样或那样的差错。出了错,马上道歉,这就是诚实。比如,一个港商希望与秘书的上司见面,他在电话里说"下午14点来拜访",秘书却听成"下午4点来拜访",结果出现失约,造成误会。工作中出现了差错之后,就应当实事求是地向上司认错,而不是掩盖事实,或者往他人身上推脱以逃避自己的责任。有些秘书不诚实,为了自己或朋友的私利,故意隐瞒事实的真相,而不是及时地向上司汇报,从而给上司的决策造成失误。所以,对于秘书来说,诚实是最重要的人品,只有用诚实才能换取上司和同事的信任。

三、谦逊

与一般员工相比,秘书有一种"近水楼台先得月"的优势,可以容易得到各种信息,听到各种机密,这是秘书工作本身决定的。比如这天上午,企业开董事会讨论人事问题,秘书到会议室为与会者添了好几次茶,这样也就自然而然地知道了一些人事变动的事;又比如,总经理明天上午出差,下午让秘书分别通知赵钱孙李四位部门经理来交代工作,其中他与李经理谈的时间最长,一直到下班还没有结束,这意味着什么?秘书当然能明白其中的微妙之处。正是由于秘书容易得到这种"上层信息",往往会引起一些人的羡慕或忌妒。如果秘书自己也产生这种优越感,那就会在无形之中破坏自己与周围人的关系。

四、合群

秘书部门是一个单位的神经中枢,从收集信息到给领导安排工作日程,几乎秘书的每项工作都需要各部门的协助配合。如果一个秘书不合群,不是离群索居,就是孤芳自赏,缺乏亲和力,那周围的人就会对其敬而远之;如果这样,那其不仅得不到各部门的支持,反而有可能到处有人使绊,让其寸步难行。

实际上,在每个企业内都存在着两种形式的组织,一种是正式的,一种是非正式的。正式的组织就是根据工作分工而出现的组织,它是以职位为中心,比如从总经理开始一直到部门经理、项目经理和普通员工,这种组织是公开的;非正式的组织是由同事或朋友等自然关系形成的,如这几个喜欢玩游戏的男生经常扎堆聊天,那几个喜欢时装的女生经常结伴逛商店,这种组织不仅是非正式的,而且是无形的。虽然这种非正式的组织是无形的,但它同样深刻地影响着企业里每一个人的工作,比如,你在工作中过于勤奋或过于懒惰,那你都会受到同事的排挤。所以,秘书要做好本职工作,不仅要取得上司的信任,而且必须与同事保持和谐的关系,只有这样,才能得到同事的工作支持。因此,只要有机会,秘书就要主动与其他同事结交朋友，由浅入深，逐渐培养友谊。

五、宽厚

秘书应该性情温和，与人为善。因为部门利益、价值观念等方面的原因，同事之间对一些具体问题的看法上出现分歧是正常的。因此，当秘书在工作中遇到难以沟通的时候，应习惯换位思考，从对方的角度看问题，理解对方。不管双方的分歧如何大，秘书首先要在人格上尊重对方，而不是以权势压人，强迫对方接受自己的意见；或是对方不接受，就找机会刁难人家，给对方穿小鞋。这些都是造成人际关系不和谐的根源。

六、自信

秘书工作的一个特点就是突发性事件多。比如，上司约好一个重要的客户下午3点钟见面，可是上司在2点半的时候没跟任何人打招呼就一个人开车出去了。客户马上就要到了，办公室主任也找不着，秘书应该怎么办？面对这种情况，秘书应该情绪稳定，缓急有序，以高度的自信处理问题，否则局面无法收拾。当然，秘书的自信一般不会挂在嘴上，也很少显在脸上，而应化作行动。秘书办事谨慎，这并不表明胆怯；为人宽容，也不是懦弱的表现。事实上，只有自信的秘书才能赢得上司的信赖。

七、缜密

秘书在工作中必须缜密周到，养成做事留有余地的习惯。

秘书爱玛的上司明天下午要去山东泰安出差，但中午他还要在燕京饭店宴请一个东北来的客户。上司与客户吃完饭马上就去北京站，乘火车在下午7:00之前赶到企业在泰安的办事处，晚上宴请当地几个重要客户。

爱玛对上司的日程是这样准备的：要在下午6:00之前到达泰安，就必须下午2:30之前上火车，因为从北京到泰安快车大约需要3个小时，再加上从泰安火车站到办事处约0.5个小时；如果与东北的客户吃饭预计花1.5个小时，加上从燕京饭店到北京站和提前上车需要1个小时，那么，只需要在12:00开始进餐就行。根据这种反推法，爱玛安排司机11:30从企业送上司到燕京饭店（0.5个小时足够），并订了下午2:30的火车票，通知泰安办事处的人下午5:30接站。

但是，第二天意想不到的事发生了：上司与客人吃饭时一聊天就把时间忘了，直到2:00才从饭店出来。他一看手表，说忘记了时间，问在饭店外等候的司机，去泰安下一趟火车最早是几点，司机说不清楚，上司有些不耐烦，于是司机马上打电话问爱玛。没过一分钟，爱玛就用短信将今天下午北京站路过泰安的所有火车的开车时间发了过来，因为爱玛预计到了这种情况可能出现，提前做好了准备。当时上司很惊讶，但也很满意。

作为秘书，就应该办事缜密，能将工作中可能出现的各种意外状况考虑在内。不过，在日常工作中出现爱玛面对的这种意外情况并不多，也许准备好几十次列车时刻表却只有一两次能用得上,所以,有些秘书可能会认为这么做是做无用功。但是,像爱玛面对的这种情况在什么时候发生谁也不知道,所以,对于秘书来说,那种认为以前没有发生过、以后也决不会发生的想法是不负责任的。如果办事缜密,留有余地,其结果往往也会出乎自己的意料。如果秘书养成了这么一种办事习惯,上司就会对秘书有另一种看法:你是一种办事稳重,可以值得信赖的人!

八、有上进心

一个优秀的秘书会脚踏实地,追求上进。这种上进心主要表现在两个方面。一是自我学习能力强。优秀的秘书会经常了解时事政治的最新动态,并对宏观经济的走向有较深的把握,因此,秘书应经常上网,并注意收集电视、报纸杂志等媒体上的各种信息,以弥补自己知识上的不足或迎接新的工作挑战。

上进心表现的另一方面,是注意自我完善。人们在自我完善的过程中,不仅能更客观地看待自己,也能更深刻而又敏锐地了解世界和看透人心。因此,自我完善的过程实际上也是塑造自己品格的过程。当然,自我完善并不仅限于增加学识,诸如听听京剧、看看美术作品,这些都是丰富自己内心世界的手段,也是自我完善的方式。

九、幽默风趣

秘书在工作中应该冷静,处理问题小心谨慎。但是,久而久之,秘书可能会给人一种机械而又呆板的印象,这对秘书维持良好的人际关系非常不利。秘书不仅要搞好自己的人际关系,而且还有责任协助上司处理好各方面的人际关系,因此,秘书还必须机智并富于幽默感。所谓"机智",就是俗话说的"在什么山上唱什么歌",不墨守成规,能将原则性和灵活性融为一体;而所谓"幽默感",就是给人一种快乐的感觉,说话风趣,使人禁不住发笑,但它同时又是优雅的,不同于一些手机短信中的"黄段子"。不过,秘书毕竟是处于企业管理神经中枢,是上司与企业内外交流沟通的重要桥梁,所以秘书不能为了机智幽默而机智幽默,更重要的是其内涵和能力,否则,秘书就会给人留下一种只会耍嘴皮子的印象。

第三节 秘书的能力要求

对于一个秘书而言,如果其仅仅具备全面的业务知识,那他(她)还不能算是个优秀的秘书。一个优秀的秘书,要能根据工作中出现的具体情况,灵活地运用自己所掌握的知识和技能,做出及时有效的判断,并与各方面进行沟通,圆满完成上司交代的工作。因此,优秀的秘

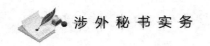

书还必须具备高度的理解能力、敏锐的洞察能力、广泛的信息收集能力、优秀的写作能力和出色的交流沟通能力。

一、判断能力与执行能力

秘书爱玛已与税务局黄局长约好,今天下午2点陪自己的上司吴总登门拜访他,商谈明年本企业环保节能产品免税的事。正准备动身,前台来电话,说东北地区的总代理董总来访,现在正在会客室。现在已经1点半了,如果按原计划去拜访黄局长,那就不能接待董总;如果在家接待董总,那就得推迟或取消对黄局长的拜访。爱玛不仅不好选择是见黄局长或是董总,而且也不好向任何一方解释。现在办公室主任一时也联系不上,没法向他请示。爱玛应该怎么办?

1. 能分析问题

尽管事情很急,但爱玛仍然需要冷静。首先应该分析可以采取哪些补救措施:给黄局长或董总去电话,推迟或者取消拜访;尽快与办公室主任联系上,听取他的指示;如果不能按原计划拜访黄局长,那么,在告诉黄局长不能践约时,一定要诚实,说明真正原因,尽量注意说话时的语气;在处理好这些问题之后,就要充分估计取消或推迟拜访造成的各种后果;如果有消极后果,就要采取新的措施以把这种后果减轻到最低程度;另外,由于上司活动日程的变更,要及时与有关方面(比如司机)联系,以保持各部门工作的协调。

当然,爱玛应当采取的补救措施不止这些,但是,这些措施要求爱玛一气呵成,在两三分钟内完成,因为总共剩下的时间不到半小时了。比如说这次不能践约去拜访黄局长,并不意味今后也不去了;把原因说明,黄局长不一定就会计较;而对董总来说,由于与吴总有很深的私交,这次没有接待好,在知道了事情原委之后,也许会一笑了之。爱玛在分析这些问题时,实际上就已经把企业的利益摆在了首位。当问题出现之后,秘书要能分析出问题的本质,它到底是一个什么性质的问题。要能做到这一点,就要求秘书经常保持一种"问题意识";只有这样,才能做到不管遇到什么问题都会不慌不忙,从容面对。

2. 具备解决问题的常识和经验

把问题分析清楚了,还要有具备解决问题的常识和经验。像上面这种情况,爱玛还应想好孰先孰后,是先给黄局长打电话还是先去见董总?是先听取办公室主任的指示还是先按原计划办,再向办公室主任汇报……哪些措施应该优先,判断的唯一标准是怎么对上司有利就怎么做。反过来说,就是那些没有什么实际意义的东西暂时就不要想那么多。

遇到问题了,就要想出解决问题的办法,因此,秘书必须具备丰富的常识和经验。只有这样,才能为各种问题找到灵活的解决办法。

3. 能迅速采取行动

想好了办法就应立即付诸实施。在这种时候,秘书一定要镇静。因为秘书如果心里一着急,话就不一定说得明白;对方在电话里半天还没听清其说的是怎么回事,那么,他可能也会跟着着急。这样,不仅浪费时间,而且会把关系弄僵,乱上加错。

无论把问题看得怎样透彻,也无论想出了什么高明的解决办法,如果不迅速采取行动把问题解决,那问题仍然还是问题。对于上司来说,他看重的是结果,所以,秘书的实际行动是最重要的。

二、理解能力与洞察能力

彼特是一家生产出口速冻蔬菜的台资企业的总经理秘书。快到年底了,老板一反常态,既不与财务经理讨论今年的决算,也没与销售部经理多讨论明年的市场销售问题,与他们通电话也就三五分钟的事;相反,他经常带着研发部的经理与当地旅游局的人喝酒聊天,似乎一天到晚不务正业。这到底是为什么?彼特通过琢磨,终于理解老板已经看到了生产速冻蔬菜难以形成新的利润增长点,因为出口欧盟和日本的速冻蔬菜的技术壁垒越来越高,所以,老板决定利用本企业长期与当地农户和政府合作的优势,开发以观光和休闲为特色的生态农业……在了解了老板的意图之后,彼特抓紧时间,搜集进入生态观光农业的各种信息,特别是目前一些企业的经验及存在的问题,赶在年初董事会召开之前,把材料交给了老总。老总一看,大加赞赏,当即指示负责这个项目的筹备工作。

作为秘书,就需要有这样准确的判断能力,对自己上司的工作及整个企业的情况有全面而又深刻的了解。如果能站在上司的角度看问题,那么,秘书不仅能理解上司对其各项工作的要求,而且能主动提前做好相应的准备工作。当然,作为秘书不能擅作主张甚至超越自己的权限,但同时又应该对自己下一步的工作有个基本的把握,对自己应该做的和能够做的工作有个准确的判断。为了节省上司的时间,作为秘书应预先知道上司会把什么工作交给自己办,从而提前做好准备。

三、信息收集能力和写作能力

从上面彼特这个例子可以看出,作为秘书应该有高度的理解能力与敏锐的洞察能力,但除此之外,秘书还要有广泛的信息收集能力和优秀的写作能力。

对上司而言,秘书的一项主要工作就是为自己调查和收集有用而又全面的决策信息,并且及时地向自己报告。因此,对于秘书来说,首先要知道"什么是信息",只有这样才能知道哪些是上司现在需要的信息。由于情况在不断变化,收集到的信息也处在变化之中,所以,为了能给上司提供准确无误的信息,秘书应对自己所收集的信息有相当的了解。

比如,彼特知道了上司准备进入生态观光农业,故需要大量这方面的信息;在为老板收集信息时,当然可以从网上和报纸杂志入手,但有些信息(如开发成本、投资回报率等)在网上找不着,只有通过朋友或熟人帮忙才能找到,所以,作为秘书必须有广泛信息收集的能力。

秘书收集到信息后要把它们写成专题报告,另外还经常要起草一些企业内外的商业文书,例如代替上司起草给客户的电子邮件等,所以,写作能力对于秘书来说是不可欠缺的。仍以彼特的案例为例,企业准备进入生态观光农业,投资要几千万甚至上亿,对于这么一个重大的项目,彼特不可能只向上司作口头汇报。他必须用规范的商业文书格式把它写出来呈交给上司,因为它不仅只让上司看,还有可能让企业所有董事看,甚至还要让当地政府有关部门的领导看,所以,这份报告必须规范。

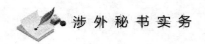

四、记忆力

现在经常有人把秘书称作"上司的记忆力"。确实,在很多时候,上司是依赖于秘书的记忆力的,比如日程安排、资料、会议安排、客人电话号码等,都需要秘书帮他记住,做到随问随答。因此,记忆力好的秘书能受到上司的特别信赖。当然,人的记忆力总是有限的,所以,秘书的记忆力再好也要养成做记录的习惯,这样,在把上司的指示记录下来的同时,记忆力本身也会逐渐增强。

五、交流沟通能力

当今社会已进入信息时代,网络已渗入秘书工作的各个层面;同时,不仅企业生产的自动化程度越来越高,而且企业管理的自动化程度也越来越高。企业管理的自动化不仅没有削弱人际关系在企业管理中的作用,相反,它要求人们更加重视人际关系,因此,处于企业管理神经枢纽中的秘书,在协助上司与各方面进行交流沟通的作用更加重要。一般来说,上司在企业内外都有广泛的人际关系,作为秘书必须了解上司的这些人脉关系,并在此基础上协助上司与方方面面进行交流沟通。

六、OA 操作能力

随着科技的进步和互联网的渗透,办公自动化(Office Automation,简称OA)程度已经越来越高,办公自动化设备大大提高了工作效率,将秘书从大量重复性劳动中解脱出来。比如,过去没有电脑和复印机,上司的日程安排只要出现一点点变化,秘书就得从头再来,先重新制表,之后用复写纸复写;这样不仅工作量大,而且非常枯燥。现在有了电脑和复印机,修改日程表就变得非常简单容易。OA 机器对秘书来说已经是不可缺少的工具,可以说它们是秘书的笔和笔记本的延伸。因此,如何有效地运用办公自动化设备为上司的决策服务,它实际上反映了秘书自身工作能力的大小。

第四节 秘书的知识要求

一、秘书必须成为"常识家"

所谓"常识",就是指"基本知识"。社会常识是泛指人们在日常工作和生活中所需的各种常识的总和。作为单位内外一个信息交流枢纽,秘书每天都要与企业内外各种各样的人物打交道,所以,秘书不一定要具有某一方面的专长,但一定要是个"杂家",应上知天文地理,下懂风土民情,前三百年能说出个甲乙丙丁,后五百年也能道出个 ABCD。一个优秀的秘书往往是一个"常识家",因为常识就是直觉的邻居。

1. 常识是直觉的来源

秘书在工作中常常要凭直觉办事。比如,陪上司外出办事,上司年纪大了,突然心脏病发作,在这种紧急情况下,应该掏出手机凭直觉就拨 120 电话。如果秘书把急救电话号码忘了,还要问旁边的人,或者查效率手册什么的,就会浪费宝贵的抢救时间;别说浪费几分钟,就是浪费几秒钟,上司都可能出现生命危险。

当然,在秘书的日常工作中,像这种危险的突发性事件很少出现,但是,有大量的特殊情况需要秘书凭直觉来处理。比如,上午 11 点钟,上司正在会见客人,另一客户的秘书来电话说:原定于当天下午 2 点其上司来该企业的会谈,他们由于种种原因脱不开身,故希望能到他们企业去谈;下午能不能过去,请马上答复他们。在这种情况下,就要求秘书在向上司汇报之前,凭直觉拿出自己的腹案下午去还是不去,因为给上司考虑的时间也不多,而且在这种情况下去请示上司,上司的脑筋不一定一下子就转得过弯来,也会感到左右为难。要在很短的时间内做出判断,就只能凭直觉了。

秘书的直觉从哪里来?首先,当然是要有丰富的经验;其次,就是丰富的常识。因此,作为秘书,必须具备丰富的知识,特别是要具备丰富的社会常识。如果秘书平时对上司工作的职责、权限的大小、思考问题的方法和为人处世的态度等都比较了解的话,那就能很快做出判断,向上司提出自己的建议。没有丰富的常识和经验作储备,就产生不了正确的直觉,一遇到稍微特殊的情况,就只能把矛盾上交,让上司自己一个人去为难。

2. 口头交流的需要

作为秘书,与客人交谈是一项很重要的日常工作。当秘书与客人交谈时,不仅要能听懂客人说话的内容,而且还要能根据客人的兴趣,进行深入的交流,而不是只会说"真的吗"或者"是的"这几句话。因为如果老是说这几句话,就会让客人感到兴趣索然。

客人按预约的时间来访,可上司一时还离不开,或是与前面的客人还没谈完,或是在打一个长途电话,需要让来访的客人等一会儿。在这个时候,秘书就得替上司招待客人。在等待的时候,让客人坐在那里干等是很不礼貌的。如果有几位客人,他们自己可能会聊点什么;但如果只有一位客人的话,那他就会越等越急躁。因此,在这个时候秘书应该跟客人聊点什么。客人一般会主动提一些话题,范围可能从克隆人到世界杯,这时,秘书就应根据客人提起的话题与之进行交谈。如果秘书能与客人进行这种交谈,客人不仅不会急躁,而且会对其产生一种信任感。

3. 文字交流的需要

秘书经常要为上司起草讲话稿等文书。要使这些文书既言之有理,又文采飞扬,就需要有丰富的知识。古人说:"读书破万卷,下笔如有神。"秘书要提高自己的写作能力,就必须丰富自己的知识。秘书无论是替上司起草讲话稿还是年终工作总结,其素材多来自各部门。比如,财务部上报材料中有"今年流动资金周转天数为 123 天,比去年缩短 4 天"。那这个流动资金周转天数是什么意思?123 天又是怎么计算出来的?市场部的材料中有"市场占有

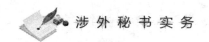

率为26%,递增3%,同比增长8%。"那这个市场占有率是什么意思?"同比"与"递增"又有什么区别……作为秘书,首先要理解这些指标后面的含义,然后才能据以发现问题,找出规律,从而在写作过程中提出切实可行的建议,为上司的工作增光添色。

4. 丰富常识的途径

秘书要丰富自己的常识,不能像准备考托福和GRE那样,搞突击死记硬背,只能靠平时的积累。比方坐在出租车里,就应该留心哪个路口容易堵车,什么时候容易堵车,这样,在将来为上司制定日程表,安排出行在途时间时就会心里有数。要想成为一名优秀的职业秘书,没有什么诀窍,也没有什么捷径,除了向别人请教,就是自己多留心,多积累;积累多了,悟性也就高了。

二、一般社会生活常识

1. 时政常识

时政常识指时事与政治方面的基本知识。政治是经济的最高体现,即使是外资企业的经营活动,最终也脱离不了政治的影响。秘书作为企业领导人的助手,在辅助领导人经营管理企业的过程中,不可不涉及政策等方面的问题。

随着我国经济市场化和国际化进程的加快,外资企业的经营活动不仅受到国内政治和经济的影响,而且也越来越受到国际政治和经济的影响。因此,秘书需要在平时涉猎政治、经济、国际形势等各方面的知识,以补充自己的社会常识,养成能从政治、经济等宏观角度看问题的习惯。联合国总部在哪里,现任美国总统的名字叫什么……这样,当上司在工作中突然忘记了某件事或某个词时秘书就能给予提醒;或者在代替上司接待客人与之寒暄,当聊起欧盟的非关税壁垒时,秘书不会一问三不知。

2. 宏观经济常识

对于外资企业来说,其经营活动更容易受利率、汇率、税收等宏观政策变化的影响,因此,作为企业领导人的助手,秘书一定要具备一些宏观经济常识。特别是在国际经济方面,要留意石油价、汇率变化、贸易摩擦等方面的动向,因为这些变化往往会给企业的经营造成影响。

3. 风土民俗

举例而言,企业欧洲总部负责审计的人第一次从遥远的西方来到神秘的东方,心中对北京自然充满了强烈的好奇心,他的太太也一同来旅游;先生在企业谈工作,而太太不仅希望能够饱览北京的风光、购买一些珍贵的纪念品,而且还想了解一些有关中国传统京剧、瓷器、武术等方面的知识。这样,秘书实际上就成了翻译兼导游,这就要求秘书是个"百事通",不仅对传统戏剧、名胜古迹了如指掌,而且对那些像全聚德一样有特色的北京老字号餐馆也能做到如数家珍。

4. 科学常识

现代科技发展日新月异,在网络、报纸和电视里,一天到晚都充斥着诸如"纳米"、"克隆"、"干细胞"、"DNA"、"转基因"之类的新名词和信息,这就要求秘书平时注意多学习。这既是工作的需要,也是日常生活的需要。比如说,来自美国总部的人问,北京为什么那么多风沙,或者为什么要保护大熊猫和其他珍稀野生动物,如果没有一定的科学素养,秘书的回答就很难到位。

5. 餐饮常识

懂一些饮食方面的常识,对一个秘书来说非常重要,因为招待宴请客人也是秘书的一项日常工作。秘书在招待客人时,不仅要能根据客人的籍贯、年龄和性别等方面的不同,选择适合其胃口的菜馆,而且要能对一些名菜做一些相应的介绍,一方面是能显示出秘书的素养,另一方面也能创造一些气氛,给客人宾至如归的感觉。比如宫爆鸡丁这道家常菜,一般人都爱吃,它就有一段关于袁世凯的故事,如果秘书能根据所上菜品来介绍,那就会让宴席增添许多气氛。

三、母企业所在国常识

为了能在工作中给外籍上司提供更多的辅助性帮助,作为秘书,就要对母企业所在国家的文化、习俗等有一定的了解,并且通过这种了解,加深对本国文化和习俗的了解和认识。由于文化的多样性,每种文化都有自己的价值尺度,不能绝对地说哪一种文化就绝对先进,哪种文化就绝对落后;文化的价值只是相对的。因此,秘书在对自己本国文化和价值观有相当了解的同时,必须具备广阔的国际视野。

第五节 保守机密

一、保密的重要性

即使从字面上来理解,秘书也是应该严守机密的。当今人类已进入一个信息化的社会,由于秘书的主要工作就是为上司处理大量的日常性工作,从而在有意和无意之中知道了大量的机密。这样,秘书稍有不慎,就有可能泄密。因此,关于工作方面的事,即使对于自己的家人也不要多谈,这一点应该成为秘书工作的一条铁的纪律。

在这个竞争激烈的商业社会里,一些企业和个人会不择手段地从单位收集情报。秘书在日常工作中会经常看到、听到甚至直接参与处理这类机密,因此,他们往往是一些别有用心之人的重点"公关"对象。在另一方面,现在的秘书大多年轻,社会经验不足,很容易被一些人利用,所以,秘书一定要有一种职业警惕性。

那么,有哪些东西属于应当保密的范围?如企业的高层人事变动、领导人之间的关系、领导人的家庭情况、机构调整、产品成本、营销方案、新产品研发等,这些都属于应保守的机密信息。在企业的所有机密里,人事问题永远是秘中之秘。由于这些机密关系到企业的生存与发展,所以它们的价值很容易判断。但是,也有很多信息不那么容易辨识。比如,上司在访问某用户时,就双方的合作提出了新的方式,对这种新的方式要不要保密呢?秘书认为这种方式在书刊上做过大量的介绍,没有什么保密的价值,因此,在接待另一家老客户时,秘书无意之中把这件事说了出来。说者无意,听者有心,老客户提前采取了行动,占据了市场的主动,结果给企业带来了无穷的后患。类似的情况很多。由于对象和时间的不同,同一条信息的信息价值也大不相同。秘书一定要把握这种信息价值的微妙之处,既不粗枝大叶、无所顾忌,也不风声鹤唳、草木皆兵。

为了严守机密,秘书应有非常丰富的知识和经验,具有高度的职业敏感,在头脑中有一把尺子,随时衡量各种信息的价值以及与各方面的利害关系。

二、日常保密

对于一般的秘书来说,要做到防止外人窃取本企业的机密这事并不难,难的是要防止平时的无意识泄密。特别是一些年轻的女秘书喜欢与朋友聊天,说话时可能不太注意,有时还喜欢炫耀,说自己的上司昨天晚上跟某某企业的老总一起打网球,或者前天某老总与自己的上司一起吃饭,等等。说者无意,听者可能有心,一些人可能从某总跟谁打网球或某某总跟谁吃饭这样的信息中,寻找对其有用的信息;这些信息对他来说可能就是情报。所以,作为秘书,平时就要养成"嘴紧"的习惯。"嘴紧"往往也是一个秘书得到上司信任的前提。

秘书应该养成这样一些良好的职业习惯:看完资料后要把它合起来,下班要锁好抽屉,并将钥匙妥善保管;及时用碎纸机处理各种过期资料;有些小纸条看起来不起眼,也不要轻易放过。现在各大企业都正在大力推行办公室自动化(OA),各种机密有可能在很短的时间内被盗或被销毁。

秘书在日常工作中应注意以下几点:
(1)对于一些机密的事情,不管自己知道不知道,当别人问起时,都要回答"不知道";
(2)不管是在公共场合还是在家里,都不谈论工作上的事情;
(3)在谈论一些机密事情时,要根据对方的具体情况来考虑谈话内容的深浅;
(4)对于那些特别重要的文件,不仅在保管时要注意,而且在销毁时更要注意。

三、保密不是封闭

作为职业秘书,必须有一种职业警惕性,但也不能草木皆兵。比如,某经销商新来的秘书索要上司的手机号码,就不能以"机密"为由拒绝对方。面对这种情况,现在很多年轻的秘书都以"我不知道"为借口拒绝对方,这不仅是没有经验的表现,也是不诚实的表现。又如,当客人起身告辞时,随便问了一句:"请问你们老总住在什么地方?"对于这个问题,该怎样回答?"对不起,事关机密,无可奉告。"如果这样回答,从保密的角度来看的确无可非议。但是,因为像这种级别的信息可以说是公开的秘密,对方可从许多渠道知道,所以,这种保密除了能得到一个"神经质"的绰号外,就没有什么实际意义了。

 案例分析

案例1：上司变更日程之后

丽莎是东泰医疗设备（上海）企业营销总监的秘书。这天上午11点多钟，丽莎接到上司从外面打回来的电话，说原计划下午1点之前返回企业，现在急着要去拜访另一个客户，所以要到下午3点以后才能回来。那么，上司今下午原定的工作应该如何处理？丽莎要向上司问清楚。下面有5个需要上司确认的几个问题：

（1）原定1点钟与销售部经理商量工作，要对他说情况有变吗？
（2）原定2点客人来访，是打电话告诉他变更时间还是请销售部经理接待？
（3）原定3点钟开部门内部会议，对销售部经理说推迟到3点半开始吗？
（4）市场部经理说下午一上班有份急件想让您签字，我不接收，让他等您回来后直接交给您，可以吗？
（5）您与财务总监定好4点半商量工作，还是按原计划进行？

请从上面5个选项中挑选出1个你认为不合适的，并说明理由。
分析：_____

案例2：男朋友的工作变动

丽莎是通辉制药（中国）企业副总经理的秘书，她的男朋友是企业市场部杰克。他俩准备在今年国庆节结婚，但由于企业不允许员工之间谈恋爱，所以他俩的关系在企业内部至今尚无人知晓。这天上午企业开司务会，讨论人事问题，丽莎来到会议室为大家添茶。

"最近香港分企业的刘勇病得很厉害，那里的经理来电话让我们赶紧派人去顶替他……"人力资源部的胡经理说。

"派市场部杰克去如何？他还没有结婚。"企业一位副总这样提议。

"我看可以。"企业总经理说："那就这样定了吧，这个月底就发调令，让他过去。"

人力资源部的胡经理马上回答："行！我们在月底前给杰克办好调令。"于是杰克去香港工作的事就这样定下来了。

这天下班后，丽莎和杰克又在那家幽静的小酒吧里约会。"我想蜜月旅行最好还是去新马泰……"杰克说着，递给丽莎一本精致的新马泰旅游小册子。现在丽莎感到十分苦恼。不仅下半年结婚的计划可能泡汤，即使结了婚也得忍受两地分居的煎熬。面对这种情况，丽莎应该怎么办？下面有5个选项：

（1）你下个月就要调到香港分企业去了，我们的婚期可能得推迟。
（2）到时候再说吧！
（3）默默无语。
（4）好，我俩就去新马泰旅游。
（5）杰克，听说你们部又新来了一个漂亮的MM，是吗？

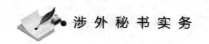

请从上面5个选项中挑选出1个你认为合适的,并说明理由。

分析:_____

_____

_____

英语会话练习

B:Miss Karen, I see that we have a new copy machine.

S:Yes. It arrived yesterday.

B:I'd like to make a copy of this letter. Could you show me how to use this machine?

S:Certainly. First, switch the power on. Next, lift the cover and place the original face-down. Then, close the cover. And then select the paper size, darkness. Check the amount of paper, press the button for the number of copies you need. And finally, press the start button.

B:Oh, thank you. I think I can do it.

(注:本书"英语会话练习"中的B都是boss的略写,S是secretary的略写,R是前台Receptionist的略写,V是客人Visitor的略写。)

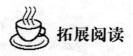

拓展阅读

Function of Secretaries

Secretaries are the persons who create the optimal decision-making environment for their bosses. If only there exists a boss, a secretary will no doubt exist right beside. However, there is possibility that machines could replace secretaries' position in office, which seems to make a great number of secretaries headache.

Will machines replace secretaries? This question seems to worry many secretaries. Office automation has indeed replaced many functions of secretaries. Computer are a good example. An important job of secretaries used to be typing the boss's letters. Now some bosses have computer on their desks. They type their own letters.

Computer mail is another example. Often a letter from a manager to a client must be read by other people within the company. Secretaries used to make carbon copies of letters to send to people within the company. Now a computer takes care of that chore in many offices.

But office automation does not mean an end to the job of secretary. Quite the contrary, it means that the secretary's job is becoming more sophisticated. There are many different titles for secretaries now. These reflect the different skills required for secretarial functions.

In general, the new secretary is an information manager. She works with many kinds of office machines. She works with many other people. Her environment is always changing. New machines come in, old machines go out. People come and go. The way of doing things in the office changes all the time.

Working in this kind of job requires a lot of intelligence and skill. Unfortunately, some people still view the secretary's position as low in status. But that is changing a companies recognize that machines can never equal the value of a good secretary.

第三章

秘书的工作知识

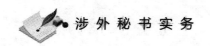

秘书作为一种正式的社会职业，自然有相应的专业知识，这种专业知识又称为"工作知识"。秘书只有具备了相应的工作知识，才能真正履行自己的职责，成为上司的得力助手。

第一节 上司与秘书的工作

一、企业与上司

企业是一种以盈利为目的的社会组织，每个企业在组织结构上有纵横两条轴线：纵线是指企业的管理，从上到下，从董事长、总经理到普通员工；横线是指企业的运营，如工厂、市场部、销售部等。

作为企业领导人的上司的职责主要是经营管理，为企业的长远发展提出设想，并为实现这些设想做出战略决策；在实施这些设想过程中对下级进行监督、协调和管理，对企业负责。

企业为领导人配备秘书，就是让秘书协助上司处理他们工作中的杂务，以便让领导人能专心致志地工作。从这个意义上来说，秘书的工作就是为上司"打杂"。

二、上司与秘书的关系

上司与秘书的关系是在纵线上，是一种管理关系，因此，秘书应该认清自己的位置，以一名普通员工的身份来为公司高层管理人员处理一些日常杂务。

秘书的工作一般是对上司负责，所以秘书应该注意了解自己的上司在这种经营结构中的位置、负责的具体工作和他的经营理念，从而确定自己如何在这个基础上积极发挥自己的作用。秘书只有充分了解上司的业务内容、权限和责任，才能真正辅助好上司的工作，使上司的工作更加顺手。

秘书与上司之间，必须有一种深深的默契，只有建立了这种默契才能在相互信赖的基础上使共同的工作相得益彰。秘书不是为上司而工作，而是与上司一起共同为企业而工作，只不过秘书是根据上司的指令而工作。秘书与上司之间的关系，就像一个交响乐团中的乐手与指挥的关系一样，乐手不是为指挥而演奏，而是按指挥的手势与指挥一起共同为观众而演奏。因此，尽管秘书与上司之间可能存在一些私人情谊，或者其他的恩恩怨怨，但秘书与上司之间的关系，本质上是一种工作关系，不存在任何人身依附关系。

三、秘书的工作内容因上司而异

秘书这种职业,是因为有上司的存在所以才出现的,所以,上司的业务范围和职务的高低决定了秘书的工作内容和方式。由于企业的规模和行业的不同,加之上司职务的差异,故秘书的日常工作也各不相同,因此,秘书首先一定要清楚地知道上司希望其在哪些方面协助他的工作,这样才能按上司的意图来开展工作。

第二节 秘书的工作内容

一、日常工作

秘书的日常工作是指秘书每天都要做的工作,它们一般都有固定的模式,不需要上司有专门的指示,秘书可以自行决定或处理。由于秘书的职责是帮助上司处理日常杂务,所以秘书的工作非常宽泛和琐碎。日常的秘书工作包括以下内容。

(1)上司办公室的整理,如文件资料的管理,打扫卫生,照明,通风,温度调节,防止噪声等。

(2)帮上司转接电话,如传达打给上司的电话,帮上司与有关部门联系,询问有关情况等。

(3)帮上司招待来访的客人,如给客人带路、沏茶等。

(4)上司的日程管理,如帮上司制定日程表,日程表调整后与有关方面协调等。

(5)为上司出差做准备,如帮上司借差旅费,预订飞机票或火车票,预订旅馆,准备出差文件,与出差地的接待方联系,回来后帮上司报销差旅费等。

(6)帮上司起草文件和往来信函等。

(7)会务工作,如起草会议通知,落实会议地点,会议室布置,做会议记录等。

(8)信息管理,如帮上司收集公司和行业内外的信息,资料整理等。

(9)照顾上司的日常生活,如安排用车,午餐,提醒上司按时吃药,接待上司的私人朋友等。

秘书在处理上述日常工作的同时,还需要经常处理一些突发性的工作,如上司急病、员工出了事故、重要客户急病或突然死亡、媒体采访、遇到骚扰等。发生突发事件时,秘书更需要冷静。

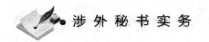

二、当上司不在办公室

繁忙的上司经常因开会、外出、出差等原因而不在办公室。当上司不在办公室的时候,秘书应利用这相对空闲的时间整理手边不常用的文件、名片,整理文件夹、书架等。除此之外,秘书还应注意以下问题。

(1) 如果上司是出差在外地,那每天应在事先约定好的时间联络。
(2) 如遇有紧急事件,应马上与上司取得联系,请求指示。
(3) 在处理上司交办的工作时,应严格按上司指示的范围办。
(4) 如果是替上司处理个人私事,就要替上司严格保密。
(5) 不要随便将上司的出差地点告诉外人。
(6) 上司不在时,如果上司有些个人事情需要处理,应与上司的夫人商量。
(7) 未经上司许可不能在文件上盖章签字。
(8) 上司回来时将最紧急的文件和邮件放在"待阅文件夹"的最上面。

三、发挥主观能动性

由于秘书工作的琐碎和繁杂,上司不可能对秘书的每一项工作都做出指示,所以,秘书应该充分发挥主观能动性,完成自己职责范围内的工作。但是,这并不等于什么事都由秘书一个人决定。能干的秘书不是什么事都去抢着干,而是知道自己哪些事能做、哪些事不能做,只做好那些自己应该做的事。当秘书判断可以由自己做主时,就不需要上司的交代主动去做。能恰到好处地分担上司的"杂务",是一个秘书能力的标志。

有些上司十分清楚自己的工作量,他会合理地将自己认为是"杂务"的工作分派给秘书去做。但有些上司还是习惯把各种杂务揽在自己的身上,从而苦不堪言。因此,秘书要做好助手,就要充分发挥主观能动性,一定要先熟悉上司的工作习惯和工作内容,知道自己能为上司做哪些杂务,而哪些"杂务"不能做。

珍妮是某日资公司财务总监的秘书。每年到2月份,她就发现上司特别忙碌,经常把财务部门的几个经理频繁地找来,通宵达旦地研究问题,而在平常很难出现这种情况。刚给财务总监当秘书时,珍妮并不知道这是为什么,只是觉得有些特别,所以,她不知道自己要主动做些什么。从去年起她才开始知道,日本的每个财年都是从当年3月到来年2月。母公司作为日本的上市公司,在每年3月底要向社会公开财务决算报告。由于对外发布公司业绩报告会影响公司股票价格,事关重大,所以上司要与那几个经理密切磋商。由于了解了这一点,今年珍妮不需要上司交代,过完元旦她就将做决算报告所需的相关资料都准备好了。

四、注意"越位"问题

秘书应该有主动积极的精神,尽量为上司多处理一些杂务,减轻上司的负担。但是,这种主动性的分寸并不容易把握。许多秘书在工作中积极过了头,造成"越位",有时甚至让上司很被动。经验不足的秘书在工作中常犯这么一种错误：因为上司一向要求这么做，所以这次也可以这么做，因此，经常不经上司确认就自行其是。虽然上司过去都是那样要求的，但未必这次他也会做出同样的要求。对于那些上司有特殊要求的工作，秘书在做之前一定要请上司确认。另外，在遇到那些自己不明白或自己不能做决定的事情时，必须向上司请示，不能先斩后奏。

秘书绝对不能干预上司的决策，超越自己的职责范围，自行其是。以下几种行为是典型的超越自己职责范围的行为，秘书在工作中必须加以注意。

（1）未经授权，在各部门送上来的报告上签字盖章。

（2）私自代表上司与客人洽谈业务。

（3）随便接待或回绝没有预约的客人。

（4）询问会议内容。

（5）代替上司接待客人。除非上司有明确的授权，否则哪怕是非常熟悉的客人来访，秘书的职责也只是端茶送水和陪客人闲聊，而决不允许秘书私自代表上司与客人洽谈业务上的事情。

（6）随意决定上司的工作日程。即使上司工作日程表上空余的时间较多，秘书也不能按自己的想法更改上司的日程表，重新安排上司的工作日程；要更改上司的工作日程表必须先与上司商量。

五、工作出现失误之后

秘书工作千头万绪，在工作中难免会出现这样或那样的差错。有时在安排上司工作日程时，出现了"撞车"现象；有时给上司送的材料牛头不对马嘴；也有对上司的提问一问三不知，等等。秘书当然在平时就要注意学习，精通业务，以防患于未然。但是，如果差错已经不可避免，那么，秘书应该如何处理呢？

比如，这天下午秘书在帮助上司整理文件时，上司突然问："对市场部做的这个国庆节期间的促销方案，你看怎么样？"

"实在对不起，我对这个问题不太清楚。"秘书答。

秘书的这种回答虽然诚实，但也只能算是一种应付。上司征求秘书的意见，说明上司对秘书比较重视；而秘书这样回答，不仅让上司失望，而且也说明作为上司的助手，其业务水平有待提高。

出现了差错，就应当采取措施补救，第一步就是要能发现差错。像上面这种情况，秘书事后也许会意识到如此回答上司的提问缺乏应有的礼貌，但往往忽视平时不注意钻研业务这个问题。

工作中出现失误后一定要道歉。虽然一般的失误不一定会造成实质性损失，但至少会给上司或同事带来麻烦，所以，工做出现失误之后一定要主动道歉。

有些秘书在出现工作失误之后，不是说"我不知道"，就是把责任往别人身上推，以逃避或隐瞒失误。如果这样，那这种"失误"不仅没有任何价值，而且还会像雪球一样越滚越大，最后还可能铸成大错。工做出现失误之后，将已发生的事如实告诉上司或同事，这样反而能

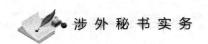

反映一个人为人的诚实,从而得到上司的信赖。如果偷偷隐瞒,它不会带来任何好处,相反,它有可能让人事后感到内疚;与其这样,不如一开始就主动认错。

第三节 秘书的工作特点

一、需要自己马上拿主意的事情多

秘书虽然只是辅助上司工作,但需要当机立断的时候也很多。一般来说,秘书应事先与上司协商好处理的方式,以避"自作主张"之嫌。

例如:这天上午10点左右,上司正在主持一个小型会议,听取销售部关于上半年销售情况的汇报。这时秘书接到上司的一个老朋友打来的电话,对方要求找上司接电话。按有关规定,公司领导人在开会时原则上不得接电话,但是,如果秘书机械地拒绝对方,则有可能铸成大错,因为说不定上司因为想了解某种信息而早就在等对方的电话了。因此,在这种情况下,秘书应该悄悄告诉上司,听听他有什么吩咐。

秘书在平时就应注意熟悉上司的工作内容、社交范围等各种情况。俗话说留心留学问,如果对上司的工作非常了解,即使遇到这种突然的情况,也就能马上判断应如何应付,不至于措手不及。

二、工作的内容变化快

秘书工作的内容不仅繁杂而且变化快,需要秘书随时根据实际情况对手上工作进行调整。

例如:按原定的日程安排,秘书小李今天下午2点应陪上司去天成公司拜访王总,落实明年销售代理问题。可就在1点半,天成公司王总的秘书小程来电话,说王总今天下午有急事要出门,希望将原定的时间改到明天上午9点半。如果推到明天上午9点半,那么,原定上司明天去省城跟大地广告公司谈广告的时间就得改期。什么时候再约大地广告公司……面对这种多米诺骨牌效应,秘书小李就要重新与各方联系协商,及时调整上司的工作日程;调整之后,还要尽快通知有关部门,如上司的司机。

三、一心多用的时候多

秘书工作不仅繁杂多变,而且常常必须同时处理好几项工作。例如:这天,秘书正在座位上准备给刚刚出差回来的上司报销差旅费,上司来电话让她赶紧给他去送一份资料;刚刚把资料找出来,前台又来电话说有一位客人找……哪些工作应该优先处理,哪些事情可以暂缓,如果秘书分不清它们之间的轻重缓急,则有可能捡了芝麻,丢了西瓜,把工作搞得一团糟,最后让上司失望。

四、忙闲苦乐不均

秘书经常是忙碌的,但并不总是忙碌的,如遇到上司长期出差或学习等情况,秘书就显得比较清闲了。忙的时候相当忙,闲的时候也相当闲,这是秘书工作的另一个特点。

第四节 接受指示与执行指令

一、接受指示

正确而且按时处理好上司交办的工作,这是对一个秘书的起码要求。当上司呼叫时,秘书马上响亮地应答"在",因为上司往往是从回答的声音中来判断其工作态度。

当秘书到上司那里接受指示时,一定要带上记事本,将上司的指示记录下来。秘书在接受上司指示时,必须注意力集中,并记住以下几点。

(1) 按5W1H原则做重点记录。5W1H原则是:什么时候(When),什么地方(Where),是谁(Who),结果是什么(What),为什么(Why),过程如何(How)。

(2) 如果对上司指示有不清楚的地方,不要急于发问,等上司基本说完了之后再问。遇到不清楚的地方,无论是多么细微的事项,也要提出来请上司明示。

(3) 对于上司指示的要点,特别是一些数字,一定要重复一遍,请上司确认,因为也许会有记错和误解的地方,或者上司也有说错的地方。比如,上司原想指示"3点前复印5份",但不小心说成"5点前复印3份"。

(4) 对于上司的指示,秘书如果了解一些相关的信息,或是有什么建议和设想,应说出来给上司做参考。

(5) 当上司一次交办的事情比较多时,应按照上司的指示优先处理那些需要优先处理的工作,而不能按自己的意愿来决定工作的先后顺序。如果在接受上司的指示时,发现接受的工作与自己现有的工作在时间上有冲突,无法错开,就应马上说出来,请上司指示。

(6) 如果上司已经指示某工作要如何处理,可更上一级的领导又指示另一种做法,也就是说同一件事有两位领导指示用不同的方法做时,原则上秘书应该照其上司的指示去做。

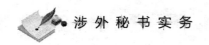

不过,秘书必须向更高的领导报告:"这件事情已接到某某的指示了,请问我该怎么做?"由上一级领导去判断如何处理。遇到这种情况,对方通常会说:"你再与你的主管确认一下。"然后秘书再将上一级领导的指示传达给自己的上司,以便最后确认。

(7) 秘书经常会从不是其直接上司的领导那里接受一些指示。如果事情简单,就另当别论;但如果执行起来要花费一定的时间和精力,秘书就应该向自己的直接上司汇报。

二、服从指令

上司在对秘书做指示时,有时也会出现失误。即使上司出现失误,秘书也不能当面顶撞,因为如果当面顶撞上司,对于一个秘书来说,是一种职业自杀行为。作为上司的助手,秘书在任何情况下都绝对不能干预上司的决策。如果觉得上司的指示不正确,那也只能是请上司再次确认:"……您说的是这个意思吗?"如果上司确认无误,那就应坚决执行,而不能与上司争辩,因为上司有上司考虑问题的角度,而且是他负全部责任。

上司有时可能会让秘书去帮他做些"私事"或工作以外的事。作为助手,秘书理所当然地要帮上司处理工作中的"杂事",但秘书为什么要帮上司处理一些"私人事务"呢?这是因为上司身负重任,往往为了工作而牺牲了私人时间;如果上司的一些"私人事务"得不到及时有效的处理,就完全有可能影响上司的工作。因此,作为助手,为了有利于上司的工作,秘书对上司交代的私人事务也应当作分内工作去处理;即使有时上司没有交办,也应尽可能地帮上司处理。当然,哪些是有利于上司工作的私事,这可能不是很好把握。比如,上司的太太和女儿从国外来探亲,但上司又要主持一个重要的会议,他只好让秘书代自己去机场接人。遇到这种事情,有些秘书可能就会显得很不情愿。如果是这样的话,就往往得不到上司的信赖。事实上,对于秘书来说,"分外"的工作往往意味着"额外"的机会。

第五节

请示与汇报工作

一、请示的方法

对于那些刚从事秘书工作的人来说,哪些事要向上司请示,哪些事可以自行处理,是一件很难把握的事情。如果自行处理,上司可能会问"为什么不先请示?"如果经常去请示,他可能又说"你怎么没有一点主见,什么事都来烦我?"

那么,到底哪些事秘书需要向上司请示,哪些事又可以自行处理呢?一般来说,规定属于秘书职责范围内的日常工作,秘书可以自行处理,无须请示上司;只有遇到新情况或新问题,秘书自己不能做出判断时,才需要请示上司。但问题是秘书的职责范围往往不是很明晰,这就给秘书的工作造成很大的困惑。

　　了解上司是做好秘书工作的前提。秘书要把握好哪些事需要请示哪些事可以自行处理的分寸,就必须了解上司的工作习惯。有经验的秘书会根据上司的工作习惯对上司的工作进行分类。有些事是上司认为很重要,无须秘书过问的;有些事是上司认为很重要,但需要秘书辅助的;有些事是上司根本不关心,在他看来几乎没什么价值的。对那些上司认为很重要,无须秘书过问的工作,就不要去管它,遇到时就要向上司请示,并且一定要按上司的意思去做,坚决执行;对那些上司认为重要,但又需要秘书辅助的工作,秘书一定要请示,但可以提供自己的建议,并积极收集信息,供上司做决策时参考;只有那些上司不太关心的或他认为没有价值的小事,秘书才可以自行处理而不去烦上司。

　　由于上司的精力有限,有时也不方便做指示,所以,秘书在去请示上司之前,最好自己先打好腹稿,这样当上司面对请示也感到为难时,可以说出自己的想法,以供上司参考,而不是当甩手掌柜,把问题全部上交。

二、汇报的方法

　　上司将工作交办给秘书之后,对工作的进展不一定很清楚。如果不给他报告,他就不知道秘书是否完成了工作。所以,原则上一旦完成工作就要向上司报汇。如果被上司催问"你工作进度如何"时才汇报,这对于一个秘书来说是不称职的表现。

　　一般来说,口头指示就用口头汇报,书面指示必须书面汇报。对于那些周期长、情况比较复杂而又比较重要的工作,不仅在完成之后要有书面汇报,在中途还要有不定期的口头汇报。

　　在汇报的时候,要记住以下几个基本要点。

　　(1)要事先想好向上司汇报的内容。

　　(2)向上司汇报时要尽量减少不必要的背景介绍,一般按结论、经过和理由这样的顺序汇报(也可以按结论、理由和经过这样的顺序汇报)。

　　(3)向上司报告工作,要选择合适的时机,最好在完成某项工作之后或者在谈完其他工作的时候顺便汇报。除非情况紧急,否则不要打断上司的工作进行专门汇报。

　　(4)遇到确实是要在上司工作中向其汇报的事情时,上司当然希望秘书能尽快把工作汇报完毕,因此,即使上司不催促,秘书也应尽快把工作汇报完,然后等待上司的指示。

　　(5)如果不是很急的事情,一般都是事后汇报。在汇报时不要过于详细,担心上司不明白,只要汇报按上司的指示把工作完成了就行,比如上司让秘书帮助发封信,秘书办完之后,只要对上司说句"刚才这份文件已用挂号信寄走了"就可以了。

　　(6)汇报比较重要的工作时,要把重点内容写下来交给上司。

　　下面是一个秘书完成上司交办的工作后汇报的例子。

　　"关于上海分公司召开营销工作会议的事,我在给您的报告里已简单写明了;作为重点,主要是这么两点,一是我公司的新产品展示会,将在上海和杭州举行;二是商品的电视广告

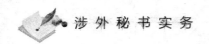

制作,我公司决定由天地广告公司负责,经费问题由他们先提出预算,他们已同意。关于在杭州举办新产品展示会的具体时间、场所、费用等具体问题,我已在报告中作了说明,请您指示。"

有很多秘书常犯这样的毛病,在向上司汇报时,喜欢把汇报内容的各种背景带进来,而且背景又有背景,前300年后500年,以为只有这样上司才能明白自己的意思。其实,这样云山雾罩反而让上司不明白秘书到底要说什么事情,所以,几乎所有的上司都讨厌这种越扯越远的背景说明。向上司汇报的原则是"言简意赅"。怎样才能做到言简意赅呢?其实,只要坚持"5W1H"原则即可。如果让上司明白了以上几条,汇报也就可以了。假如上司要求再把事情的来龙去脉说明一下,那才可以在最后做些补充说明。

在向上司汇报之前,秘书应把能想到的问题都想到,而且越周到越好,这样在上司问到时能对答如流。给上司汇报时要尽量少给上司出问答题,多出选择题。比如,上司在与客户谈判时,另一个客户来电话,要求更改合同条款,并尽快给予答复。改还是不改,如果改,那又怎么改,当把这个问题汇报给上司时,就不能让上司做"我怎样答复对方"这样的问答题,这样只会让上司为难;如果让上司做选择题"合同改还是不改",那上司很容易回答"改"或者"不改";由于事情来得很突然,上司也可能犹豫不决,他有可能会来征询秘书的看法,所以,"改还是不改",秘书一定要准备好自己的理由,给上司做参考。

第六节 给上司提醒与建议

一、注意提醒上司

有很多领导人工作十分忙碌,再加上不会管理自己的时间,因此,他们在工作容易出现"忙乱"的现象,该打的电话忘记打了,客人按时到了他还在忙别的事情……因此,秘书要经常提醒上司,以保证工作效率。

提醒上司有两种方式,一种是口头提醒,一种是书面提醒。

比如,上司昨天刚从成都出差回来。他在成都受到了经销商王经理的热情款待,并在其陪伴下参观游览了都江堰。今天早上一上班,按惯例上司要给王经理打个电话,一是报个平安,二是道谢。可是,上司一进办公室,来汇报的人一个接一个,上司似乎把给王经理打电话的事给忘了。这时,就要提醒上司:"我替您给成都的王经理打电话道个谢吧!"虽说上司不一定把这事给忘了,但由于太忙,也有可能会不小心忽略掉。

又比如,上司约好今天下午和某人见面,那今天上班之后最好以询问的口吻提醒上司:

"今天您要出去吧?"如果今天有会,那就要再提醒一下"您今天要开会吧?"

书面提醒就是在公司的便笺上写出上司要做的工作。比如,一上班就将写有"今天10点与天和公司的李总开会"的便笺放入上司的"待阅文件夹"中(详见本书第六章)。即使上司没有忘记,但被人提醒一下,也可以加深印象。这样一来,上司的日程表就能真正起作用了。

当然,有时上司会觉得这种提醒太婆婆妈妈了,但这是秘书的职责,所以,如果上司有这种抱怨,也不要太当回事。相反,秘书这种认真细致的工作态度,会给上司留下一个很好的印象,进而得到上司进一步的信赖。

二、给上司提建议

1. 建议要慎重

如果还不是一个经验很丰富的秘书,那么,原则上应尽量少给上司提建议,至少提建议时要慎重。因为作为秘书,其职责是为上司处理一些日常杂务,而是不参与经营决策。

在实际工作中,秘书对某些具体问题可能看得比上司还要清楚,而且也能发现不少问题;即便如此,由于秘书看问题的角度与上司不尽相同,而且很多时候也不知道上司工作的重点在哪里,所以,尽管秘书就某个具体问题提出的建议有一定的价值,但在上司看来这种建议仍然可能是无足轻重,不仅如此,还有可能干扰自己整体的工作部署。因此,当秘书觉得有必要给上司提建议时,首先要考虑自己是否和上司站在同样的角度高度看问题。如果秘书对上司的工作内容和思考问题的方式不是很了解,那么,其建议有可能只会给上司的工作添乱。

秘书一定要熟悉上司的职责范围和思维方式,知道其当前工作的重心在哪里和工作的出发点是什么。只有做到了这一点,才有可能抓住机会给上司建议。可以说,能给上司提供合理而又及时的建议是秘书水平的最高表现。

年轻的秘书原则上不要给上司提建议,但这并不是说作为秘书不能给上司提建议,比如当上司要求秘书提建议或征询其看法时,秘书可以谈谈其看法;又比如在与上司讨论一些非经营决策性的问题时,秘书可以提这样一些建议,如怎样保持健康,在什么地方开会比较合适,在什么地方请客人吃饭等。

2. 建议的方式

对于秘书来说,在给上司提建议时,应尽量让上司做"选择题",避免做"回答题"。

例如,总经理秘书杰克在与大隆公司总经理秘书聊天时,得知恒盛公司老板的父亲下个星期满八十大寿。如果杰克这么向自己的上司提建议:"听大隆公司的人说,恒盛公司老板的父亲下个星期满八十大寿。我们是否要准备点贺礼?"那对于上司来说,杰克这种建议没有任何作用,因为恒盛公司是本公司的最大经销商,上司得知这信息之后不可能不去祝寿,既然要去祝寿,自然就要准备寿礼,所以,杰克一开始就应该知道,即使自己不问,上司也肯定是"要送"。杰克在这种情况下应该直接提出具体建议,比如他可以这么说:"我听恒盛总裁办小谢说,老爷子喜欢书法,我们给他送一套文房四宝,您看如何?"自己只提建议,决定权还是交给上司。也就是说,在这种场合,只让上司做"是"或"不行"的选择就行了。如果是一个经验丰富的秘书,那其提出的建议上司多半会说"行!"如果上司对秘书说:"这事你就看着办吧!"那就说明上司基本信赖这名秘书了。

3. 提建议时应注意的问题

(1) 说话尽量婉转。一般来说,秘书给上司提建议是为了辅助上司的工作,尽一个秘书的责任。但上司毕竟是上司,地位远远高于秘书,作为接受方,尽管上司的理智告诉他秘书的建议是合理的,但在感情上他还需要有一个接受的过程,所以,一些上司对秘书的建议都会出于本能要反驳几句。为了不让自己的好心被当成"驴肝肺",秘书给上司提建议时必须注意自己的措辞和说话的分寸。比如,当上司忘记了与自己的某位朋友见面时,秘书用一种好像很随意的口气说:"您好像有个约会吧!"给上司提个醒。又比如,由于上司的误会,使活动日程出现了"撞车",在这个时候,秘书先铺垫一句"也许是我记错了",之后再让上司确认到底优先预约哪位客人。

特别是提一些有关原则性或决策性的建议之前,秘书一定要做些铺垫,不能开门见山,有话直说,应当有"不好意思"之类的客气话作铺垫,先营造一个平和的气氛,且不能提出直接的批评。比如"也可能是我多嘴,有几句话我还是……"之后再进入正题;说完之后,一般要再加这么一两句:"关于某某问题,我是这么看的,不知对不对……"由于你采用的是间接的询问式,即使上司不接受,也不会当场拒绝。

(2) 切忌命令式。秘书给上司提建议时一定要避免用命令的语气说话。给上司提建议,不能用"……是不允许的!"这种否定式的建议,这种方式最容易引起上司的反感。在实际工作中,一些秘书给上司提建议时老是采用作指示的方式,比如,当觉得上司的健康状况不太好时,就说"您最好去看看医生!"虽然这是份好意,但作为秘书,不能给上司作指示,让他具体如何如何去做。又比如在吃饭的时候,上司将医生要他控制食盐量的劝告置之脑后,但秘书也不能这么对上司说"上次医生就让您要少吃盐份高的食物……"

(3) 确认事实。秘书给上司提建议之前一定要确认其所说是不是事实,如果没有客观依据,那其建议不仅没什么效果,反而会无是生非,结果非常恶劣。所以,秘书一定要抑制自己给上司提建议的冲动。如果一定要提建议,那必须首先确认事实。

(4) 考虑结果。当提出建议之后,上司会有什么反应?在秘书提出建议之前,应预测一下建议之后的结果。如果觉得上司可能一下子难以接受甚至会强烈反驳的话,那就要考虑是不是另找机会甚至放弃给上司建议。

(5) 选择时机。一般来说,给上司提建议时最好是没有第三人在场,因为如果有很多人在场的话,那就会严重伤害上司的自尊心。

(6) 提建议之后要注意的问题。秘书给上司提完建议之后,不要老是说自己在事前已经提醒过,在上司面前显出一种有先见之明的优越感;如果上司没有接受建议,也不要再说什么了,不要对同一个问题反复建议;不要问上司在接受建议之后产生了什么效果;即使认为自己的建议很有价值,但建议毕竟只是个建议,秘书不能为了让上司接受它而感情用事,更不能对上司穷追不舍。

(7) 当上司出现明显失误时提建议应注意分寸。上司也会出现一些常人所犯的过错。当完全确认上司出现了工作失误之后,秘书也要请上司对自己的指令再次确认,而不能自作主张地不予执行或当场顶撞。对于上司工作中的失误,秘书要以合理的方式提出建议,千万不能让上司有他挨了秘书批评的感觉。

第七节 提高工作质量与效率

一、质量意识

有很多秘书工作非常主动,例如来客人时会迅速地去泡茶,经常帮其他部门的人复印文件等。但是,给客人端茶时,不是泡的茶太烫,就是把茶洒到了地上;复印时要么是文件的边缘没印到,上下不对称,要么就是页码混乱。

秘书工作应当积极主动,但光有积极主动性还不够,还必须有质量意识,即保证自己做的每一项工作都符合规范。有些秘书觉得对于泡茶、复印这种小事没有必要精益求精,因为茶水温度是80℃还是90℃并不影响客人的情绪或态度,但是,这种水温差异却可以反应出其工作态度。如果秘书对自己的工作没有质量意识,那其上司和同事也会在日常工作中通过这些细微差别,逐渐降低对其工作态度和能力的评分。

二、制订工作计划

秘书工作的范围不仅很宽,而且工作的内容变化很快,所以秘书工作显得很繁杂。工作繁杂就容易带来混乱,影响效率,因此,秘书一定要注意工作的计划性,以保证工作的效率和质量。公司领导人对秘书的工作要求比对一般工作人员高,不允许秘书在工作中反反复复或丢三落四,因为这既浪费时间,又影响工作效率。现在有些秘书老是觉得自己很忙,时间不够用,但忙了一天,就是不知道自己忙了些什么,这就是做事没有计划性的典型表现。

那么,秘书应该如何提高自己工作的计划性呢?那就是秘书一定要学会做工作计划。制订工作计划,也就是考虑自己应做什么、什么时候做完、用什么方法做、需要具备的条件和完成的步骤这几个问题。因此,秘书每天上班后就要把当天要做的事预先写下来,并按照轻重缓急把要做的工作顺序编排;如果有上司临时交办的工作或遇到突发事件,再把它们插进去处理,对计划做适当的调整。对于秘书来说,做好工作计划有两个前提,一是日常工作尽量程序化,二是能分清工作的轻重缓急。

对于自己的一些中长期计划,秘书还要养成检查落实的习惯。每过一段时间最好检查一下自己的工作:当初的目标是否实现;实现目标的手段或方法是否正确;是否还有要改进的地方;如果目标没有实现,是客观原因还是自身努力不够;提高工作效率,还需要做哪些方面的改进,等等。通过这种检查,秘书会发现当初制订计划时不完善的地方和在实施过程中

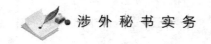

的毛病,分清责任和原因。无论是预期完成还是没有完成,都要分析具体原因,从而改进和提高自己的工作方法。

三、工作程序化

　　秘书的职责就是处理上司工作中的各种杂务事,所以秘书的工作是琐碎而又忙碌的。如果秘书没有相当丰富的实践经验,那就很难搞好秘书工作。比如,收集信息,如果只靠自己是"某某的秘书"这块招牌,那就很难从别人那里得到真正有价值的信息。但是,这并不是说秘书全靠经验办事。秘书部门会定期进行人事调整,如果秘书仅凭经验办事,一旦老秘书升迁或调到别的部门,那新秘书就不能很快接替工作,因此,秘书在平时的工作中一定要注意工作的程序化,如制定一些部门内的业务流程和规章制度,把处理一些日常工作的方法和步骤写成书面文字;这样不仅可以随时补充和完善,而且即使自己工作调动,将来接替自己工作的人也能很快开展工作。秘书工作的程序化,不仅能降低劳动强度,而且可以提高工作效率。

　　秘书在将工作程序化的过程中,一定要注意与上司及时沟通。比如,秘书每天都要替上司收许多邮件。一般来说,信封上写有"亲启"字样的秘书应交给上司亲自去启封,因为这大多是私人信件。但是,现在有很多广告信函也写"亲启",这让一些领导不胜其烦,于是有的领导就要求秘书对所有信件都启封,这时,秘书就要与领导沟通,进行约定:今后收到领导"亲启"的信后,秘书可自行启封;即使错拆了一两封领导的私人信件,领导也不会有什么想法。

　　不仅是邮件启封,其他日常工作的处理方式也最好都与上司商量之后一一定下来。通过这种与上司的交流沟通,秘书就能逐渐了解上司的喜好与工作习惯。由于熟悉了上司的喜好与工作习惯,秘书就能充分发挥自己的主观能动性,逐渐将工作程序化。

　　给日常工作制造一个专门的流程就是标准化,它能节约时间,大大提高工作效率。比如,每天下班之前的工作可以这样标准化:
　　(1) 查看明天的工作日程表,考虑第二天各项工作的顺序;
　　(2) 收拾自己和上司的办公室;
　　(3) 检查抽屉和保险柜是否锁好;
　　(4) 要发的邮件是否寄走;
　　(5) 关闭计算机等其他办公设备;
　　(6) 检查一下看上司是否有忘掉的东西;
　　(7) 关门上锁。
　　如果每天下班时都按这个程序检查一遍的话,就没必要担心忘记什么了。

四、分清工作轻重缓急

　　工作集中的时候,就要决定哪些工作优先处理,即决定工作的先后次序。如果把工作顺序弄反了,没有及时处理那些重要的工作,就有可能造成混乱。那么,决定工作优先次序的标准是什么？标准有三大因素，即：上司的意思、工作的重要性和完成时间的要求。因此，在确定优先顺序时要把这三个因素综合起来加以考虑。如果你自己难以判断，那就要请上司确认。

秘书工作的一大特点就是并行的工作多，要一心多用。那么，面对几项要同时处理的工作，哪项工作应该优先处理呢？这就要求秘书必须具备随机应变的能力，能分清各项工作之间的轻重缓急，在合适的时间做合适的事。

秘书的工作虽然繁杂，但基本上可以分为三类：第一类是 N——Now，即现在必须马上处理的工作；第二类是 T——Today，即应该今天完成的工作；第三类是 L——Later，即明天完成也可以的工作。这种日常工作分类法又叫"NTL 分类法"。哪些工作分在哪一类，秘书自己心中应该有数；那些由上司交办的工作，在进行分类时就需要多想想；如果把握不了，那在接受上司工作指示时，就要顺便问清楚上司希望在什么时候完成。

珍妮是某外资公司新来的市场总监秘书，这天早上一进办公室，上司就让她整理一份材料，要求第二天下班之前交给他，说下个星期开会要用。她估算了一下，差不多 3 万字，有二十多页。刚从上司的办公室出来，她还没来得及坐下，上司又来电话，说当天下午 2 点他要与市场部和销售部的几个正、副经理一起商量工作，让她通知他们几个。刚放下电话，机要室就送来一份传真，传真是上海一个广告代理公司发来的，说他们的一个副总过几天要来北京办事，请接待一下。珍妮刚看完传真，上司又来电话，说他下个月初到电视台为《一周财经观察》做嘉宾的事，由于时间关系他不去了，让她打个电话通知对方。珍妮刚喘口气，人力资源部门的人又过来通知她，让她填写参加存档新方法讲座的报名表，明天下班之前为报名的最后期限。

一上班就遇到这么多事，现在应该如何处理呢？首先应该分清这些工作的轻重缓急。只有先分出了它们的轻重缓急，才能根据轻重缓急安排它们的顺序，制订工作计划。

如果采用"NTL 分类法"，那么，珍妮这天早晨的几项工作就应该这么划分：给上司写报告是 T 类工作；通知几位经理开会是 N 类工作；把传真交给具体经办人是 T 类工作；给电视台打电话是 L 类工作，而参加档案培训也是 L 类工作。分出了轻重缓急，珍妮就可以这样按部就班地工作了：

首先到行政部门预订一个小会议室，之后与各位参会经理联系；上司下午开会的事落实好之后，就去上司的办公室，将传真给上司过目，听取上司对这份传真的指示，并马上把它转给具体的经办人；把传真的事办妥了，就赶紧给上司写报告，争取在今天下班之前把报告写出来；至于参加档案培训报名和给电视台打电话的事不急，记在本子上，第二天什么时候有空再去办也不迟。

五、合理利用空余时间

忙闲不一也是秘书工作的一大特点，所以，秘书要学会有效地利用空余时间，从而提高自己的工作效率。当上司出差或开会的时间比较长时，秘书应利用这种空余时间做好以下工作：

（1）整理文件夹；

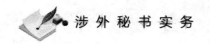

(2) 整理书架；
(3) 清洁和整理办公室；
(4) 整理名片和文件；
(5) 收集资料，剪辑保存；
(6) 整理和编写业务操作手册。

六、工作创新

1. 不安于现状

中国有句古语，叫做"物极必反"，就是说任何事物都有极限，如果超过了这个极限，事物就会发生本质变化，走向自己的反面。秘书工作就是这样。如果秘书工作太熟练，就反而有可能影响秘书工作质量的提高。因为一般人刚从事秘书工作的时候，都会刻苦学习，勤奋工作，但达到一定的水平之后，有些人头脑里就会滋生一种惰性，满足于已有的经验，不去想用什么新办法来提高自己工作的效率和质量。

不只是秘书工作，就是在一般的工作中，这种惰性的肿瘤都是非常危险的，很容易断送个人的前途。因此，为了追求更高的效率，秘书无论是在处理日常性的工作中，还是在应付一些偶然性的事件时，都应在头脑里这样多问问自己："事情为什么会出现这种状况？""用这种方法处理就一定完善吗？"不仅如此，秘书还要有一些富于创造性的幻想："如果换一种方法处理，事情的结果又会怎样呢？""除了这种方法，就没有其他更好的方法处理了吗？"对于秘书来说，如果对一些偶然性事件多加留意的话，就能从中悟出一些必然性的东西来。

2. 在创造中提高

秘书主要是给上司安排工作日程、收集信息、接待客人、不折不扣地执行上司的各种业务指令，因此，在一些秘书看来，秘书工作很难与"创造"一词联系在一起。的确，秘书工作带有很大的被动性和繁杂性。在很多时候，秘书对那些千头万绪的琐碎工作都疲于应付，就更别提创造性地工作了，谈何容易！但事实上，秘书创造性地工作是非常必要的，因为只有创造性地工作，秘书的水平才能一步一个台阶往上升，也才能为上司节省更多的时间、搜集更多的信息、提出更多的合理化建议。反之，如果秘书总是按部就班，不求创新，那就如同逆水行舟，不进则退，离上司的要求越来越远。

那么，秘书怎样才能创造性地工作呢？其实，就创造性本身而言，秘书工作并没有什么特殊的地方。和其他工作一样，只要个人明白了自己工作的目的，在工作过程中，不停地在头脑中解这样一个一元一次方程："除了用这种方法处理，就没有其他更好的方法了吗？"创造性就会自然而然地在这种求解的过程中发挥出来。世上的事从来就是如此，功夫不负有心人。比如，秘书经常协助上司处理各种文件，在整理各个部门送上来的报告或汇报材料时，秘书就要在心里琢磨，这些报告的内容是否应更充实一些，或者应写得更为简便一些。

3. 及时建议

随着在创造中不断提高，日积月累，秘书往往会对某些问题产生独到的见解，因此，秘书要及时向上司或有关职能部门提出建议。也正是因为如此，秘书要从平时起就注意搞好包括上司在内的各个方面的关系，得到他们的信任，一方面是为了掌握更多的信息，另一方面也是为了使自己的建议能为各方面接受,产生积极的作用。不积涓涓细流,无以成江海。秘书只有像海绵吸水一样平时就积累各种知识和信息,才能有自己的思想火花闪光,才能提出独到的见解,进行创造性的工作。

第八节 养成良好的职业习惯

职业习惯是工作中的一些无意识行为,无论是好的工作习惯还是坏的工作习惯,它都会给个人的职业发展带来深刻的影响。因此,秘书应当有意识地培养一些良好的工作习惯,它们可以让人在自觉自在的情况下工作,从而事半功倍。

一、换位思考

所谓"换位思考"就是在沟通过程中站在对方的立场上来考虑问题,了解对方的感受和要求。要做好秘书工作就必须养成换位思考的习惯。

秘书在工作中习惯换位思考,这不只是一种沟通技巧,也是一种素质的表现。在交流沟通中,换位思考首先要求尊重对方的人格,只有站在平等的立场上,才能设身处地地了解对方所处的实际情况,才能让对方感受到尊重。如果对方认为受到尊重,那他就会给予同等的尊重,也会自觉不自觉地换位思考看问题;这样,他就有可能在不知不觉中改变自己的立场,变得通情达理。如果缺少换位思考,沟通的目的仅仅是为了说服对方,让对方按自己的意思办,那么沟通一开始就显得"居高临下",这种表现出的优越感,在对方看来就是对他的不尊重,是一种"强词夺理"的表现,因此,不管沟通内容是否有理,他都不愿意再讲道理,于是,双方除了相互抱怨,沟通再也进行不下去了。

秘书要养成换位思考的职业习惯,首先就要拆除头脑中那道以自我为中心的篱笆。如果习惯以自我为中心,那遇事就只会考虑自己的感受和自己的利益,而不去了解对方的感受和需求。缺乏换位思考的习惯,不仅让人难以有效沟通,而且会因为沟通困难而让个人的人际关系越来越糟,最终变成孤家寡人。

二、勤做笔记

秘书一定要养成做笔记的习惯,特别是记录上司指示的习惯。好记性不如烂笔头,记性再好,也比不上用笔记下来的白纸黑字。秘书工作的内容变化快,突发性事件多,同时一心几用的时候也多,所以平时的工作就显得很杂乱;而一杂乱就容易出现丢三落四的现象,最终影响上司的工作。做笔记具有核对的功能,特别是当上司指示完后,秘书可以参考记录,重复其指示的要点,核对所听到的与上司指示有无出入;在执行上司指示的过程中,秘书也可以根据记录,检查工作是否正确;此外,有了原始的记录,还可以避免"没有听清楚"之类的纠纷。同时,将事情记在本子上,增加了一次思维的过程,从而让自己记得更深刻。一旦养成做笔记的职业习惯,秘书就能做到工作忙而不乱,井然有序。

秘书常用的有三种笔记。

1. 自己用的笔记

自己用的笔记是为了对上司的指示、命令起备忘录的作用。由于这种笔记基本上只给自己看,所以可以灵活使用记号、简略符号等,以便提高记录效率,做到简洁和快速。需要注意的是,有些人过于专注写笔记本身,而不集中精力去听对方讲话的内容,从而造成本末倒置。

2. 联络用的笔记

与自己用的笔记不同,联络用的笔记是给别人看。此类笔记最常见的就是上司不在时,记录来客来电的留言。这种笔记要做到书写简单明了,以确保对方容易理解,并且不能加入主观因素。为了保证这种笔记的完整与准确,秘书最好使用专门的留言条。

3. 口述笔记

口述笔记主要是用来记录上司重要的口头指示。做"口述笔记"时应注意如下几点:要准确地记下要点;不要照搬口头用语,应将它们高度概括成书面语言;要将日期、时间、地点、数量等准确清楚地记下来;根据需要可做些省略和简化。

秘书最好养成在每天下班前的 5 分钟检查当天所做笔记的习惯。它相当于一份备忘录,对当天已完成的工作做上记号,对没有完成的工作也打上记号,以做到心中有数。

做日常记录不需要什么技巧,只要养成这种习惯就能做好。做记录时,应在每页笔记的右侧留出 1/3 或 1/4 的空白,用于事后拾遗补缺,写上自己的心得体会或其他注意事项。秘书要养成随身携带笔记本和笔的习惯,只要发现有价值的东西,就随时记下来。

要做好记录,就应练习提高书写速度。书写速度太慢,就有可能跟不上进度,影响笔记质量。由于记录仅仅是给自己看的,所以不必将每个字都写得横平竖直、工工整整,字迹潦草一点没关系,也可以简化某些字和词;但也不能太潦草和太简化了,不能最后连自己也看不懂。做记录本身不是目的,不能为了记录而全神贯注,却把与对方的交流给忽略了。

三、坚持写日记

秘书应当养成写日记的习惯。坚持写日记,是提高自己写作能力的捷径。写日记不是记流水账,而是有感而录,有所选择。这样,在考虑写什么时,就锻炼了立意、选材的能力;在考虑如何表达时,就锻炼了剪裁、布局、遣词造句的能力;熟能生巧,如果持之以恒,写作能力就自然而然地得到提高。

秘书的日记也可以说是份备忘录,一旦需要回顾工作中的某件事,就可以从日记中找到相应的记录。日记还是积累文书写作的资料仓库,把日常工作中的一些所思所悟或经验教训记录下来,久而久之,它们就会成为写作的"资料室"。当需要起草文件时,所需要的素材和观点就会喷涌而出,使报告言之有物,文采飞扬;而不再需要苦思冥想,搜肠刮肚。写日记还可以提高观察问题和分析问题的能力,在写日记的过程中,秘书需要对其工作中的一切事情进行细致的观察,并分析它背后的成因。久而久之,秘书观察和分析问题的能力就得到了提高。

　　写日记不仅能提高写作能力,而且对素质的提升也大有好处。孔子说:"吾日三省吾身。"秘书坚持写日记,就是一种既便捷又有效的"反省"方式。在写日记时,人会回顾和检查自己当天的工作过程。通过反省自己每日的所作所为,就能找出自己身上的不足。是什么原因造成了这种差距?通过反省,人不仅能找出原因,而且还能找到弥补差距的方法。持之以恒,自然就能加速进步。

　　一些秘书一开始对写日记也保持很高的兴趣,但随着时间的推移,就觉得自己的工作越来越琐碎,日子越来越平淡无奇,写来写去无非就是那些东西,日记没什么可写了,最后就偃旗息鼓了。其实,这是对秘书工作的意义还缺乏了解的表现。比如,上司让秘书去协调一下市场部与销售部之间产生的矛盾,这件事究竟有什么意义?该用什么方式把这件做得更完美……当上司把这件事交办给秘书的时候,秘书就应想到这些问题,这样,在写日记的时候就不会觉得是在做无米之炊。

　　写日记应有感而写,无事少写,想写什么就写什么。日记不一定要写多长,也不必是一篇很完整的文章,可以数十字,也可以是几百上千字。事实上,随着工作感悟的增加,想写的东西会越来越多,最后不是无事可写,而是只能挑重要的写。

　　日记上要注明时间。记日记是为了日后查看方便,所以一定要写上日期。必要的话,还应记上当时的天气状况和写日记的地点。

四、说话"铺垫"

　　很多年轻的秘书刚开始工作时很有激情,在工作中有很多想法,可是当他们说出自己的想法之后,往往得不到上司或同事们的理解,有时还出现"好心当作驴肝肺"的状况。久而久之,不仅他们的激情消失了,而且还变得心灰意懒。之所以会出现这种状况,在很大程度上是由于他们在表达自己的想法时过于直截了当,过于强调"我的意见"或"我的看法",让同事们觉得这个人不谦虚,因此,他们在评价其意见之前,就已经对其很反感了。即使同事们心里承认这个人说得有道理,他们也不会公开表示赞成。因此,如果在陈述自己的观点之前,先说几句铺垫语,改变一下气氛,那效果就会不一样。

　　所谓"铺垫语",就是在谈话进入正题之前寒暄几句,如称赞对方的裙子漂亮,或者夸对方上个月的业绩不错等。这么说,对方的心理就放松了,就能心平气和地"讨论"问题。"铺垫"能起一种缓冲的作用,可表现出自己的诚意,消除对方心里的戒备。由于职场人际关系微妙,很多人都有一种自我保护的本能;当某人准备与之沟通时,其首先关心的不是所沟通的内容,而是沟通的目的。如果他认为某人"来者不善",那他就没有兴趣沟通,要么言不由衷打哈哈,要么玩深沉一言不发。为了提高沟通的效率,秘书要养成说话之前先"铺垫"的职业习惯。

　　秘书在工作中与人沟通不单纯是为了表达自己的思想或情感,更主要是为了实现自己的工作目标,达到预想的效果。为了达到预期的效果,就必须注意说话的方式,特别是提意见的方法。如果提意见的方法不正确,那么,即使意见的内容再正确,也是正确的错误。对于秘书来说,用什么方式说话,永远比说些什么更重要!

五、首先倾听

秘书一定要养成"倾听"的职业习惯。在听别人说话时,特别是在接受上司指示的时候,一定要让对方把话全部说完。即使是与一般的同事谈话,如果总是中途插话,对方肯定也会反感,这就如同讨厌别人打断自己说话是一个道理。让对方先说完,不仅能完整地了解对方的意思,减少自己的冒失,而且也是对对方的尊重,是个人素质的表现。

当在"听"的时候,应小声附和对方;当对方说到关键的地方或者快要说完的时候,也应当点点头或者小声附和,表示同意对方的说法。如果在对方说话时毫无表情,无动于衷,或者显得非常紧张,一动也不敢动,那对方就不明白其意思是否已表达清楚。所以,当对方说话时,无论如何都要有所表示。

六、不耻下问

作为公司内外信息交流枢纽之一,秘书每天都要与各式各样的人物打交道,所以,秘书一定要是个"杂家"。为了使自己成为"杂家",除了多看多读之外,秘书就必须虚心向其他同事学习,不懂就问。其实,对于一些老同事来说,新人不懂就问,他不仅不会厌烦,觉得其幼稚,反而有可能被其真诚所感动;如果新人在他的帮助下能力得到提高,那他也会有一种成就感。

七、起草腹案

秘书在工作中遇到新问题或特殊情况需要向上司请示,这是很正常的。但是,并非所有问题或困难都要上交给上司,秘书自己做甩手掌柜。上司是最后的决策者,当然有责任解答秘书工作中遇到的疑问;但上司也不是百事通,什么问题都能解决。上司的精力和注意力都有限,有些问题尽管他知道如何处理,但当时的环境又让他无法具体回答。因此,秘书一定要养成遇事先做腹案的职业习惯。即使上司没有采纳秘书的腹案,他也有了考虑问题的基础。

秘书在工作中遇到了问题,一定要动脑筋琢磨,先做个腹案;之后再向上司请示如何解决问题。如果上司给出明确指示,那就对照上司的指示,找出腹案的差距,以便以后能像上司一样分析问题和解决问题;如果上司为难,一时也拿不定主意,反过来征求意见,那就把所做的腹案说出来。不管上司对腹案赞成与否,他都会欣赏秘书这种主动进取的精神;而秘书通过这种主动积极的工作,会让自己进步得更快。

八、日事日清

由于上司工作忙碌,故而不可能对秘书的每一项工作都做出指示,所以一些秘书工作量不是很饱满,时间比较宽裕,这样就容易养成拖延的习惯:本应上午完成的工作拖到下午,本应今天完成的工作拖到明天……但是,秘书工作突发性事件多,闲的时候虽然很闲,忙的时候却非常忙。如果养成了拖延的陋习,不在比较空闲的时候把工作做完,一旦忙起来,就有可能一步被动步步被动,最后难以保证工作质量。

日事日清就是当天的工作当天完成。秘书最好在每天下班前的10分钟回顾一下当天各项工作的完成情况,如当天招待的客人、起草的文件等,想想工作做得是否符合规范,有没有提高质量的可能;然后再考虑一下明天的工作,把明天必须完成的工作填入日程表,尽量详细,防止疏漏;最后整理办公桌。下班前将办公桌整理得干干净净,才算真正结束一天的工作。做到日事日清并不困难,关键是能否坚持,养成习惯。有些工作做起来可能有难度,可拖到明天也一样有难度,而且明天又有新的工作分配下来,所以,一定不要将有困难的工作推到明天。今天的工作今天完成,明天就会拥有更多的主动。只要坚持,日事日清的效果就会自然地显示出来。

案例分析

案例1:等上司批阅的文件

丽莎是金辉路桥设备(北京)公司财务部经理的秘书。这天上午10点左右上司正在与部下麦克商量工作,销售部的秘书艾丽拿着一份文件过来了。她说她的上司想请丽莎的上司大致看一下这份文件,如果没什么大问题,她就马上把文件带回去。上司商量工作估计还要10分钟左右。面对这种情况,丽莎应该怎么办?下面有5个选项。

(1) 因为上司正在商量工作,对方又比较急,所以,写个纸条递达给上司,问他如何处理。
(2) 因为上司商量工作只有10分钟左右就结束了,所以问艾丽能否稍等一会。
(3) 如果可以的话,先把文件放在自己这里,待上司看过之后,就马上告诉艾丽。
(4) 因为上司正在商量工作,所以让艾丽给自己的上司打电话,请示这事怎么处理。
(5) 因为商量工作还有10分钟左右结束,所以请艾丽先回自己办公室去,上司商量工作一结束就马上通知她。

请从上面5个选项中挑选出1个你认为不合适的,并说明理由。
分析:
_____
_____

案例2:上司的日程"撞车"

丽莎是格林环境(上海)公司市场总监的秘书。中午12点过,上司对丽莎说:"我中午跟朋友约了一起吃饭,所以下午上班可能要稍微晚一点回来。"下午1点钟,苏州昆山天昌公司的刘总来找上司,他说是和上司约好的。看来这事是上司忘记给丽莎说了,丽莎只知道上司从1点半开始要听取市场部李伟的工作汇报。现在面对这种情况,丽莎应该怎么办?下面有5个选项。

(1) 对刘总说,请稍等,既然您与上司约好了,那就在上司回来之后,听取市场部李伟工

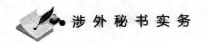

作汇报之前与您先谈。

（2）告诉刘总，说上司回来的时间比较晚了，而他与上司商量的问题又比较花时间，所以先回去再约时间。对李伟说原定的时间不变。

（3）因为上司回来之后马上就要听取李伟的工作汇报，所以，丽莎向刘总承认她也不知道上司回来后会怎么处理这件事。

（4）对刘总说，请稍等，既然您与上司约好了，那就在上司回来之后立即与您面谈。然后给李伟打电话，说汇报的时间可能要推迟。

（5）丽莎对刘总说，上司可能要晚一些回来，请他稍等一会，上司回来之后怎么处理到时候再说。她对李伟说汇报的事也要等上司回来后再说。

请从上面5个选项中挑选出1个你认为合适的，并说明理由。

分析：_____

_____

_____

 英语会话练习

B：Miss Karen, please come in.

S：Yes, Mr. David.

B：I want you to deliver this copy to Mr. Mark, Mr. Jack and Mr. Li.

S：Yes, I will, right away.

（several minutes later）

S：Mr. David, Mr. Mark said to please go ahead with it. Mr. Jack said he has some questions, so he would like to have 15 minutes of your time after lunch. Mr. Li was out, so I gave it to his secretary, Miss Christing, and asked her to have him contact you upon his return.

B：Thank you.

 拓展阅读

Memo Writing

To numerous secretaries in China, memo is a new type of writing. This is a rather efficient inner communication media in a company.

The memo is a highly efficient means of communicating within an office. It is a document containing almost nothing but essential information. Unlike a letter, it does not begin with a greeting. Instead, the memo has four lines at the top that indicate the recipients, sender, date, and subject. And unlike a letter, a memo is usually addressed to several people. Since one memo can reach many people, it is even faster than a telephone call to each person.

Another advantage of a memo is that, as written record of instructions, it is harder to misunderstand or forget than a telephone call. For example, if the boss decides that, for the sake of the health of all employees, no one should smoke in the office, he might ask the secretary to write a memo stating his new policy. The memo might look like this:

TO: All Employees
FROM: Mark Li
DATE: Nov. 25
RE: New No-Smoking Policy
As of January 1, smoking will no longer be allowed in this office. Cigarettes, cigars, pipes, and all other forms of smoking materials will be banned. This step is being taken for the health of all employees. People who want to continue smoking after January 1 will have to step outside the office to smoke.

Notice that the sentences of this memo are brief, direct, and impersonal. That is typical of memos. For efficiency, a memo must be as short and to-the-point as possible.

第四章

人际关系与沟通

第一节 概述

一、人际关系与沟通的含义

1. 人际关系的含义

人际关系的定义有广义和狭义之分。广义的人际关系除了包括个人对个人之间的关系，还包括个人对单位、单位对单位等更广泛的社会关系；狭义的人际关系是指个人与个人之间的关系。本书介绍的人际关系是指后者。

2. 沟通的含义

沟通是指在一定的社会环境下，人们借助共同的符号系统，如语言、文字、图像、记号、手势等，以直接或间接的方式彼此交流和传递各自的观点、思想、知识、爱好、情感、愿望等各种各样信息的过程。

二、处理好人际关系的意义

秘书部门是一个企业的运营枢纽，秘书每天都在与企业内外的人打交道，处于各种人际关系漩涡的中央，可以说牵一发而动全身。比如，秘书无意说的话或做的事不仅有可能被认为是上司的旨意，而且还有可能被无限放大，产生意外的影响。正因为秘书处于如此一个关键而又敏感的位置，所以，它要求秘书必须学会处理与各方面的关系。要做好秘书工作，有一定的规章制度及一定的知识和经验当然是必须的，但能处理好与各方面的关系却是做好秘书工作的前提。

现代秘书工作是广义的信息处理，而信息处理从某种意义上来说就是"人际关系的处理"。特别是那些层次较高的秘书，其一项主要工作就是为上司的决策而收集信息。在收集信息时，需要各个部门（甚至包括客户）提供帮助和配合，秘书与这些部门人员关系的好坏，直接或间接地影响着其所收集信息的质量和数量。如果没有良好的人际关系，就很难得到真正有价值的信息，或者即使得到了信息，也很难辨识出它们真正的价值，所以，秘书必须与各方面建立起相互信赖的融洽关系。可以说，善于处理各种人际关系是一个秘书经验丰富的重要标志。

在一些人看来，外企的人际关系似乎相对简单，因为在外企"公事公办"是一种主导的思维方式，人们都严格按照章程办事，规则面前人人平等。至于同事或客户是否可靠，人们通常是通过强有力的合同来约束对方，一旦出现问题就诉诸法律。同样，出于时间和效率的考虑,人们通常会直接切入主题,开门见山地解决问题。这也就是所谓的"任务导向"。

但是,所谓的"外企"毕竟是在中国"生存",除了部分高级管理人员,员工大多是本地雇员,因此,无论什么样的外企,它们多多少少会受中国传统商业文化的影响。在中国传统商业文化中,人们非常注重人与人之间的关系,认为和谐的人际关系是和谐社会的基础。因此,人们在工作初期通常会用大量的时间来相互了解,对他们来说,和可靠的人合作或共事是头等大事,也就是说,他们的交流依赖于人的道德品质。另一方面,一旦有了深一步的了解,对方就会被升级为朋友,或者是"圈内人"。在中国传统商业文化中,人们都信奉"做熟不做生"的生意经,通常只对"圈内人"负责,而不对"圈外人"负责。所以说,相互之间建立信赖关系先于谈买卖,或者说是做生意的先决条件。这就是所谓的"关系导向"。可见,在中国的外企,正好处于中西"任务导向"与"关系导向"的夹缝之中,所以,外企的秘书同样要注意处理好自己的人际关系。

三、构筑人际关系的基础

人类是在适应环境的条件下生存的,作为白领的秘书也必须适应职场的工作环境;处于企业的运营枢纽,秘书每天都在与各式各样的人打交道,所以,秘书适应工作环境的首要条件,就是要了解自己在日常工作中接触到的每一个人。只有了解了对方,才能考虑以什么方式建立什么样的关系。

了解一个人,也就是了解其情感、想法和性格等,这在心理学上被称为"对人的认识"。只有了解了面前的人到底是个什么样的人,才能迅速判断对方的行为。为什么张三总是无理取闹?为什么李四总是独往独来,不与团队配合?每个人的每一种行为都有独特的背景,只有了解了他们行为背后的动机,才有可能真正了解其各种行为的意义。因此,在处理职场中的人际关系时,只有首先了解对方目前的需求处于哪一个层次,把问题深化,才能真正了解对方。

人们工作的首要目的自然是为了获得收入,使生活稳定。但除此之外,对很多人来说,工作还有各种各样进一步的需求,如发挥自己的才能、追求社会的尊重等。关于这一点,先来看马斯洛(A. H. MASLOW)关于人类需求的理论。

人是由于某种动机而做出具体行为的。如果没有动机,人就不会有行动。形成动机的一个基本因素是"需求"。人类的需求一般分为五个层次:第一层次为生理需求,第二层次为安全需求,第三层次为对社会承认的需求,第四层次为自尊的需求,第五层次为实现自我的需求。

人类的第一需求当然是生理上的需求,即维持基本的衣食住行。这个层次的需求最强烈,因为人类只有先满足了这种最基本的需求之后才会产生其他层次的需求。

以秘书为例。秘书有了稳定的工作和收入,在解决了最基本的生理需求之后,自然就会有追求安全的需求。今天衣食住行的需求得到了满足,但明天是不是还能得到满足呢?这种今天对未来的担忧就是人们对安全的需求。秘书在固定的工作中满足了这个层次的需求,于是就自然而然地产生了第三个层次的需求,即被社会承认的需求。因为人是社会性的动物,他们会在职场和其他场所交各种各样的朋友。只有当人归属于各种各样的集团或组织,与其他人保持平等正常的关系,与所在的组织融为一体时,人的这种被社会承认的需求才能得到满足;当这个层次的需求一旦被满足,人就会产生希望得到别人认可的愿望,这样第四个层次的需求也就随之出现,即人不仅希望能成为这个组织的一员,而且还希望成为这个组织中的领导者,如被提拔为行政主管、部门经理甚至总经理,受人尊敬。

如果人们在一定的程度上是满足了自尊的需求,对第五个层次的需求,即实现人生的自我价值的需求也就会接踵而至。为了实现自我价值,追求成功,很多人会忘我工作,不计报酬等。

四、有效沟通的意义

秘书在现代企业中的位置如图 4-1 所示。从图中可以看出,在上司的决策过程中,上司决策所需的信息大多是由秘书传递给他的;同样,上司的指令也多是通过秘书发布出去的。在另一方面,各部门(也包括客户)需要向上司反映的情况或要求,一般也是通过秘书来传递。可以说,秘书在企业的运营过程中起着一种中枢神经的作用。

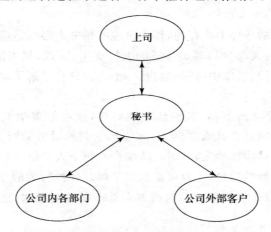

图 4-1 秘书在现代企业中的位置图

秘书是上司通往各部门的桥梁,上司的指令和意见通过秘书传达给各部门。那么上司的指示落实得怎样?在落实过程中存在什么样的问题或阻力?这就需要秘书经常与各部门沟通,并把相关的意见和要求及时反馈给上司,以便上司及时调整或采取新的对策。

当然,秘书首先得理解上司的工作意图、思维方式和工作方法,只有这样,秘书才能及时、准确、完整地将上司的指示传达给各个职能部门或客户。在另一方面,秘书要与各个部门和客户建立良好的关系,理解他们的想法,并将之准确地汇报给上司。作为一座桥梁,秘书应能消除公司内部各种沟通屏障,让上司与各部门之间、部门与部门之间的沟通更顺畅、更和谐。因此,沟通能力是秘书的基本技能之一。提升沟通艺术,对维护和谐的人际关系,提高工作效率都非常重要。

五、沟通与人际关系的相互作用

对秘书而言，交流沟通与人际关系有很大关联作用。秘书在与同事沟通时，如果其与同事的关系不错，即使偶尔说话不到位，同事也不会与之计较；相反，如果相互之间的关系已经很僵，那只要秘书说话稍有点不注意，同事就能从鸡蛋里挑出骨头来。所以，如果秘书与同事的关系不错，那相互沟通就会比较顺利；而这种良好的沟通又能让人际关系更加和谐。相反，如果人际关系很别扭，那沟通起来就会更加困难，从而使相互间的关系雪上加霜。因此，如果个人的沟通能力不是很强的话，那就要注意建立良好的人际关系，用它来弥补个人沟通能力的欠缺；同样的道理，如果个人的人际关系处理得不是很好的话，那就要注意相应的提高沟通能力，用它来改善个人的人际关系。

第二节 处理人际关系的基本原则

一、实事求是

实事求是不仅是从事秘书工作的基本原则，也是秘书处理好人际关系的基础。秘书在处理人际关系的过程中，坚持实事求是的原则就是老老实实做人，规规矩矩办事。但是，老老实实做人和规规矩矩做事仅仅是建立良好人际关系的基础，它并不等于就一定能搞好人际关系。要搞好人际关系，就必须在坚持实事求是原则的基础上，根据本公司和本部门的实际情况，对具体问题具体分析，有的放矢。

有些年轻的秘书以为实事求是就是实话实说，也就是正直的表现。其实这是误解。什么是"正直"？所谓"正"，就是正大光明，不搞歪门邪道；所谓"直"，就是坚持原则，该说的才说，不该说的绝对不说。所以，正直就是公正无私，刚正不阿。可见，那种张口就来，有话就说的人算不上真正的正直。有话直说，只能是经验和能力的体现；如果还没有具备一定的经验和能力，那就少说为佳。秘书一定要牢记"祸从口出"这句古训，慎言慎行，才能维持良好的人际关系。

年轻的秘书应先多看和多听，熟悉情况，适应环境，之后再动脑筋剖析自己发现的问题，找到切实可行的解决办法，这就是"实事求是"。只有这样，才能取得上司和同事们的信赖。

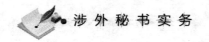

二、为人谦逊

　　秘书为人一定要谦逊。如果秘书自以为是领导的助手,是"一人之下,万人之上",在同事们面前总是保持一种无形的优越感,那其就很难与周围的同事保持一种和谐的关系。

　　玛丽进公司不久,总经理的秘书就出国留学去了,由于她的谦虚、勤奋和聪明,总经理秘书这个空缺就被她填补了。随着"地位"的变化,她开始有些飘飘然了;不久,同事们能从她说话的口气中感受到她那种无形的优越感。

　　市场部张经理原来是总经理办公室副经理,玛丽的顶头上司,这天他打电话来找总经理,玛丽回答:"总经理出去了,等他一回来我马上就与您联络。"玛丽的这种回答让张经理非常郁闷:都是同一个公司的人,为什么还要"联络"?听玛丽这口气,总经理只属于她一个人,自己只是一个外人!他越想越生气,觉得有必要找个机会在总经理那里参玛丽一"本",让她知道自己有几斤几两。结果没过几天,总经理就"提醒"玛丽为人要低调一些。如果玛丽当时这么答复张经理:"总经理现在不在,等他一回来我就给您打电话,您看可以吗?"那张经理心里就会舒服很多。

　　表面上看来这是说者无心,听者有意,因此,一些秘书常常感叹,说自己不知什么时候就又把哪路神仙得罪了,但这种"无心"实际上也是"潜意识"作用的结果。所以,秘书一定要有谦逊的心态,否则,在沟通中随时都会流露出那种无形的优越感,而这种无形的优越感又会让个人的人际关系受到无形的伤害。

三、不卑不亢

　　无论什么样的公司,在组织结构上都呈金字塔形,职位有高低之分,因此也就存在事实上的尊卑之别。但是,这种"尊卑"并没有人格上的意义,它只是管理和效率的需要。因此尽管公司职位存在等级,但秘书在处理各种人类关系时,都应做到不卑不亢,只有这样才能维持良好的人际关系。

　　对于秘书来说,所谓不卑,就是不刻意去讨好上司。如果刻意讨好上司,那实际就是不诚实的表现,何况上司大多社会经验丰富,警惕性极高,不会那么容易被"讨好";所以,刻意讨好上司反而不容易建立起正常的关系。只有实事求是才能得到上司的欣赏,即使或许会有暂时的不理解。

　　对于秘书来说,所谓不亢,就是不要觉得自己多么了不起,对各部门的(甚至包括打扫清洁卫生、送水送快件的)同事都给予尊重。秘书在一些同事眼里是居"一人之下,万人之上",但实际上秘书职位并不高。为了执行上司指示,秘书手上会有些"权力",但这种"权力"毕竟不是真正属于秘书,更何况有权也不可以乱用。

　　坚持不卑不亢的原则,就是要求秘书无论是对上司还是对一般同事都一视同仁,凭良心做人,不讨好谁,也不挤对谁。有些秘书一看见上司,心中就有些紧张甚至害怕,说起话来吞吞吐吐,啰里啰唆,不敢畅所欲言;但是他们见了搞收发或做卫生的"小人物",又觉得自己相当了不起,因而看不起甚至故意刁难他人。这种做法会极大地伤害个人的人际关系。

另一个极端是，一些秘书在实际工作中为了维持良好的人际关系而夹着尾巴做人，到处讨好人，不敢得罪任何人。实际上这同样会让同事反感，因为在他人看来这是一种虚伪而缺乏诚意的表现，既然有求于人，那么达不到目的就很容易会反目成仇。

四、尊重公司潜规则

秘书人际关系的好坏，与其对公司潜规则的了解有很大的关系。所谓"潜"是指水底下，而"规则"则是指已被大多数人承认并且遵守；因此，公司潜规则实际上就是那些不能摆到桌面上来公开讨论的规则，它可以说是公司内部的"风俗习惯"，是一个公司多少年来一代一代沉淀下来并将传续下去的一种公司文化。作为一种价值观，潜规则既不是某一个人定的，也不会因某一个人不习惯而改变。所以，尽管公司的"潜规则"既不像公司的规章制度一样写得清清楚楚，也不像公司的劳动纪律一样有那么大的强制性，但它在无形中约束了每个员工的行为，调节公司的人际关系。

例如，在绝大多数公司，人们都看不惯女士抽烟，这就是一种典型的"公司潜规则"。虽然在各种规章制度中没有一条规定女士不能抽烟，也没有一个人（包括各级领导人）公开站出来反对女士抽烟，相反，我国《宪法》明文规定男女平等，也就是说，在一个公司内只要男士能抽烟，那女士就一样有抽烟的权力。可是，如果一个女秘书真的像男士一样在公开场合（在吸烟区）吞云吐雾的话，那她实际就是在挑战公司的潜规则！女秘书在公开场合吞云吐雾，当然没有人会公开站出来指责甚至没收其烟卷，但是，慢慢地其上司和同事就会将之当作"另类"看待，同事会渐渐拉开与她的距离……最后，轻则调离岗位，重则被炒鱿鱼。

因此，处于公司管理枢纽的秘书，必须了解和熟悉公司的各种潜规则，并尽可能地遵守，以免在处理各种人际关系时碰礁。不能否认，在一些公司潜规则中确实包含了一些过时的东西，但是，只要潜规则不违法违纪，作为一个职位还不是很高的秘书，那就最好不要与它公开对抗。

第三节 与上司的关系

一、了解上司

（一）了解的范围

要与上司保持良好的关系，秘书首先就得了解上司。作为助手，秘书至少要了解上司的

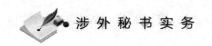

性格特征、工作类型、工作内容、价值观、社交范围及一些家庭私事。

1. 工作内容

作为上司的助手,秘书要了解其上司的职责范围和权限。秘书不仅要了解上司的工作内容,还应熟悉本公司各职能部门的分工和责任,清楚知道谁、在哪、负责什么样的业务等。只有这样,秘书才能在工作中根据实际情况迅速地采取对应的行动,熟练地完成文件、传真、电话等交流,高效率地辅助上司的工作;也只有这样,秘书才能在日常工作中根据上司的职责范围和工作重点的需要,积极主动地做一些准备工作。

例如,如果上司是负责技术开发工作的公司副总经理,那么,秘书就要了解公司目前有哪些开发计划、在与哪些公司进行技术合作等方面的事情;以及上司要出席公司内外哪些会议,上司所负责部门的运营和管理的情况,上司在人、财、物等方面到底有多少权限等。

2. 性格特征

性格特征是一个人个性的外在表现。人的性格特征也就是所谓的气质,一般分为四种类型,即胆汁质(兴奋型)、黏液质(安静型)、多血质(活泼型)和抑郁质(弱型)。

属胆汁型的人性格特征一般表现为情绪反映强烈。如果上司属于胆汁型,那其在工作上表现为表达直率,喜欢随意发表意见,脾气急躁,行动草率。

属黏液型的人性格特征一般表现为情绪反映稳定。如果上司属于这种类型,那其在工作中不会轻易下结论,很自信,不容易受到影响,也不喜欢秘书过于干预自己的工作。

属多血型的人性格特征一般表现为情绪外露。如果上司属于这种类型,那其在工作中适应性强,喜欢与秘书交流,对新奇时尚的东西感兴趣。

属抑郁质的人性格特征一般表现为情绪变化很慢。如果上司属于这种类型,那其在工作中观察细致入微,不愿轻易发表建议,不容易做决定。

3. 工作习惯

企业领导人因为职位、经历、年龄、性格等方面的不同而表现出不同的工作习惯,对秘书来说,他们大致可分为独裁型上司、理论型上司、民主型上司、放任型上司和自由型上司这几种类型。秘书只有先了解上司的工作习惯,才能根据上司的习惯提供相应的辅助工作。

独裁型上司一般喜欢顺从型秘书,所以,秘书与他们沟通时,应一事一议,尽可能地简明扼要,如回答"是的。""我了解了。"秘书与这种上司相处,首先必须保证圆满完成布置的任务,不打乱上司的工作计划。在圆满完成工作任务、上司感到满意的情况下,可以用请教的方式提出改进工作方法、提高工作效率的思路。假如布置好的工作还没开始做,秘书就左一个建议右一个看法,对独裁型上司而言,这是在挑战他的权威,如果碰上他心情欠佳,那秘书就有可能体验到什么叫"暴风骤雨"。

理论型上司一般喜欢求证型秘书,所以,秘书与他们沟通时,应准备充分的论证理由,例如"因为……所以……"如果秘书说"我觉得……"那多会撞到枪口上,肯定会挨批。

民主型上司喜欢秘书提建议,所以,秘书与他们沟通时,应打好腹稿,而且最好准备替代的方案。

放任型上司喜欢积极主动型秘书,所以,秘书与他们沟通时,应积极主动,例如"老板,我把这份资料做好了……"这类上司的喜怒哀乐都写在脸上,他们与独裁型上司的最大区别是没有很深的城府。面对这类上司,秘书不要费很多脑筋去猜他们的心思,只要注意观察他们的脸色,就能知道他们的想法。这类上司办事可能会有疏漏之处,因此,秘书有责任帮助上司把事情想得更周全、办理更细致。不过,这种类型的上司,在企业非常少见。

自由型上司喜欢选择型秘书,所以,秘书与他们沟通时,可以自己决定工作的时间,例如"老板,我明天上班之前把这份材料交给您,可以吗?"

此外,细心稳重的上司通常注意细节,看重过程也看重结果,考虑问题细心周到,观察问题仔细认真。

4．价值观

上司也是普通的人,也有个人的喜怒哀乐,所以,作为秘书,一定要了解上司的价值观。因为只有这样,才能了解上司真正的意图,并根据其意图来辅助他的工作。比如,玛丽的上司过去长期从事计算机软件研究,惯于逻辑思维,喜欢用数据说话,对于公司潜规则等人际关系方面的东西不太了解和适应。玛丽根据这种实际情况,主动而又有针对性地开展一些工作,弥补上司在处理人际关系方面能力的不足,从而深得上司的信赖。

5．社交范围及一些家庭私事

在公司内部一般都不过问对方的隐私,但作为秘书,又得多多少少地了解一些上司的个人交际范围,只有这样,才有可能帮上司处理一些人际关系。比如在接待客人的时候,如果知道对方与上司是一种什么样的交往,那秘书就能把握好接待的分寸。又比如接电话时,秘书一拿起话筒对方就问:"迈克在吗?"迈克就是秘书的上司。对方既不说出自己的工作单位,也不报自己的姓名。这是谁呢?不过,秘书如果能从这些耳熟的声音中很快知道对方就是迈克在中国留学时的铁哥儿们,于是马上说:"对不起,迈克正在开会,您……"相反,如果秘书没听出对方是谁,对于这种来路不明而且有些无礼的电话,可能就会这样例行公事:"对不起,迈克不在!"说完,就把电话挂了,从而造成误会。

有时上司会找机会和秘书商量一些关于他个人的事情或委托秘书帮他办些私事,在这种情况下秘书最好不要辜负上司的信任,因为这种信任是双方工作相得益彰的基础。由于秘书与上司仅仅是一种工作关系,所以秘书对上司的私事也不要了解得太多,比如上司周末喜欢做什么、个人资产是多少等。

秘书要把个人与上司的关系调整到这样一种状态,即既不介入上司的私生活,又在一定程度上了解上司的行动。如果上司突然外出不知去向,秘书有急事也联系不上;或者上司不知道秘书有私事而让秘书加班,遇到这类事情,谁都难免会产生不愉快的情绪。

(二) 了解的途径

要了解自己的上司,秘书就要加强与上司的交流沟通,但因为双方在地位、年龄、经验和阅历等方面存在着巨大的差异,所以,秘书与上司之间的交流不是一件很容易的事。而且上司对其工作重点很少给秘书明确的指示,因此,秘书要了解上司,只能循序渐进,慢慢地去观察和琢磨。例如上司每天见了哪些人,打了哪些电话,批了哪些文件;上司在约见客人时先后顺序的安排,谈话时间的长短,说话的口气,关注的问题等。通过这种日常观察,秘书可以渐渐了解上司,知道上司内心真正在想些什么。例如上司目前最关心哪些问题,哪些问题最

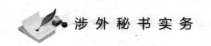

让其头痛;上司有哪些项目想急于实现,正在筹划什么项目或行动。如果能真正了解上司在想些什么,那么,秘书也就基本把握了个人的工作重点。

(三) 让上司了解自己

上司与秘书在工作中必须有一种默契,只有这样,工作才有效率,心情也会愉快。既然要有默契,那了解就必须是双向的,所以,秘书不仅有责任去了解上司,而且还有义务让上司了解自己。相互了解可以避免工作中的失误和纠纷,增强双方的信任。但是,有些秘书因为怕上司打官腔,不太愿意主动与上司沟通,让上司了解自己。

玛丽新换的上司是负责销售的公司副总经理。这位新上司特别喜欢加班,如果没有应酬,晚上七点半之前他不会离开办公室。玛丽下班回家,需要倒两次公交车,在路上就得一个多小时;每周要上一次夜校,另外还要与男朋友约会。作为职业秘书,玛丽一开始严格要求自己,每天都是在上司下班后自己才下班。但在坚持了一个多月之后,她实在坚持不下去了,而且通过观察,她知道上司是因为怕塞车才养成七点半之后开车回家的习惯的。于是,她直接找上司谈了一次。她把自己的实际情况向上司说了之后说:"今后如果您有事需要我加班,哪怕到晚上十二点钟也没问题。如果您没什么事,那我每天就六点下班,您看可以吗?"听玛丽这么一说,上司有些恍然大悟似地说"没问题"。事实上,作为一个经验丰富的秘书,上司晚上需不需要加班玛丽心里有数。

当然,像玛丽这样与上司沟通的时机和方式都很难把握。秘书不能因为心里有怨气就用不满的态度说话;其说话的口气一定要是询问式的和建设性的,只有这样,其意见才有可能让上司接受。即使上司回答的是"不行",那秘书也要清楚上司为什么会回答"不行"。

二、协助上司工作

秘书一方面应在工作中充分发挥自己的主观能动性,另一方面又不能超越自己的权限,给上司的工作造成被动。如何把握好主观能动性的度的确是很微妙的。秘书在工作中经常会有这样的情况,上司到外地出差时,客户来电话就某某问题征求意见,秘书凭自己的经验,给了客户一个肯定的答复;可上司回来之后说自己另有打算,秘书是给他帮了一个倒忙。

秘书即使熟悉了工作,工作能力也得到了上司的赏识,能经常代替上司处理一些重要的工作,但在遇到新情况和新问题时,也最好适当地听取上司的意见和指示。如果秘书把事办完了,各部门的经理都知道了,而上司却一无所知的话,会使上司丢尽面子,这也说明秘书与上司之间的交流沟通存在着很大的问题。

秘书要学会维护好上司的威信,例如上司与客人会谈时,话不投机,上司处于窘境,在这种情况下,一个有经验的秘书能机智地转移话题,创造出一种轻松愉快的氛围。若能做到这一点,秘书与上司之间的工作配合一定会变得非常顺利。

当上司在工作中遇到困难时,秘书的关心对上司克服困难有很重要的作用。反过来,对于一些鸡毛蒜皮的小事,秘书就没必要过分地去关心,大可当作什么都不知道。在这种情况下,秘书应多站在上司的立场上替上司考虑问题。

三、与上司形成默契

秘书与上司之间应该形成深深的默契,这会使双方的工作相得益彰。要与上司形成默契,秘书不仅工作经验要丰富,更重要的是要取得上司的信赖。

秘书要与上司形成默契,首先要养成良好的习惯,随时随地关注上司的工作。上司有什么工作需要协助,不能总是依赖对方的指令,而要通过捕捉其肢体语言来了解他的需求,从而主动提供帮助。

其次,秘书要用心体会上司在工作中的需求,应站在上司的立场,想想上司有什么不方便说的话?不好启口的事?或者说出来可能引起若干后遗症的地方?将心比心,通过换位思考,把自己当做上司,想一想作为秘书应做出什么样的反应?平时多体会,必要时才掌握得准。

最后,了解上司的需求,制订几套可行的方案,再根据上司的立场和工作习惯,选择其中最合适的提供给上司。久而久之,秘书就能真正了解上司的需求,及时地提供恰到好处的辅助,与上司的默契就这样渐入佳境。

与上司建立默契的关键是要用心工作。用心的程度越深,默契就越深。秘书用心工作,实际上就是凭良心在做事,否则就谈不上用心。既然凭良心,上司才能安心。

四、与新上司的关系

秘书更换上司是常有的事。作为一名新秘书或新换了上司的秘书,首先要主动与上司进行交流沟通,了解上司的性格和开展工作的一些想法;如果暂时不便交流,那就要及时向部门经理或上司原来的秘书请教。

有些老秘书在新换了上司之后,不去了解新上司的想法,以前的上司是怎么要求的现在就还怎么做,并经常拿老上司和新上司的要求进行比较;一旦觉得新上司的要求不合自己的意,心里就产生抵触情绪。对于一个秘书来说,这是缺乏职业素养的典型表现。

每个上司都有自己的工作习惯(或称工作作风)。秘书在起草文件或处理来信来函时,原则上第一次都应该请示新上司如何处理。如果新上司的处理方法与前任相同,问题当然不大;即使有不同之处,稍微协商一下问题也不大;问题是在很多情况下,上司不允许秘书多说。如果遇到这种情况,那就按新上司的意见处理。

在另一方面,新上司可能经常会反过来征求秘书的意见:"以前,这类文件是怎样处理的?"如果是这样的话,秘书就把原来的方法告诉上司,再请示究竟是用原来的方法还是改一改。当新上司犹豫不决时,秘书不能这么建议:"过去都是这么办,所以最好还是用原来的方法。"这是一种自作主张的做法,非常有害。比如,刚刚由销售经理提升上来的公司副总对新产品研发方面的工作不是很熟悉,没有什么经验,面对研发部送上来的申请报告,不仅做不出什么指示,而且也不清楚应该如何处理;在这种情况下,秘书应该这样建议:"我觉得用这种方法比较妥当,因为过去一直是采用这种方法。"总而言之,秘书要尽快适应新上司的工作习惯;在另一方面,秘书作为助手,要让新上司尽快熟悉自己的工作。

上司做决策也有犹豫不决的时候,他可能想听听秘书的意见,问秘书"你觉得这事怎么样?"此时,秘书最好给他建议,并且是多重选择题:"我觉得这样比较好……那样做的话也不错……"而绝对不能这么说"你应该如何……如何……"或"如果我是你,我就会怎样……怎样……"等这类强制性的话。作为上司,他看问题的角度与秘书不尽相同,征询秘书的意见可能只想得到共鸣,并不见得真想听取意见。所以,遇到这种情况,秘书要用建设性而不是强制性的口气与之沟通。把解决问题的钥匙留给对方,他的问题由他自己决定。

五、正确对待上司的"毛病"

秘书要维持与上司良好的关系,有一点很重要,那就是发现并承认上司身上的优点。西方有句谚语:"仆人眼里无伟人。"相处久了,秘书会发现上司身上有这样或那样的毛病和缺点。如果秘书总把眼光盯着上司身上的毛病和缺点,在心里"批判"上司,那她就很难搞好与上司的关系。秘书最好站在这样的角度来看上司:既然他的职位比我高,我只能做他的助手,那就说明他在许多方面比我强,我应该学习他的优点。如果这么看问题,秘书就会发现上司身上有许多优点,因而对他就变得更宽容。

这一点反过来也是一样的,即秘书也要让上司看到个人身上的优点。但是,秘书只有通过诚实而又努力的工作来让上司了解自己,千万不能投机取巧,弄巧成拙。

秘书在工作上如遇到不明白的地方,一定要向上司请教,不能自作主张。不同的上司思考问题的方式不同,处理问题的方法也不同,因此,在熟悉一个上司之前,一定要把事情问清之后并按照上司的指示去做,即使是有经验的老秘书,也不能按以前的工作模式来自行其是。

上司想让秘书怎样去做和秘书如何去做最好能一致,如果秘书做的与上司想的不一样,就会造成不必要的麻烦。如果接受任务时有书面文件,怎么做,做成怎样,都写得清清楚楚,出现的差错就会少一些。但在实际工作中,常常因为上司的口头指示含糊不清,造成秘书工作理解上的错误,因此,为了避免工作中的失误和纠纷,秘书与上司之间的相互交流就显得尤为重要。秘书心里如果有不满的话,最好还是找机会和上司谈谈。当然这种谈话的时机和说话方式都很难把握。秘书不能因为心里不满意就用不满意的态度说话,而应以做好工作为出发点,说话的口气应是征求意见和建设性的,这样的沟通才会有效。即使上司回答的是"no",那秘书也要清楚上司为什么会回答"no",这样就有机会熟悉和理解上司思考问题的方式和处理问题的方法。

与上司的关系总是有些别扭时,秘书应该怎么办呢?每个人的一生中总要碰到几个与自己性格合不来的人,可以说在任何情况下改善人际关系的办法都只有三种:第一改变对方;第二改变自己;第三断绝往来。秘书要改变自己的上司几乎是不可能的,而采取第三点与上司断绝往来是最后不得已的方法,所以采用第二点改变自己是最现实的方法——让自己适应对方:这既不是什么事都坚持原则,又不是什么事都妥协。也就是说,如果因性格等原因而与对方合不来时,应尽量去适应对方的习惯。因此,与上司相处不顺利时,首先是改变自己的工作习惯或自己的性格来配合上司的工作,如果还是不行,那就只能申请调到别的部门工作或干脆辞职。

六、与外籍上司相处

在外企,上司是外国人很正常。为了能在工作中给上司提供更多的辅助性帮助,秘书应具备相当的在不同文化之间进行交流沟通的知识。一个秘书要对所有国家的文化、习俗等都非常了解是不可能的,但是对上司和交往密切的客户国家的文化习俗等还是要有一定的了解,并且应通过这种了解来加深对本国文化和习俗的了解和认识。特别是当外籍上司与中国员工发生误会时,秘书要能在中间起到消除误会的作用。比如,中国人在与客户谈判时,常常喜欢对客户这么说"我们再考虑考虑"。这种回答非常暧昧,也可能是肯定,也可能是否定。但如果美国上司说"I'll think it over."意思是说他收回自己的建议而等待对方的新提案,回答实际上是一个干脆的"No."而且有不愉快的味道。所以,上司常常受到两种文化的冲击。在这种交流沟通的环境中,如果是一个有经验的秘书,应该能事前察觉,化解矛盾,成为上司真正的助手。

如果自己的上司是外国人,秘书也需要经常站在上司的角度和立场来思考问题。由于文化背景的不同,工作中难免出现误会,所以秘书要特别注意,尽可能设身处地替上司着想,特别是在双方的文化差异较大的情况下,更应该注意这一点。由于中国特殊的文化和历史,在人际交往中有许多约定俗成的东西,在一些外国人看来简直不可理喻,所以秘书要经常给上司介绍一些这方面的情况。

由于文化的多样性,每种文化都有自己的价值尺度,不能绝对地说哪种文化就绝对先进,哪种文化就绝对落后。文化的价值没有绝对的,都只是相对的。因此,秘书在对本国文化和价值观有相当了解的同时,必须具备广阔的国际视野。

在一些人看来,即使是中国同事之间,在交流沟通过程中也存在着障碍,因此更何况与外国人的交流沟通,那就更困难了。但是,确确实实有很多人在与外国人交流沟通时,并不感到很困难。这种交流沟通的顺利主要有两个原因,一是在出现矛盾时,想到对方是外国人,自己先让一步,避免摩擦;还有一个原因就是,在尽量让对方了解自己的观点的同时,也尽可能地站在对方的立场上看问题,了解对方的观点。当然,后一种方法是最理想的,但是要百分之百地理解对方实际上是不可能的,因此,作为秘书,要根据具体情况,学会同时运用这两种方法与外国人打交道。

第四节

与其他秘书及其他方面的关系

一、与其他秘书的关系

1. 秘书之间一律平等

在秘书部门内部,秘书之间必须保持一种良好的人际关系,这是非常重要的。关系融洽,工作起来的心情也很舒畅;相反,如果同事之间老是闹别扭,不仅影响心情,而且影响工作效率。

秘书部门在各部门中并没有什么特殊的地位,同样,在秘书部门内部秘书之间也不存在什么"超人"。部门内部有老人与新人之别,但没有等级之分。按照分工协作的原则,可能玛丽主要是负责处理总经理的日常工作,珍妮则是专管李副总经理的日常工作;虽然她俩的上司存在着职位上的差别,但她俩本身绝对没有什么差别。如果玛丽认为自己是总经理的秘书,无形之中对珍妮产生一种地位上的优越感的话,那么,玛丽就很难与珍妮搞好关系。只要秘书之间闹这样的别扭,秘书部门的工作肯定就搞不好。

为了共同做好部门的工作,无论是总经理的秘书,还是副总经理的秘书,都要相互尊重,相互关心,相互帮助,在工作中相互通气。这样,如果玛丽休假去了,珍妮就能接替好她的工作,否则,领导的工作就不好开展。

秘书之间在工作中应互通信息,部门内部最好要建立这方面的制度,对互通信息的时间、内容和方式都做出明确的规定。

2. 向老秘书学习

作为一名新秘书,对待部门里老同事的态度要像对待上司的态度一样尊敬。由于各公司和各部门的具体情况不同,秘书的日常工作也各不相同,因此,很多专业知识在学校里是学不到的,只能靠经验丰富的老秘书言传身教。为什么老秘书考虑问题的方法不同,为什么他们要这么处理问题,经常向他们请教是提高个人工作水平的一条捷径。对于老秘书在一些细微处的提醒或批评要真诚地接受。

秘书新人一开始的工作主要是值班、接电话、传话……由于这些工作非常繁杂,所以几乎找不到什么正经的时间来学习。比如某秘书新人正在向小菲请教如何写商业信函时,突然来了一位客人,其不得不停止自己的学习,去给客人沏茶。因此,要想尽快熟悉工作、虚心向老同事学习,不放过任何请教的机会固然很重要,但关键还是在于自己处处留心。

新秘书一定要积极主动,不懂的地方要虚心向每位老同事请教。有时将自己的一些私人问题也跟老同事谈一谈,从而拉近相互之间的距离,这是保持良好人际关系的一种秘方。

3. 帮带新秘书

每到一定时候，秘书部门就有例行的人事调整，有的秘书被提拔，有的秘书改行，所以就要补充新秘书。作为有一定经验的秘书，不管岗位责任书上有没有明确规定，都负有帮带新人的责任，这是秘书这种职业特性决定的。当然，秘书大多都很忙，不可能抽出专门的时间来辅导新秘书的业务，因此，这项工作是有一定的难度。

尽管新秘书工作经验不足，但对他们也一定要尊重。秘书之间要相互关心，互相帮助，所以不仅要向新秘书及时通报各种信息，而且在业务上要多帮助他们，切忌采取居高临下的态度。

4. 注意关系网的平衡

人们常把公司里的人际关系说成是"关系网"，这是非常形象和贴切的。人际关系的确像张"网"，它既有纵向的"经"，又有横向的"纬"。然而，在实际工作中，许多秘书往往只看到人际关系的"经"，着重搞好与上司的关系；忽视人际关系的"纬"，不注意与同事之间关系的协调。一些秘书由于不注意搞好与同事的这种横向关系，因此在工作中不仅很少得到同事的帮助，有些甚至受到刁难，所以，如果秘书过分强调以上司为中心的纵向的上下级人际关系，那就反而有可能给自己的工作带来不必要的阻力。

毫无疑问，在一个部门内部不管是直接的还是间接的，同事之间多少存在着竞争，存在着矛盾。大家长时间在一个办公室上班，肯定会因为加薪晋职等原因产生不愉快，也容易因为各自坚持自己的立场而发生矛盾。同事之间出现矛盾是正常的，关键是如何化解冲突。既然大家都在一个办公室上班，而且同是秘书，那就说明彼此的利益在很大程度上是一致的，所以，同事之间的矛盾并不是一种你死我活的"零和游戏"，完全可以通过沟通解决。

秘书之间应该多聊聊天，交流一下兴趣、爱好之类的话题；这并不是窥探别人的隐私，主要是为了给办公室营造一种轻松的气氛，加强同事之间的相互了解。如果有了这种相互理解，就不容易发生误解；即使有了误解也容易消除，而不会积淀为隔阂。同事之间在这种逐步的相互了解的过程中，开始理解和接受对方思考问题的方式和价值观，这样，不仅能大大减少猜疑和误解的出现，而且更容易形成工作中的默契，从而产生友谊。

二、与公司各部门的关系

从某种意义上来看，一个企业就像一支军队，企业的工厂、销售部、市场部等职能部门就像战斗在一线的作战部队，而秘书部门则像军队的参谋作战室，为前线的部队提供信息等方面的服务。因此，为了能在激烈的市场竞争中取得胜利，秘书部门应当与各职能部门搞好关系，相互配合，相互支持。

1. 甘当小学生

行政部门（或秘书部门）是个综合部门，对于整个公司的运营状况和业务流程，秘书可能比职能部门的人了解得多一些，但是具体到某一个部门的业务，秘书就不一定占优势了。所以，在与职能部门的人沟通时，秘书最好先抱着当学生的态度多学习，多了解，多询问，多做功课。

2. 有求必"应"

由于秘书的特殊位置，经常会有人求秘书帮忙办事。无论是对公司内部的员工，还是对公司外面的客人,秘书对不合理的或做不到的请求,当然要拒绝,但是在拒绝之前,最好先要耐心地听对方把话说完,不使之觉得被敷衍搪塞。对于有些人的要求,秘书虽然拒绝了,但可以针对其情况提出自己的建议。如果是能提出有效建议或替代方案,对方一样会感激。另外,拒绝时除了提出替代建议,还可以每隔一段时间去问问对方情况,让对方也了解自己的苦衷与立场,这样就可以减少因拒绝而带来的负面影响。如果只是敷衍了事,则很容易被认为是不诚实,同时丧失人际关系。

从表面上看,秘书确实是被"求"的时候多,"求"人的时候少。但实际上这个"求"是双向对等的,秘书的工作也需要各职能部门的配合与支持。例如,上司要秘书给他整理一份关于明年市场预测的材料,秘书就要"求"市场和销售这两个部门为之提供素材;或者上司外出办事,秘书就要"求"行政或总务部门提供车辆等方面的配合。可以说,秘书用什么方式回复他人,下次他人就会用同样的方式回复秘书。

3. 切忌狐假虎威

秘书一定要对自己的身份有清醒的认识,上司分管的工作并非自己分管的工作,上司的部下亦不是自己的部下;秘书本身并没有任何权力,而仅仅是执行上司的指令。因此,秘书在与各部门打交道时,千万不能用上司的口吻说话。

由于秘书经常代理上司行使职权,因而一些秘书常常会产生一种拥有实权的错觉,从而自我感觉过度良好。特别是在代理上司处理一些矛盾和纠纷的时候,拥有过度良好自我感觉的秘书就会迷信压服的方式,认为只有采取"高压",别人才能俯首帖耳。久而久之,这样的秘书就会养成飞扬跋扈、欺上瞒下的习惯,最终使自己面临四面"楚歌"的境地。

代理就是代理,代理绝对不是实权!秘书部门是个综合协调部门,因此,在协调和解决各种矛盾时,除非情况紧急,非动用上司赐予的"尚方宝剑"不可,否则秘书应该尽量采取疏导说明、商量互让的"软"手段解决问题。

4. 相互体谅

由于看问题的角度不同,行政部门与其他部门发生一些矛盾、造成一些误会是正常的。例如市场部想以降价的方式在国庆节期间搞促销,扩大本公司产品的市场占有率,于是打报告给总经理;报告转到总经理办公室的秘书手里后,秘书从销售部那里了解到,降价会损害经销商的积极性,从长远来看对产品长期销售不利,所以秘书没有把市场部的报告优先送给总经理;因此,市场部认为这是秘书在故意刁难他们。对于这类工作中的矛盾和分歧,只要加强沟通,就应该能很快解决。但是,在实际工作中,有些秘书只要听到别人在背后议论自己几句,就马上针锋相对,将正常的工作矛盾转化为个人恩怨、人事纠纷,从而使事情越来越复杂;更甚者一旦有机会就假公济私,给对方"穿小鞋"。

即使是在本公司内部,许多人也不一定了解秘书的工作。他们以为各种报告批不批,领导想见谁不想见谁,都是秘书说了算,所以,这些人见不到领导或自己的申请报告得不到批复,就认为是秘书从中作梗,所以,他们总是朝秘书部门发火。当然,也有人知道这并不是秘书部门的责任,但是他们又不好直接朝领导发火,所以只好把秘书部门当做出气筒。

秘书既不能"狐假虎威",又不能在发生矛盾时一味地不讲原则,一味的容忍。但是,不能容忍是个原则问题,而怎么处理则是个方法问题,不能用原则代替方法,虽然对方不"仁",秘书却不能不"义"。从地位上来看,秘书只是公司里一般的工作人员,但在某些人的眼里,秘书总是在"一人之下,万人之上",所以,当秘书每做一件事的时候,都应三思而后行,否则很容易让人在背后骂其"狗仗人势",有人甚至还以为是领导有意让其这么做的。

三、与客户的关系

1. 热情礼貌

有人把秘书比喻为公司的商标。从某种意义上讲,秘书的形象的确就是公司的形象。因此,秘书在接待客人,尤其是第一次来访的客人时,一定要热情周到,因为对方会把秘书看成是公司的代表,秘书的态度反映了上司的态度。相反,如果来访的客人是上司的深交,秘书就不必太客套,给他沏一杯茶,简单问候几句就行了;如果过分热情,反而会让人腻味。

由于长期的交往,秘书之间也能产生一定的情谊。例如,一天 B 公司的秘书打来电话,约 A 公司的秘书下班后去星巴克一起喝杯咖啡。这件事要不要向上司汇报呢?也许有人会说,既然对方是以个人名义相约,那就没有必要向上司汇报了。不,不管对方以什么名义相约,秘书都应该向上司汇报。不过,一般来说,这种秘书之间的往来,应该是允许存在的。

秘书作为公司的代言人,在与客户交往的过程中,一定要牢记两条原则:一是热情,二是礼貌。

2. 礼尚往来

(1) 在受到宴请的时候。

如果对方是在工作以外的时间宴请,那可以根据实际情况来决定是否接受。如果接受宴请,则在赴宴之前一定要向上司汇报,并在宴请之后一定要向对方表示感谢。

(2) 在接受礼物的时候。

作为秘书要尽可能地婉言谢绝对方赠送的礼物:"您的心意我领了,但这么贵重的礼物我不能接受。"如果对方非常有诚意,秘书非收下不可的话,那秘书事后一定要向上司汇报,但最好不要与同事谈论这些事。

(3) 送礼。

在一些重要的节日,如圣诞节、元旦、春节、中秋节、重要合作厂商的公司纪念日等,秘书应在征求上司的意见之后,以礼品或贺信及时致意,维护与客户的友好关系。

作为助手,秘书应适时提醒上司并为其安排与客户的定期沟通活动(如一起吃吃饭),与客户建立经常性的沟通,以促进彼此的了解与进一步的合作。

3. 扩展人脉

俗话说"山不转水转",意思是做人要多交朋友,广结善缘,这样一旦发生什么事,就可以随时随地找到朋友帮忙;而且,在交友过程中不但可以增长见识,还能够拜师学艺。秘书每天都要与形形色色的人打交道,不仅要求上知天文,下懂地理,而且上司随时可能交代一些让人一下子不知所措的工作来,使秘书不得不求人帮忙。因此,秘书必须建立起自己的人脉关系,扩大自己的交友范围。广泛的人脉关系,既可以为业务带来便利和机会,又是个人信用的证明。

第五节 沟通的基本功

一、"听"的学问

无论是什么人,都要说话,也要听别人说话,因为表现自己与认识自己是人类的本能之一。语言是人类相互之间交流思想、表达感情最基本的工具。有些人说话虽然可能有点词不达意,但却同样能进行成功的沟通,这是因为他们喜欢听别人说,善于让别人说出心里话,从而使对方得到一种精神上自我表现的满足。可见,人们的交流是从"听"开始的,所以有"听比说难"的老话。

有些秘书由于害怕上司的责备,经常对自己没听懂的地方不敢问第二遍。当然,秘书在接受上司的指示时,精神应该高度集中,但是,对上司的指示确实有没听明白的地方或者觉得上司有些含糊其辞的时候,秘书绝对不能有半点含糊,特别是在安排工作日程的时候,对于一些时间和地点的安排,如果有不清楚的地方,哪怕是会让上司觉得太啰唆,也得问个明白。

在工作中经常会出现这种情况:由于某件意外事情的影响,上司的工作日程被打乱,并引起一连串反应,必须调整后面各项工作的时间。例如原定上午 10 点接待天成公司的赵总,现在必须推迟到下午 1 点半;而原计划安排下午 2 点去昌盛公司的计划则不得不取消……面对这种多米诺骨牌效应,秘书必须及时通知有关方面。但是,当秘书向上司汇报与各方面联系的结果时,上司可能还在想着下午怎样向天成公司赵总道歉的事,显得心不在焉,所以,在这时秘书就要大胆地问,必须得到上司明确的指示才行。

与"说"相比,"听"难就难在不仅要熟悉对方"说"的习惯,而且要能听出对方说话的言外之意。所以说,要想"听"好确实不是一件容易的事情。

在"听"的时候一定要注意以下几点。

1. 小声附和

当对方说到关键的地方或者快要说完的时候,秘书应点点头或者小声附和,表示同意对方的说法;如果在对方说话时毫无表情,无动于衷,或者显得非常紧张,一动也不敢动,那对方就不明白秘书究竟是不是听懂了他说的意思。所以,当对方说话时,秘书无论如何要有所表示,以让对方明白他的意思已被理解。

2. 看着对方的眼睛

在听对方说话时,最好看着对方的眼睛,这是"听"的一个诀窍。当上司与秘书谈话,尤其是上司向秘书作指示的时候,如果秘书总是望着头上的天花板,或是低头看着手中的文件,则上司会觉得秘书不信任他或是不尊重他。相反,在对方说话时,如果秘书一直看着他的眼睛,那么,对方就会自然而然地产生一种亲近感。

需要注意的是,有些人在听对方说话的时候,虽然也是一直看着对方的眼睛,但心里却在走神,例如想着晚上约会的事,那对方就能从其呆滞的目光中看出他的心不在焉,这样会使事情的结果变得更糟。

3. 让对方说完

在听别人说话,特别是在接受上司指示的时候,还有一条重要的原则,那就是一定要让对方把话全部说完。因为如果总是中途插话,对方肯定会反感,这与讨厌别人打断自己的谈话是一个道理。如果对别人的话有什么疑问,秘书也不要急于提问,而是可以先把疑问记在纸条上,待对方说完之后,再把问题一条一条地提出来。

4. 不能问得太急

在对方说话时把疑问记下来,待对方说完之后再提问的时候也得注意分寸。如果对方刚说完,还没有喘口气,秘书就像扫机关枪似的把问题一个接一个地提出来,则会使对方感到恼火,因为接受别人的提问在心理上都得有个心理准备过程。所以,提问不能提得太急。

对别人的话题多提问题,会使之认为对方在注意听他讲话,觉得话题非常有兴趣。若是交流的另一方一点声音都没有,则会使谈话人不知道对方是否对该话题有兴趣。所以与人沟通时,秘书不但要用心听,还要不时地提问一两句,这样对方才会非常愿意一直往下讲,进而透露秘书想知道的内容。

5. 重复要点

不论是在接受上司的指示时,还是在听取客人介绍情况时,当对方说完之后,秘书都别忘了将对方所谈的要点重复一遍。特别是在商定双方见面的时间、地点时,一定要将日期、时间、地点和人员重复一遍,以免出现差错。

6. 集中精神

秘书工作繁忙,但当别人到其办公室来谈工作时,秘书一定要集中精神与对方交流,而不要在对方说话时一边看文件,一边回应,更不能打电话。如果手头的工作实在很紧迫,那秘书就要向对方说明,另约时间。不能集中精神与对方沟通,则既不能达到沟通的最大效果,更是对对方的不尊重。

二、"说"的艺术

人们常把秘书戏称为"联络官",事实上也的确如此,因为秘书的一大基本任务就是与各方面联络。上级下级之间,平行部门之间,大多都是靠秘书来沟通情况的。这种沟通联络不仅要求及时,而且要求准确,所以,秘书工作对秘书"说话"的要求是非常高的。

其实,不只是秘书工作,就是在人们的日常生活中,如相互交谈或报告演说,都对"说"有一定的要求。那么,"说"得好与坏的标准是什么呢?很简单,那就是看他人是否完全明白说话人所说的意思。

秘书说话时要注意以下几点。

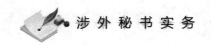

1. 语言通俗易懂

秘书是联络官,就自然而然地要与各方面的人打交道。这些人不止是本公司的,也有外单位的,所以,秘书说话时在语言上要有所区别。例如有些简称和略语在本公司里已约定俗成,如果不这样说可能反而显得不自然;但是如果对外单位的人也这样说,则有可能让对方莫名其妙。

2. 看对方的眼睛

秘书在其说话的时候,最好也要看着对方的眼睛。如果在说话时目光游移,东张西望,则不仅是一种缺少涵养的表现,而且有可能使对方怀疑秘书的诚意,或是觉得其不被信任。当然,秘书也不能死盯着对方。

3. 掌握节奏

不管是秘书还是上司,每天都非常忙,为了节省时间,秘书在向上司反映情况或汇报工作时,总是希望快点把话说完,所以,经常会出现这种情况:秘书不管上司是不是在认真地听,只管说话像扫机关枪似的。这样,秘书以为说完了,可上司并没有真正去听或认真理解;或是即使理解了,也没有余地思考,所以很难收到预期的效果。

例如,A秘书正在与另一公司的B秘书商定今晚双方上司见面的有关事宜,当B秘书提出见面的时间、地点及人员时,正坐在A秘书旁边的上司问A秘书:"这次就不让销售部的李经理参加了,你看这次还派谁去比较合适?"A秘书想了一会儿说:"市场部的江经理前一段身体似乎不太好,现在已经基本好了,听说胃口很好,我看派他去比较合适。"对于该建议,上司也许要好好斟酌斟酌,因而此时A秘书不能说得太快,而且不能说得太多,否则上司就会产生厌烦。总之,秘书在说话的时候,一定要注意对方的表情和反应,随时调整其说话的节奏,以免出现对牛弹琴的现象。

为了提高"说"的技巧,秘书要把掌握说话的节奏当作一项基本功来练,做到见缝插针。在日常生活中,似乎很少有人去注意自己说话的语调。但是,对于秘书来说,必须注意语调问题,因为一个人说话的语调往往能反映其整个精神状态。人们常常评价某人的语言富于感染力,实际上就是说他注意了语调,抑扬顿挫,富于激情。如果秘书做到了这一点,则不仅能给谈话本身带来一种亲切的气氛,而且还能缩短双方理解上的距离。

在与客人交谈时,秘书阐述了自己的观点或提出了新的意向后,对方肯定要发表自己的意见,是赞成还是反对,或者还要考虑一段时间。因此,在客人发表意见时,秘书不能无动于衷,而应在对方说到关键的地方或者停顿的时候稍略点点头或说"是的"、"是吗",以此表明其真正在听取意见。

对于这一点,特别是在接待那些没有预约的客人时要注意。由于对方不请自来,一些秘书会因为他们打乱了自己的工作安排而产生厌烦的情绪,想尽快把他们打发走,因此在对方说话时无动于衷,这样就有可能伤害对方的自尊心,进而产生反感。秘书千万要注意,只要在这些客人中有一两个是领导的重要关系户或上司少年时代的密友,那其就有可能铸成大错。

4. 不问"您找我有什么事"

有时,秘书在接待那些没有预约的客人或者上司找他时,习惯于这样问对方:"您找我有什么事吗?"虽然其说话的语气是谦恭的,但这种问话的方式本身是冷冰冰的,因为对方当然是有事才找你,没事当然不会找你!所以,这种提问方式总让别人感到别扭。遇到这种情况,秘书应该这样问对方:"刚才是您叫我吗?"或者"您找我是什么事?"这样,就表明了积极主动热情的态度,从而自然而然地获得好感。

特别是在接待那些不速之客时,如果秘书这样问对方:"您找我有什么事吗?"对方会产生一种被盘问的感受。如果是个多心眼的人,还会以为秘书看不起他。所以,在接待那些不速之客时,秘书应该这样问对方:"我能帮您什么忙吗?"或者"如果您不嫌弃的话……"

第六节 与上司沟通的五大技巧

一、倾听的技巧

(一)成为会"听话"的秘书

在一般人眼里,"听"就是用自己的耳朵接收对方发出来的信息。其实,真正会"听"的人,不是单纯地接收对方的信息,他们还要表现出自己对内容的关心,并及时做出回馈。会听可以说是秘书最重要的技能之一。

倾听的关键是"在对方说完之前不要否定别人的谈话"。如果在对方说话时中途插话,对方就会兴趣索然,甚至感到自尊心受到伤害。特别是对于上司,如果中途插话,会让他觉得该秘书非常没有教养,所以,这一点一定要注意。

当一个人说话的时候,肯定希望能按自己的节奏和方式表达自己的意思。基于同样的理由,在听对方说话时,就应配合对方的节奏去倾听。此时一定要控制住自己内心那个有强烈表达欲望的"自我"。在听的时候,不仅要注意听,还要表现出对对方所说内容的浓厚兴趣。特别是对上司来说,如果秘书表现出对他所说的浓厚兴趣,那秘书在他眼里就变得非常亲近了,这对改善双方的人际关系非常重要。

"听"绝不是一种被动的行为,"听"的态度在很大程度上决定了对方说的兴趣。如果"听"者兴趣盎然,那对方说的兴趣也会盎然;如果"听"者索然无味,那对方也会感到索然无味。所以,在听上司说话的时候,一定要聚精会神,根据对方所说的内容,不时点头,或者说"是",以表示对上司谈话内容的兴趣。

(二)回答时别只说一个"是"

除了附和上司谈话时可以只说一个"是"字外,在回答上司的其他问题时,不要只说一个

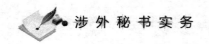

"是",最好说"是,我知道了"或者"是,我也是这么想的"。一定要避免用一个字回答上司的问题。

在英语里有"单音节回答"(mono-syllabic answer)的说法,如"Yes"和"No",在一般情况下最好不要用这种交流方式,因为这种短促的答复很容易被理解为"交流到此为止"。这样很容易造成交流气氛慢慢地冷淡下去,即使是连续说"是,是!"性质也差不多。

(三)观察那些会听的人是如何"听"

一般来说,上司在听秘书介绍情况或汇报工作时,可以不时地说"嗯"或"噢"等字眼,但是,秘书在听上司说话时就不宜使用这类字眼,即使"是吗?""真的?"这类句子也应避免使用,因为这种疑问句会让上司有可能感到不被信任,从而破坏双方的互信关系。上司说完之后,秘书可以表示"谢谢,我知道了!"或"谢谢老板的指点!"等,不仅表示理解了上司的意图,而且还表示了对上司的敬意。

会听话的人不仅在听的时候会"点头",而且会"附和",他们能制造一种良好的沟通氛围,从而鼓励对方"畅所欲言"。这种技巧只能个人去尝试和体验才能提高。所以秘书,特别是秘书新人,应在日常工作中观察那些"会听话"的老同事是如何听别人说话的,以揣摩他们的精彩之处。

二、提问的技巧

(一)在上司忙碌的时候提问应注意的问题

秘书在遇到疑难问题时,一般都会去请示上司。例如:"老板,天津李总又来电话问合作的事,我该怎么答复他?"

但是,如果上司正在忙碌的话,他就会讨厌秘书给自己提这种比较模糊的问题,因为对这类模糊的问题,上司不能简单地回答"是"或"不",他需要先花时间去了解秘书所提问题的来龙去脉。

在上司忙碌的时候最好用以下几种方式提问:

(1)用"是"或"不是"提问;

(2)用"是吗"提出问题,请上司确认;

(3)用"不是"提出问题;

(4)可以用数字回答的问题;

(5)可以用事实回答的问题;

(6)可以用选项回答的问题。

用"怎么办才好"这种方式向上司提问,上司可以根据自己的看法自由地回答你,这对秘书全面了解上司的态度或方法,从而处理好自己面临的疑难问题的确非常重要。但是,采用这种提问方式时,应该考虑上司的实际情况。如果上司很忙,而秘书问他:"关于这个问题,我该如何处理?"就会让他停下手中的工作来思考秘书提出的问题,这就浪费了他的时间。所以对特别忙的上司,为了尽量不浪费他的时间,秘书一定要注意提问的方式。例如,提的问题不模糊："我用这样的方式处理,您看可以吗?"对方只要加以确认就可以了。也就是说,与"我该怎么办?"这类提问相比,"我用这样的方式处理,您看可以吗?"这种提问更具体,因而上司更容易回答。

从上司的角度来看,如果秘书总是提这种开放但又模糊的问题,他就会对秘书产生反感:"这人怎么一点脑筋都不动,遇到一点难题就上交给我?!"因此,为了提高与上司沟通的有效性,在向上司提出"怎么办?"的问题之前,秘书应把问题更具体化一些,并把自己的意见也提出来,供上司参考。

(二)不质问上司

在向上司提问时,不能用质问、追问甚至责备的语气说话。例如:"经理,处理这个案子为什么要让我参与?""经理,我申请休假的报告交给你三天了,怎么还不给我批复?"一些秘书总喜欢用这种口吻与上司说话。这种提问的方式实际上就包含了这样的意思"经理,你是不是信不过我?"或"经理,你是不是在故意刁难我?"所以,尽管秘书可能只是想表达自己的意见,但在上司听来,这种口吻是在明显地责备他。

对于秘书包含责备口气的提问,一般的上司是不会直接答复。有的是没办法当时直接回答,更多的是考虑自己的面子不愿意回答。所以,作为秘书,即使认为有必要得到明确的答复,也应冷静地考虑提问的方式。即使与同事交流,也应尽量避免用质问的口气与对方说话,因为质问或责备不仅不能带来有效沟通,反而会让对方反感,给沟通设置更多的障碍。

在与上司沟通时,最好避免用"为什么"作为开头来提问。也许有的人认为用"为什么"开头可以提高思考问题的深度和有效性,但在上司看来,秘书这么提问不像是在寻求正确的答案,更像是在否定或责难他。

既不能给上司以责备的印象,又要让上司帮自己把问题解决,在这种情况下,最好的办法就是将"人"和"事"分开来。例如:

(1)问"人":经理,你为什么还没批复我的休假申请?

(2)问"事":经理,我的休假申请还批复不了,是不是有其他的原因?

不质问上司的同时,还要避免给上司一种咄咄逼人的印象。如果问题不是很尖锐或敏感,有时也可以多问一下,不过,大多数上司不喜欢秘书对某个问题进行追问。秘书越是追问,上司心里越反感,更不愿意回答其问题。

欲速则不达。如果想得到上司的答复,倒不如先用表扬性的语言夸夸上司,然后介绍自己的想法,从而通过聊天的方式让上司说出其意见。

根据不同的场合用不同的方式向上司提问,一旦发现上司对自己的提问方式不感兴趣就马上变更提问方式,这种能力不是一朝一夕能形成的,所以,即使在上司面前碰壁,也不要垂头丧气。

(三)向上司提问之前自己要想好

"只要有不明白的地方,你随时都可以来问我!"一些热心指导秘书的上司经常这么说。秘书在工作中遇到难题,当然多是向上司请教。但是,在实际工作中遇到难题时,秘书还应想一想,除了向上司请教,是否还有其他的选择?比如,是不是可以向其他的老同事请教?

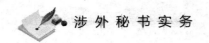

虽然上司说了"什么问题都可以问",但是,如果连一些最基本的问题都去问上司,则会使上司对其能力产生怀疑:"连这么简单的问题都不知道,看来这人太笨!"因此,在向上司提问之前,秘书先要想好:这个问题上司能不能回答?非问上司不可吗?是不是可以向同事或其他适合的人请教?先把这些问题想清楚,是秘书向上司提问的前提。

秘书在工作中遇到难题后,不要急于找上司请教,而应先把这些问题列成表,然后按顺序对这些问题一个个地思考,看自己能否找到解决的办法。如果自己解决不了,是否可以找其他同事而不一定找上司?如果一定要找上司,那就还要考虑一下上司有没有回答该问题的能力、知识、时间和心情?秘书一定要养成换位思考的习惯。如果觉得上司目前也不一定能回答自己的问题,那就先不要追着上司提问。

(四)一定要注意提问的时机

上司正皱着眉头想问题,秘书走过去跟他打招呼:"经理,我有个问题想请教您一下。"在这种情况下,不客气的上司多会这样说:"你长没长眼睛,没看见我正忙着吗?"最温柔的回答也是:"这事回头再说!"

要想得到上司的有效回答,那就必须选择合适的时机向上司提问。什么时候才是合适的时机?这要根据实际情况来作判断。例如,秘书送文件给上司,他正在阅览文件的标题时,秘书可以提问:"经理,我有个问题想问,您现在方便吗?"相反,如果上司正在处理紧急工作,例如他正一边打电话一边做记录的时候,秘书问上司:"经理,对不起,打断一下,我现在有个问题解决不了,麻烦您给我指点一下。"那上司肯定会很不高兴。

三、表示敬意和感谢的技巧

(一)在表示感谢的同时也应表示敬意

在表示感谢的同时也表示敬意,这种将"感谢"和"敬意"的叠加,效果是"1+1>2",能给对方带来更大的感动。

秘书通过上司的指点完成了任务或使自己取得了进步,在心里对上司充满感谢之情的同时自然也会对上司充满敬意。但是,很多秘书喜欢含蓄,不愿将自己这份真实的感情表达出来。其实,对方虽然是上司,但得到帮助表达感激是作为一个人最起码的要求,所以,秘书一定要将心中的感谢和敬意明确地表达出来。

(二)根据态度表示感谢与敬意的方法

如何表示自己的敬意,从大的方面可分为用"语言"表示和用"表情与态度"表示两类。用表情与态度表示敬意属于"礼仪"的一部分,作为秘书必须掌握起码的常识。

可能有些人觉得自己与上司成天抬头不见低头见,讲那么多"礼仪"没有必要,即使算不上"虚伪",也挺累人的。但是,在职场上"礼多人不怪",小心驶得万年船。秘书对上司表示感谢和敬意后,上司可能会说"别那么客气",但其时他内心还是相当满足。

讲礼仪应当是双向的,但是,秘书对上司的礼仪更重要。在职场礼仪中,秘书一定要注意对上司的称呼。由于我国存在着企业文化、地域文化等方面的差异,秘书称呼上司的方式可以说是千差万别。其实,如何称呼上司,只要看办公室其他同事如何称呼上司就行了。

(三) 用语言表达敬意和感谢的方法

用语言把对上司的敬意直接表达出来,这一点非常重要。例如在上司的帮助下秘书终于完成了自己的工作,此时秘书可以对上司说:"谢谢您的帮助!"上司听了心里自然会很高兴。当然,这只是一般的情况,稍有教养的人都能做到。

表达敬意,就是把自己看到的上司身上的长处和优点告诉上司。发现了上司身上优秀的地方,用简单朴素的语言告诉对方,这是一种非常有效的"表扬",能引起上司心理强烈的共鸣。表扬和感谢上司要注意以下几点。

1. 感谢事实

上司表扬秘书的时候,一般都是用这种方式:"你写的这份报告,第二部分的建议很有价值。"由于上司说得很具体,秘书就觉得上司很重视自己的报告,留意了每一个细节,所以,相互信赖的关系又加深了。

秘书感谢上司的时候,最好也以感谢具体的事情为主。当然,有时候也是比较模糊,例如秘书这么表扬上司:"这一段时间由于得到您的大力帮助,我觉得自己进步很快,因此非常感谢!"

但是,实际上上司的哪些指导有效,双方都可能不太知道;而且,如果说这部分指导有效,那是不是意味着那部分指导就没效呢?因此,应根据上司的个性特点和当时的具体情况来表扬上司。

2. 感谢要适时

感谢上司和向上司提问一样,需要在时间上把握好。

大多数上司都很忙,他们没那么多时间与精力来与秘书作详细的沟通,所以,如果没把握好时机,秘书感谢得再好,上司也可能听不进去。例如,秘书说:"经理,这件事真的非常谢谢您!"可经理连头也没抬起来,继续看自己的文件,只是在口头上应付秘书:"哦,是吗?"另外,感谢应该在事情完成的当时进行,如果过了几天甚至几周后去感谢,那就是马后炮,已经失去了意义,上司可能会因莫名其妙而反问你:"你说的是什么呀?"所以如果要表示自己的感谢、敬意和收到礼物时的谢意,最好在事情刚刚结束时进行。

3. 感谢和敬意要发自内心

有很多人在表达感谢和敬意时会感到羞涩,不好意思开口。其实,这没什么难为情的,只要是想真心表示自己的敬意就行。在很多时候,那些平凡朴素的语言比那些华丽的辞藻更能打动人心。

如果秘书是一个不习惯赞扬别人、比较害羞的人,那他就不能真实地表达自己的敬意与感谢之情,这对于他建立起和谐稳固的人际关系,特别是与上司建立起互信关系不利,所以要改变。当秘书想要表达自己的敬意而又难以启齿的时候,不妨把这份敬意想象成一种工作建议,这样就会自然而然地说出口了。反复练习几次,秘书自然就会流畅地表达自己的敬意了。如果在感谢和赞扬上司的时候还有些紧张的话,那就事先找个地方彩排一下。

感谢和赞扬上司最好按照上司的习惯和个性来进行,有的上司喜欢华丽甚至有些夸张

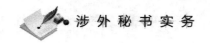

的语言,气氛热烈;有的则喜欢朴实但准确的语言。那些善于感谢和赞扬上司的秘书,在表达对上司的感谢和敬意时都能恰到好处地把握上司的习性和情绪。

4. 不伤害对方的自尊心

在赞扬上司的时候有一条重要的原则,那就是不能伤害上司的自尊心。

有些秘书本来想赞扬上司,可话说出口之后,却伤害了上司的自尊心,这种现象在日常工作中并不少见。例如,上司加班加点赶出一份会议文件,秘书看后说:"经理,没想到您的文笔这么好!"这与其说是赞扬,倒不如说是贬低。又如,看见上司从外面拜访客户回来,秘书忙说:"经理,您辛苦了!"这本来是表示关心,但在上司听来却像对方成了自己的老板。所以,秘书赞扬上司的时候,一定要注意遣词造句。

5. 赞扬时要注意表情等肢体语言的配合

在向对方表达感谢之情和敬意的时候,不仅要慎重地遣词造句,而且要注意自己的表情和动作,因为它们同样会影响对方的心理感受。

人们在沟通的过程中,除了语言和表情之外,还有其他一些非语言的要素也在影响沟通效果,所以,在沟通过程中,要根据不同的场合、时间和对象选择不同的沟通方式。

即使是同样的一件事,如果采用不同的方式汇报,那上司在心理上的接受程度也会不一样。过分依赖语言的沟通也是危险的。由于网络的发展,同事之间在网上沟通的频率越来越高,但无论一个人的文字工夫多好,也总会有让他人产生误解的时候。

人有五官,其实五官都参与了沟通。所以,沟通不只是语言在发生作用,人们应有效地利用五官的功能,使沟通变得更加有效。

四、报告的技巧

(一)站在上司的立场

在英语里,上下级之间是"report",也就是说"A 先生是 B 先生的秘书",即"Mr. A reports to Mr. B."但是,在日常工作中,上下级之间并不一定需要那么正式。不过,下级在向上级报告、联系和商量问题等日常交往时,应习惯站在上司的立场上去思考问题,了解上司正在准备什么工作、需要什么样的信息、什么样的信息能让上司工作起来游刃有余。比如,公司一个大客户因为不满意公司的售后服务而准备与竞争对手合作,出了这么大的事,公司老板一点信息都不知道,那就说明秘书没有事先把信息提供给他,工作有问题。如果上司对秘书说"多亏你及时的建议",那就说明秘书把提供信息的工作做到了前面。

(二)坏消息尽早报告

无论是上司还是秘书,双方都应该意识到平时多交流的重要性,不要以为没出什么事就不需要交流,如果要等到出事了之后再去交流那可能就晚了。

发生了问题的时候,秘书推迟向上司报告,或者在报告的时候用一些暧昧的词句掩盖事情的真相,都是不负责任的行为。

上司从秘书那里听坏消息的报告后,很多人的第一反应就是:"事情都到了这个地步,你怎么不早说？"在他们的潜意识里，秘书没有尽早把坏消息向自己报告就是为了逃避责任。这不仅不利于上下级之间的互信，也不利于整个部门或团队工作的展开。

如果上司能尽早从秘书那里得到坏消息的报告，他就能尽可能早地采取应对措施，将问题消灭在萌芽状态，这实际上也是对秘书的一种保护。所以，当秘书发现自己工作中有"坏的苗头"出现的时候，就应老老实实地尽早向上司报告。纸是包不住火的，包的越久对自己的伤害也就越大。

五、提建议的技巧

（一）建议不能伤害上司的自尊心

秘书给上司提建议是建立起良好的上下级关系的一个重要途径，但提建议有一个重要的前提，那就是不能伤害上司的自尊心。秘书想把自己的一些想法付诸实施，不仅要向上司报告，还要将之变成具体如何实施的"建议"。秘书在提建议时不仅不能伤害上司的自尊心，而且还不能剥夺上司的选择权。

提建议与前面提到的秘书向上司提问一样，如果秘书总是强调自己的意见或想法，就很容易让上司产生反感。即使上司勉强接受了秘书的建议，也会有一种受到轻视的印象，这给以后的交流带来潜在的障碍，影响双方的互信，最终结果可能是上司应付了事。由于得不到上司的真正支持，秘书的建议也是只开花不结果。比如，秘书对上司说"我这个提议就应该通过！"即使这是个不错的建议，上司也很难接受。如果秘书换一种说法："就这个问题我想了很久，觉得可行性比较大，经理，您觉得如何？"由于秘书表现出非常尊重上司的意思，那不仅上司接受起来很容易，而且双方也容易建立起互信的关系。

（二）灵活运用各种类型的建议

建议有各种各样的类型，作为有代表性的类型，主要有如下几种。

（1）"……您觉得怎么样？"	一般性的建议
（2）"……这样不行吧？"	引导上司说"是"的建议
（3）"A 和 B，还有 C 三种方案，您看哪个合适？"	让上司从选项中挑选的建议
（4）"您考虑其他什么样的方案？"	增加选项的建议
（5）"……也有这样的方案，您觉得怎么样？"	改变角度的建议
（6）"……关于某某方案，您的意见如何？"	征求意见的建议

建议的类型不只这六种。如果秘书能根据实际状况有效地灵活运用，那将大大提高沟通的效果，增加与上司的互信。

（三）"建议"要给上司留有"补充"的机会

一个建议应当方方面面都考虑周到，以便切实可行。但是，所提"建议"又不能太过周到，让上司只是说个"是"就行了。如果一个完美的建议是 100 分的话，那秘书的建议最好是 95 分，最多不能超过 98 分，因为还要给上司留下"补充和完善"的机会。当秘书把"95 分"的

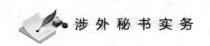

建议提交给上司,上司把它"完善"之后,秘书要及时称赞上司"画龙点睛"。这样,上司也许会"谦虚"地说"我也只是做了我应该做的。"无形之中,上下级之间的关系会更加和谐。

第七节 协助外籍上司沟通

给外籍上司当秘书,光会说外语(主要是英语)还不行,因为即使那些会说汉语的外籍高管,还因价值观念、文化背景、管理方式等方面的差异而存在沟通障碍。如果不能消除这些沟通障碍,将会严重影响他们的工作,因此,秘书在协助上司处理传统的日常工作之外,还有责任协助上司与各方面沟通。

一、价值文化的冲突

由于东西文化的起源不同,历史背景不同,发展历程不同,导致了东西方价值文化的巨大差异,这种差异自然地影响人们的沟通,在某一文化中习以为常的观念或行为在另一文化环境中可能就无法被人接受。影响中外员工之间的价值冲突具体体现在以下几个方面:是个体取向还是集体取向,是集权取向还是分权取向,是喜欢创新还是趋向保守,是重资历还是重能力,是重长远利益还是重短期利益,是习惯于综合、直觉、归纳思维方式还是分析、逻辑、演绎思维方式。

1. 个体取向与集体取向

在怎样理解和处理人和人的关系问题上,有的倾向于个人取向,有的则倾向于集体取向。欧美国家倾向于"个体取向",他们以个人利益为根本出发点,强调个人行为的自由、权利、竞争和独立等"自我"的概念;而东方传统文化倾向于"集体取向",人们更看重人与人之间的群体性关系,强调人群的统一和协作,个人利益服从集体利益,即强调"我们"的概念。

这种差异在中外员工沟通过程中表现得非常明显,很多外籍高管注重个体取向,更加强调个人的奋斗,以员工能力和业绩为基础来决定薪资和是否有提升的机会;而中方管理人员多注重集体取向,强调的是要团结一致,个人的成绩是不能脱离集体的,等级观念和看重资历比较普遍。

2. 集权取向与分权取向

权力距离是衡量人们接受权力不平等状况的程度。权力距离较大的文化认为权力差距是社会生活固有的一部分,上级和下级的地位是不同的。而权力距离较小的文化则认为权力只不过是为了提高社会效率而设立的不同社会角色,上下级之间是平等的关系。在企业管理模式上,集权取向的企业管理强调自上而下的决策体系,而分权取向是一种偏重于自下而上的决策体系。一般来说,西方文化强调集权取向,而东方文化注重分权取向。

这种差异在中外员工沟通过程中也表现得非常明显,很多外籍高管都主张集权,上级制定决策,下达命令,监督下级的执行;中方管理人员多喜欢以一种民主的方式来管理公司,鼓励员工参与管理。

3. 长期取向与短期取向

长期取向与短期取向是指在某一文化中,人们是否崇尚节俭,是否追求生活的稳定性,以及是否遵循传统等的两种截然不同的回答。长期取向的文化崇尚节俭、追求稳定、遵循传统;而短期取向的文化则反之。注重长期取向的企业更愿意培养员工的道德理念及归属感,以此取得长期的经济利益;而注重短期取向的企业更看重员工的能力,而不是资历,注重取得短期的经济利益。

4. 低不确定性规避与高不确定性规避

不确定性规避指的是人们忍受模糊或者感到模糊和不确定性的威胁的程度。不确定性规避度在不同的国家会有不同的体现。不确定性规避度高的国家,如中、日、韩等国家,管理人员会尽量去避免不确定的和模棱两可的东西,制定更多的正式的规则,不喜欢非同寻常的想法和做法,寻求一致。管理人员认为企业经营中充满了可能发生的危险,因而他们对于书面的规定、计划、规则、仪式有着强烈的要求,并根据它们来管理企业。

相反,在不确定性规避度较低的欧美国家,管理人员会更容易地接受工作中的不稳定性,容易接受非同寻常的想法和做法。他们喜欢创新,喜欢冒险,不喜欢循规蹈矩,不喜欢等级分明的社会制度。

5. 竞争取向与合作取向

在注重竞争取向的文化中,良好的竞争机制是保证个人能力得以施展的条件,每个人都在为工作竞争,为成功而努力工作。而在讲求合作取向的文化中,尽量避免与周围的人发生冲突和竞争,"和为贵"是员工追求的目标。竞争取向与合作取向对公司的用人原则、薪酬制度的制定有很大的影响。一般来说,外籍高管人员强调竞争取向,而中方管理人员偏爱合作取向。

6. 能力取向与资历取向

不同的文化对于员工在工作岗位处于何种地位有不同的判别标准。强调能力取向的以员工工作业绩为衡量标准,更加看重个人的能力,只要个人业务出色,无论年龄、出生如何,都一样可以获得晋升或加薪的机会;偏重资历取向的以年龄、经验、出生、所受教育程度等因素为判断标准,更加看重个人的资历,社会地位较高和年长者受到尊重。欧美国家多属能力取向文化,而传统的东方文化更看重年龄和资历,属资历取向。

案例分析

案例 1:"白条"和"红包"

● 事件背景

珍妮是费特化工设备(西安)公司总经理杰克的秘书。美国费特化工设备公司也可以说是一家百年老店,公司的价值观是:一、追求卓越;二、忠于顾客;三、团队合作;四、积极参与;五、正直忠诚。

珍妮的上司美国人杰克刚上任不久,母公司派来的审计员完成对西安公司的例行年度审计后,向他和总部提交了审计报告。审计报告对销售部一次大型的客户招待活动产生了质疑,因为它不仅花销大,而且很多花销都是打的"白条"。看过审计报告之后,杰克又通过非正式的渠道听说公司的一些销售代表从客户那里收取回扣。

这一切都让杰克感到非常愤怒,因为销售部的这种行为有悖于公司价值观的第五条——正直忠诚。他让珍妮把销售部经理李奇找来,让李奇对这些问题做出解释。对新老板提出的问题,李奇不以为然,他不紧不慢地向老板解释:在中国做生意,请客户吃吃喝喝很正常,送点礼物甚至"红包"也在所难免;大家都是这么做生意,如果我们不这么做,客户就都会被竞争对手抢走。至于销售代表吃回扣的事,他还没有发现,需要去调查。杰克对销售过程中的"白条"和"红包"现象提出了严厉的批评,说它们不仅与公司的价值观相抵触,而且也违反了美国的相关法律,因此后果将很严重。李奇则说:在销售过程中,如果对推销代表限制太多,那销售就没办法做。如果完不成销售任务,将会有一半以上的销售代表提出辞职,届时他本人也不得不辞职。

两人谁也说服不了谁,最后不欢而散。李奇出去之后,杰克烦躁不安。他知道李奇所说的并不只是威胁,完全有可能变成现实。他不知道如何应对接下来将出现的局面。对这一切珍妮都看在眼里,她觉得杰克在沟通方面遇到了障碍,自己作为助手有责任协助他消除这个障碍。

● 原因分析

杰克的沟通障碍在于他忽视了自己现在所处的文化环境。中国文化重视人际关系的和谐,因此,销售代表在与客户交往过程中,双方首先注重的是彼此能否建立起可以信任的关系,所以,一开始双方都不会去直接讨论生意本身的问题。为了尽快建立关系,双方肯定要在一起吃吃喝喝,或者给客户赠送点礼品。但在美国的商业文化中,将这种行为被视为商业行贿。如果杰克要从根本上杜绝此类活动,那就会让销售代表们无法维持与客户的关系。无法维持与客户的关系,业务自然无法展开。如果没有销售业绩,那他这个总经理的位子也坐不稳。

● 沟通协调

找出原因之后,珍妮把自己的想法说给了杰克听,建议上司了解中国文化和中国人的价值观。为了避免价值文化冲突,母公司应对中国文化背景,公司的具体经营进行调查和了解,在此基础上对出现的问题与员工进行协商,在双方理解的基础上达成折中的解决方案,尽量避免试图用一方的文化和管理理念来解决问题,否则,只会影响员工的积极性,降低士气;制定与母公司价值观相适应的具体的规章制度,以便让员工知道在平时工作中,企业期望他们做什么,不期望他们做什么。如与客户在一起吃吃喝喝,或者给客户赠送礼品的问题,这是在中国做生意很重要的一部分,因此,公司可以对礼物和宴请原则和做法有所规定,而不是完全禁止……

杰克接受了珍妮的建议,再次让她将李奇找来。他对李奇谈了自己下一步的设想,而李奇也同意对"白条"和"红包"现象加以约束,因为这些做法即使在中国也属于违法行为……

案例2：摔坏的电路板

● 事件背景

珍妮是德国施蓝精密仪器（沈阳）公司总经理史泰因的秘书。这天下午质检部的人到史泰因这里来告状，说研发部的工程师祁建国以次充好。于是，史泰因让珍妮去把祁建国找来，问清究竟是怎么回事。原来，今天上午祁建国去车间办事时，看到一块电路板掉在地上被摔坏了。他把它捡了起来，发现上面有许多昂贵的元件，有的价值几百美元。作为工程师，他认为自己有责任把它修好，否则，这个电路板就会当成废物丢弃了。他花了整整两个小时把它彻底修好了。测试表明，它工作性能完全正常。于是，他把这块电路板又放回了成品箱中，他为自己所做的感到骄傲，因而把自己的名字签在电路板边上的一张卡片上。

听完祁建国的陈述之后，史泰因严厉地说："你这是以次充好，欺骗客户的行为！"

祁建国进总经理办公室时，以为史泰因会对自己上午的行为进行表扬，没想到史泰因给他当头一棒。"什么？你居然说我以次充好？！欺骗客户？！好，我不干了！我辞职行不行？！"四十几岁的中年人怒火万丈。

史泰因知道祁建国在公司口碑很好，是个优秀的员工。他以为自己批评他后，对方会认识自己的错误，这事也就到此为止了，但他没料到对方竟如此大怒，于是他也只好说："珍妮，你马上通知人力资源部……"

祁建国出去之后，史泰因无奈地问珍妮："这究竟是怎么回事？"

珍妮告诉上司，这事有很大的误会，是由文化差异问题造成的。

● 原因分析

在我们中国传统文化中，节省是美德，一样东西只要还有使用价值就不要丢弃它，因此，我们中国人有"新三年，旧三年，缝缝补补又三年"的说法。对于祁建国来说，他一看这电路板价值好几百美元，当然舍不得丢掉，因此，他修理电路板，本意是为了帮公司节省成本。

"哦，是这样的。"史泰因终于明白了祁建国为什么要"以次充好"了。

● 沟通协调

"珍妮，你马上给人力资源部打电话，让他们不要给祁建国办离职手续。不过，你还得代表我找他谈一次，不要再犯'以次充好'的错误了。"

下班之前，珍妮找到了正在收拾东西准备明天不再来上班的祁建国。

"你知道总经理为什么发那么大的火吗？"珍妮问。

祁建国茫然地摇摇头，他觉得简直是祸从天降。

珍妮换了一个角度问："假如你是客户，当你知道你购买的仪器中，有很多精密部件曾经被摔坏了，是修好之后再装上去的，你还会买这样一台仪器吗？"

祁建国终于意识到了自己的错误……

二、思维方式的冲突

思维方式是一个民族或一个区域在长期的历史发展过程中形成的一种思维习惯或思维程序，是一个民族文化的深层内核。由于不同的地理环境、生产方式、历史背景、文化传统、哲学思想、语言文字等因素，东西方思维方式从总体上看具有不同的特征。

思维方式的基本特征包括伦理性与认知性、整体性与分析性、意向性与对象性、直觉性与逻辑性、求同性与求异性、归纳性与演绎性等。在外企的经营过程中,大多数的中方管理人员偏好综合思维、直觉思维和归纳思维,而欧美籍的管理人员偏好分析思维、逻辑思维和演绎思维,因此,这种思维差异经常造成中外管理人员的冲突。

(1) 综合思维与分析思维

综合思维是在思想上将工作的各个部分联合为整体,将它的各种属性、方面、联系等结合起来的思维。分析思维是将一个完整的对象分解为各个组成部分,或者将它的属性、方面、联系等区分开来的思维。一般来说,东方文化体系的思维模式是综合的,而西方则是分析的。

(2) 直觉思维与逻辑思维

中国传统思维注重实践经验,注重整体思考,因而借助直觉体悟,即通过静观、体验、灵感、顿悟的知觉,从总体上模糊而直接地把握认识对象的内在本质和规律。西方思维传统注重科学、理性,重视分析、实证,因而必然借助逻辑,在论证、推演中认识事物的本质和规律。

(3) 归纳思维与演绎思维

归纳是从特殊、具体到一般、抽象的认识方法,而演绎则正好相反,是从一般到特殊的认识方法。比较而言,受中国传统文化熏陶的中方管理人员更倾向于归纳式思维,而英美籍管理人员则更倾向于演绎式思维。

案例分析

案例1:学员的"面子"

● 事件背景

珍妮是北欧文化交流(北京)公司总经理格林的秘书。公司的主要业务是为中国客户提供高级机电技能培训。这天上午,格林与代理商山东元圣公司冯总就培训课程进行洽谈,谈着谈着,两人几乎吵了起来。

格林强调:"我们给客户上的每一堂课都应该是实实在在的,所以,我们应先详细讨论每一堂课的目标、内容和教学方法。我不想看到经我们培训的学员因为知识欠缺而不专业。"

冯总则坚持培训的主要目的是先让学员了解培训的内容是什么,而格林则提议应对这次培训的目的、内容、方法进行具体讨论研究,以便能够对大纲和课程时间做出必要修改。冯总说:"这些接受培训的学员基础都不一定很好,一开始就讲这么多具体的东西,他们会被你的复杂理论吓跑,所以,先只教他们简单一些的概念就足够了。否则,到时候他们及不了格会没面子的。"

虽然最后两人定好下星期再谈,但冯总离开时,仍有不欢而散的味道。

冯总离开后,格林仍然非常郁闷,他问珍妮:为什么冯总的思维这么怪异,简直是业余水平。

珍妮一直在负责作会谈记录,了解事件的全过程。她告诉格林,这不是冯总怪异,而是他俩不同思维方式造成的冲突。

● 原因分析

造成格林与冯总冲突的根本原因是两种不同文化背景的人思维方式和处理矛盾的方法不同。中国人倾向于综合地看待问题,即从整体出发,再到具体细节;而西方人倾向于分析地看待问题,即从具体细节出发,再到整体。

格林来自西方国家,工作中注意细节,在分析解决问题的时候习惯性地从目的、内容、方法等细节入手,然后再到范围更大的宏观性的整体计划,认为这些细节是形成整个计划的基础;它的正确性远比主观经验、人际关系重要。

但冯总认为把培训作为一个交流信息的场所更为恰当,因为中国人的特点是先制定总体的框架,然后再把细枝末节的东西填补进去,所以对培训要做的事情不那么注重细节。另外中国文化主张和谐,尊重经验、年龄、地位和人际交往中的面子。

● 沟通协调

听完珍妮的解释,格林理解了冯总采取的方法是出于对学员们面子和关系的考虑。两种不同文化背景的人在一起合作,需要相互理解,尊重对方的价值观和文化习惯。基于共同的合作目标,他愿意在下一次与冯总会谈时找出一种双方都可以接受的方式。比如,在制订培训计划时,不仅要注意培训工作的目标、内容和方法,也要考虑学员的接受能力和思维习惯。

案例2:"狡猾"的温州老板

● 事件背景

珍妮是意大利温顿制革设备(中国)公司总经理波洛的秘书。这天波洛接待了温州信飞鞋业公司的几个客人,他们是来洽谈购买制革设备的。客人当天早晨六点多才下火车,波洛便安排上午九点半会谈。当温州客人面带倦容地走进会客室时,波洛把客人的疲倦视为可乘之机,迅速进入谈判阶段。从上午9点半到11点半,投影仪铺天盖地地向客人展示制鞋设备的图像和数据资料。波洛的目的就是要让客人相信本公司设备的性能及定价都是无可挑剔的。产品介绍结束后,波洛自豪地问对方:"你们认为如何?"

温州客人笑笑说:"我们不明白。"

波洛的脸上顿时大失血色,疑惑不解地问:"你们不明白?这是什么意思?你们不明白什么?"

温州客人要求波洛安排人重新介绍一遍。波洛非常泄气却又无可奈何。于是,顾不上吃午餐,他们又为客人介绍了两个半小时。但是,包括波洛在内,公司所有参与谈判的人员已经失去了上午的那种热忱和信心,甚至有种莫名其妙的挫折感和烦躁。在接下来的谈判中,温州客人还是显得很迟钝,让波洛觉得跟他们谈判,那些早已准备好的论点和数据都没有用,精心准备的谈判策略也无用武之地。第一天没谈完,第二天继续谈。波洛也没有组织什么招待或娱乐活动,因为连日来他已经被搅得烦躁不安,他很担心客人再给他提出什么缠搅不清的问题,只想尽快结束谈判。于是,波洛直截了当地问对方:"我们设备的性能是最佳的,报价也是合情合理的,你们还有什么异议?"这时温州客人提出了报价,他们把价格压得很低,波洛只好以他们提出的价格成交。

客人走后,波洛突然对珍妮说温州人太狡猾了,自己上当吃亏了,但不知道自己为什么

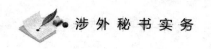

上当了。

珍妮说，温州人做生意的确很精明，但主要原因还是我们不太了解两种文化的差异。

● 原因分析

从思维方式来讲，西方人更多地注重分析型思维方式，即从部分到整体，看重细节，在谈判中喜欢从具体事实出发，习惯于开门见山、直截了当，在谈判一开始就直入正题，展示精心准备的产品介绍、数据等资料。他们的哲学很简单，通过努力、速度、机会和权力，尽可能快地挣尽可能多的钱。

而东方人习惯于综合型的思维方式，具体体现在谈判时一般是"先谈原则、后谈细节"，在做出任何决定之前都要考虑再三，注重和谐，先了解对方或互相建立良好的私人关系，才进入实质性的谈判，以此来减少未来双方合作的不确定性。

由于不了解这种差异，所以波洛在谈判中犯了几个错误。

首先，波洛一开始就显得气势汹汹逼人，不顾对方的疲劳对客人进行铺天盖地的材料轰炸，不断发表自己的意见和权益要求，相信对方会做出让步，以适应波洛这种自认为很有效率的速战速决，但事实上客人根本没有买波洛的账。于是，波洛自己先沉不住气，最终给了客人可乘之机。

其次，没有了解对方的谈判风格。客人不像西方商人，他们做出决策的过程一般比较缓慢，他们与对手谈判时喜欢故意拖延时间，这样很容易使对方为满足预先设定的谈判时间而在交易条件上做出让步。因此，这次客人就巧妙地抓住了波洛的这些特点，利用波洛傲慢、急于求成的特点，故意拖延，使波洛失去耐心，最后不得不向他们妥协。

最后，在谈判风格上客人非常注重礼节，虽然波洛故意在他们很疲劳的情况下开始了谈判，但是他们仍然还是出现在了谈判桌前。他们善于用迂回曲折的方式陈述自己的意见，如果他们真的是不明白波洛在说什么的话，他们为什么不在波洛介绍的过程中提问，而是直到最后介绍完了才提问？

● 沟通协调

听完珍妮的介绍，波洛终于明白自己在什么地方出现了失误。他觉得自己要做的第一件事就是冷静地正视文化差异。自己在中国做生意，文化差异是客观存在的，所以要学着去适应出现的文化差异，正视文化差异，要超越排斥原则，对文化差异采取积极、真挚的接受态度而不是简单的漠视。

第二是要入乡随俗，不要用自己的标准去要求中国客户，以至于当对方行为与自己的行为不一致时就会很急躁。因此，为了能更好地驾驭谈判进程，自己必须认识到不同文化类型背景的客户在需求、动机、信念上的不同，学会了解、接受、尊重对方。

"这算是我交的一笔学费吧！"波洛耸耸肩，自嘲地对珍妮说。

三、管理方式的冲突

制度文化是制度理念、制度的价值取向、制度管理准则、制度执行的方式以及制度与物质形态等的总和。制度文化是企业文化的一部分，是企业在一定的经济文化环境和生产经营中运用制度进行管理实践形成的共识。

第四章 人际关系与沟通

西方注重法律、注重契约的观念渗透到社会的各个方面,宪法具有至高无上的地位。他们轻视权威和人情,认为遵守与个人地位或权威相联系的习惯就是对法制的挑战。西方人多具有强烈的法律赋予的权利意识。东方传统伦理思想所注重的则是人伦情谊关系,法律观念较西方人薄弱。中国人追求心理上的认同与和谐,对于法律、规则总觉得缺乏人情味。

西方文化强调理性的思维习惯和公平的意识,表现在企业经营、管理上则是企业制度的建立和完善。一方面,制度是理性思维的产物,是对经营、管理全面分析的结果;另一方面,因为有了制度,才有了客观、公正、可依据的标准。而东方文化的精髓是人治精神,重视人的作用、道德的作用,强调法律的情感因素,强调立法和司法都应当合乎"人情"。制度是死的,人是活的。遇到困难时,企业中的管理人员或员工常常想到的是怎么通过关系或熟人把问题解决,因此,人们孜孜不倦地建立个人关系网。

由于东西方文化传统的不同,人们对待契约的态度也大不相同,有的以规则为取向,而有的则以关系为取向。西方文化是契约文化,他们非常重视契约的准确性,合同事无巨细按照明细谈妥;也非常尊重契约的权威,一旦生效就会严格执行。可是在东方文化的传统中,对文本是大而化之的,合同只不过是谈判的开始,随着谈判的进行,合同是可以再进行更改的,生意最后的达成取决于双方之间关系的进展情况,更注重的是信誉。

案例分析

案例 1:七百多页的合同

● 事件背景

珍妮是美国施莫汽车配件(上海)公司总经理詹姆斯的秘书。詹姆斯刚上任不久,他来上海的一个主要目的就是在长三角地区寻找一个合作伙伴,生产汽车配件。经过几个月的努力,他终于在浙江嘉兴找到了一个他认为不错的伙伴。当他与对方把合作条款基本谈妥之后,公司总部的律师们也把合同文本准备好了,并在他们安排签约仪式前的一个星期把合同发了过来,合同总共超过了七百页。当他的合作伙伴看到那一大摞厚厚的合同时,他们全部惊呆了。对方只说了句"我们带回去先商量商量再说"就走了。

眼看要到举行合同签字仪式的时候了,可对方仍毫无动静。詹姆斯让珍妮打了几次电话,对方都说"还在研究之中"。

"这到底是怎么回事?"詹姆斯在办公室焦躁不安地问珍妮。

"可能是我们的合同太长了。"珍妮推测。

"合同太长有什么不好?!"詹姆斯不解地问。他认为双方的合作关系太复杂,合同要照顾到方方面面。他过去经常听说外企在中国投资时常因责权界定不清而生出许多是非来。现在辛苦些,明确双方的责权,可以为以后的合作奠定扎实的基础。

珍妮告诉詹姆斯,这里面有个文化差异的问题。

● 原因分析

在商业合作中,美中文化对待合同的态度是不一样的。对于美国人来说规则比关系重要,而对于中国人来说则正好相反。不同的文化有不同的解决问题的方式,而文化可分成普遍主义与特殊主义。美国文化属于普遍主义文化,在这种文化中,人们的行为都必须遵守规则，任何人在规则面前都是平等的，而且规则一经确立就不允许有违反的情况；而中国文化则是特殊主义文化。在这种文化中，人与人之间的关系比规则重要，他们判断行为的依据是现实的情况而不是规则。在谈判时，他们需要先了解对方，在信任的基础上进行合作。因此，双方对于合同的看法也有所不同。

在美国，冗长的合同是司空见惯的，合同的意义就在于规定双方所有的义务和责任。它既是双方同意合作的见证，也为以后任何违反行为提供判断标准。律师在谈判过程中起着重要作用，他们不仅要保证合同的法律效力，维护当事人的权利，也要提醒双方任何违约行为都是要付出沉重代价的。然而，对于中国人来说，合同远没有双方之间的信任关系那么重要。一叠厚厚的合同对他们来说意味着对方不信任他们之间的承诺，不相信他们会遵守约定，这些严格的合同条款也必然会妨碍双方良好合作关系的发展。

- 沟通协调

听完珍妮的分析，上司明白了对方迟迟不作答复的原因，于是第二天登门拜访。他向对方坦承自己的困境："美国总公司发来长达七百多页的合同，显然这在美国是通常的做法，但这并不是说我们不信任贵公司，这让我也很为难。"这样，他就得到了对方的谅解。对方反问他："您打算在这里呆多久？"他诚实而又聪明地回答："直到我们双方的合作成功。""那我们现在就签合同吧！"对方笑着说。

案例2：客户手册

- 事件背景

珍妮是美国加州精密仪器（中国）公司总经理约翰的秘书。约翰到上海不到两个星期，就与研发部副经理李飞发生了冲突，差一点"擦枪走火"。

事情是这样的，约翰上任后就对公司的工作流程和工作任务进行了分析，发现公司现在有些项目与公司的长期发展战略不符，比如，研发部副经理李飞正在做的一本客户手册，它与公司的战略没有什么关系，所以，约翰决定"砍"掉这个项目。李飞曾做了多年的客户服务，与许多大客户建立了良好的关系。为了满足客户的需求，他开始编写客户手册。本来打算写薄薄几页，没想到一发不可收拾，结果像一本大学教材了。这当然花了不少时间和金钱。因此，约翰让珍妮通知李飞立刻停止这个项目时，李飞一听火冒三丈，跑到约翰办公室来理论，在约翰的办公室两人最后差点拍桌打椅。

李飞出去之后，约翰非常沮丧。一方面，他不希望失去李飞，因为李飞对公司未来的发展很重要；另一方面，他需要维护自己的权威，而这是自己新官上任后作的第一个重要决定。看着事态的发展，珍妮找了一个空闲的时间谈了自己的看法。

- 原因分析

珍妮提醒约翰注意这场冲突背后隐含的文化背景差异。约翰作为新上任的总经理，希望在短时间里树立和维护其权威，这完全可以理解。但是，约翰也要考虑李飞的感受。由于李飞非常了解中国市场，编写客户手册将对维护发展客户关系，进而促进公司业务的发展有重要作用。这种做法既是李飞工作价值的体现，也是李飞奉行的为人准则的体现。如果约翰这么"砍"掉他的项目，会让李飞非常没面子。中国文化有个显著特点，那就是讲面子。面子事关一个人的尊严，而它既可以与工作有关，也可以与工作无关。所以，即使约翰是他的老板,他也会抗争。

约翰对珍妮说:"我做出取消他这个项目的决定纯粹是从公司战略出发,并没有什么私心,也没有与他李飞过不去的意思,我从来是对事不对人!"

珍妮告诉约翰,他这种做法恰好与中国文化里的人际关系原则相冲突,中国文化里渗透着很多"人情"等非制度性因素。因此,即使在外企里,中国员工的价值观也或多或少影响其中,李飞亦不例外。

● 沟通协调

看到约翰并不反感自己的"人情"理论,于是珍妮建议约翰重新考虑对李飞的处理。作为刚上任的总经理,约翰也有必要树立自己的权威,如果撤销自己刚做出的决定,会使他的权威受到置疑。但是,李飞是公司的资深员工,在工作中建立了许多良好的客户关系,如果约翰维持最初的决定,不顾及李飞的感受,这会让李飞丢失面子,挫伤他工作的积极性,也许会导致他辞职加入竞争对手公司,这将对公司的发展产生负面影响。因此,为了既能维护双方的面子,又能实施公司战略,珍妮建议约翰最好找李飞直接交流沟通,一方面为自己武断的决策道歉,另一方面征求李飞和其他同事的意见,再作决定。这样一来,上下级关系能更和谐,也不会让李飞对约翰产生偏见,双方之间的信任也能一步步地建立起来。

四、企业文化的冲突

企业文化冲突的最主要表现是刻守自我与消融自我,这一对差异在跨国公司刚进入中国时表现得最为明显。虽然文化是无形的,但是它却实实在在地影响着外企经营中的行为方式。母公司的企业文化是在它所在国的国家文化的大环境下发展培养起来的,因此当企业要进入不同文化背景的中国市场时,到底是坚持母公司的企业文化,还是入乡随俗,完全融入中国的企业文化,在中外管理人员之间必然会产生冲突。

案例分析

案例1:加班补贴

● 事件背景

珍妮是协奈玩具(东莞)公司总经理格林的秘书。格林上任不久,就迎来了圣诞节的供货高潮。车间工人每天都加班,而且干劲十足。他发现工人们之所以喜欢加班,是因为工厂给工人发放了数目不小的加班补贴。根据在美国的母公司的规定,人事部门应每半年发放一次奖金,不能发加班补贴。发加班补贴是自己的前任、香港人吉米·刘制定的"土政策"。不仅如此,格林还发现公司的许多规章制度基本上是摆设,很多事是几个核心员工说了算,人治情况严重,到处都是吉米·刘留下的阴影。于是,格林准备采取雷厉风行的措施来改变这种状况,第一步就是取消加班补贴。但就在第二天,有三分之一的工人请病假,有好几条生产线停了下来。这一下格林就急了,圣诞节订单是公司主要利润来源。格林一筹莫展,他不知道为什么会出现这么糟糕的局面……

珍妮也曾给吉米·刘当过秘书,她对这一切都看在眼里。她找了个机会向格林谈了对

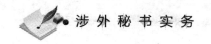

目前工人"怠工"的看法。

● 原因分析

珍妮认为当前的困境实际上是由不同的企业文化形成冲突造成的。格林刚从美国来到公司,在管理中自然信奉刚性的企业文化,如注重制度标准化、客观、分析、控制、注重业绩以及个人的成就感,更加自信。因此,格林可能会倾听并采纳员工们的合理意见,但未必会认同员工们非正式组织的决策权力;在工作时间和奖励方面,格林可能会更加注重工作的效率,强调公司的制度,在业绩方面要求更加严格。

而中国企业文化以柔性为主,一般来说,人们倾向于总体的、灵活的、模糊的思考方式,侧重于良好的合作关系。在过去长期的合作中,尽管吉米·刘是总经理,曾领导公司创造了优秀的业绩;但在实际工作中,他倚重的是员工们无形之中组成的团队,这些非正式团队内部的和谐与默契使他们对工作中的一些重要决策起着决定性作用;正是因为吉米·刘信奉这种"情治"理念,才保证了公司员工的士气。现在格林要强行推广"法制"管理理念,自然会遭到"抵抗"。

● 沟通协调

珍妮建议格林加强与员工沟通,在必要的情况下做些让步,一是市场压力巨大,二是在公司中国开展业务,中国员工是企业生存和发展的核心,必须保证员工有高昂的士气。也只有这样,公司才能在不同的企业文化环境中实现良性发展。

"那我现在到底应该怎么做?"格林问珍妮。

珍妮建议格林抽时间尽快探望"病人",给足他们面子……

案例2:安排富余员工

● 事件背景

珍妮是北方仪表(温州)公司总经理汉高的秘书。汉高上任不久,公司就调整了公司发展战略,决定撤销表盘研发部,原来二十多名员工中,一部分员工主动离职,一部分员工被其他部门吸收,最后还有5名员工的去处落实不了。这天,人力资源部经理把这事汇报给汉高,汉高不以为然:"公司没有考虑给这5名员工发放遣散费,与其解除合同吗?"人力资源部经理苦笑着说,主动解除与这5名员工的合同不是那么好办。

人力资源部经理出去之后,汉高问珍妮解除与员工的合同有什么困难,珍妮说这里不仅有政府政策方面的原因,也有不同企业文化的原因。

● 原因分析

在中国企业中,人际关系非常重要,企业多提倡以公司为家,员工也多把企业当成家。"家"是中国的基本文化概念,而公司企业只是"家"的放大体。公司的经营管理者在这个"家"中扮演的是家长的角色。这样,教育对企业来说是必要而且也是可行的,可以说企业对员工实施教育成为一项经营内容,因此,只要员工本人没犯什么错误,公司就不应把他赶出"家"门,否则就会让其他人心寒。

● 沟通协调

汉高明白了珍妮所说的意思,于是采纳了她的意见,对那几个员工进行培训,培训之后到仓储部上班。三个月之后,仓储部经理向汉高抱怨说,尽管进行了许多培训和教育,一名被分配到仓储部的员工不安心库管工作,经常惹是非,导致客户投诉,希望公司另行分配。已熟悉中国企业管理文化的汉高自信地回答"那只是下策,再给他一个月"。果然,不到一个月,那名员工实在无法忍受周围员工的冷眼和仓储部经理的训斥,自己提出了辞职。

五、言语行为的冲突

人们的一举一动、一言一行都不自觉地反映和传递着行为习俗文化,例如人们怎样支配时间、怎样摆放桌椅、怎样与人交谈和怎样穿着等都体现着不同的民族文化,是不同价值观念和思维方式的外在体现。但是,不同文化在言行方面的差异最显而易见却又最容易被人忽略和误解。不同的文化养成了不同的习俗和行为方式,在一个文化中被普遍接受的做法可能在另一文化中让人无法忍受和理解。在外企中,由于中方或外方人员的不适当的行为举止给外方或中方人员留下不好的印象而导致冲突的例子屡见不鲜。

语言文化分为高语境文化和低语境文化。低语境文化主要依靠含义明确的语言来传达意思,大量的信息都通过语言明确地传达,只有少量的信息需要人们根据环境揣摩,一个人认为的常识需要详细地向另外一个人做出解释;而高语境文化非常注重语言所使用的语境,可以说语言表达的意思主要依靠所在的语境来决定。这就意味着,在高语境文化中人们对微妙的信息比较敏感。

"高语境"与"低语境"言语风格可分为:间接的与直接的,简洁的与详尽的,环境的与个人的,情感的与工具的。一般来说,中国文化是一种高语境传播,因为信息更多存在于文化的内涵之中,很少存在于清晰的语句中。中国人一般也不倾向于用语言直接表达自己的情感,讲究含蓄。而西方人通常说话都相对清晰明了,讲究准确无误,力求避免误会。这些文化差异反映在多种言语行为方面,如问候、介绍、称赞、致谢、致歉、话题、邀请、约会、告别等。

1. 直率与委婉

语言表达方式受民族文化传统的制约,直率表达和委婉表达在不同的文化里都有其积极意义。直率表达方式体现了人类言谈的最高效率,减少对话双方的误解;委婉表达方式则注重礼貌,掩盖真实情绪或激发言外之意。东方人很少直接、明确地拒绝别人,交流方式注重委婉,情感含蓄,看重面子和人际关系。而西方人直率的交流方法情感外露,直截了当,讲究办事效率。因此,在企业管理过程中,这两种不同的表达方式经常会引发冲突,让中外管理人员陷入尴尬,不知所措,产生误会。

2. 正式与非正式

东、西方在礼仪方面有很大的差异。西方人总觉得东方人嘴里说"不"的时候心里反而是说"是",而东方人觉得西方人往往太冲了,不懂得谦虚;西方人认为东方人事事讲究人情,效率不高,而东方人觉得西方人刻板、僵硬、不会变通;西方人觉得东方人不懂得注意他人权利,公共场合大声说话,而东方人觉得西方人冷漠、无情。例如西方人都比较喜欢打官司,依靠法庭的判决来解决冲突和争执,他们相信法律和制度的力量,相信正是清晰详细的制度管理避免了不必要的争端,节约了大量的时间,并使日常的工作变得确定和可靠;而东方文化往往不十分看重这种书面的正式的规定,而是更看重人的灵活性,依赖于不同人对规定的解

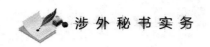

释,因此规定里也留有任人发挥的空间。

在企业运行过程中,正式的沟通管理通常会有详尽和明确的管理章程,强调照章办事;而非正式的内管理则通常会凸显个人的作用,不强调统一的模式。

 案例分析

案例1:答非所问

● 事件背景

珍妮是美国VH化工仪器(北京)公司人力资源经理彼特的助理。这天,彼特让珍妮打电话把市场部滕飞叫到他的办公室来。彼特认为滕飞是一位具有发展潜力的员工,所以想听听他对自己今后五年的职业发展规划以及期望达到的位置。但是,滕飞在交流过程中一直没有正面回答彼特的问题,他总是在谈论公司未来的发展方向以及目前他本人在市场部的位置等等。2个小时过去了,彼特一直没有从滕飞那里得到他所想要的答案,谈话就这样不了了之。滕飞走后,彼特大惑不解,问珍妮,滕飞为什么答非所问,驴头不对马嘴,这个人是不是太虚伪。

珍妮告诉彼特,这个问题是双方之间不同的沟通方式引起了隔阂,体现了不同文化之间的冲突。

● 原因分析

中美两国在人际交流方式上存在巨大差异。这种文化差异体现在中国文化注重维护群体和谐的人际交流环境,而美国文化则注重创造一个强调坚持个性的人际交流环境。

滕飞的这种回答是标准式的中国回答。尽管滕飞可能心里对未来有着宏伟的蓝图,但他克制了自己的情绪和情感,因为直截了当地说出自己的薪水目标或是职位目标会被认为是有野心的表现。因此,他在回答彼特的问题时,只谈与公司未来发展有关的事,在他看来,自己这是谦虚的表现,并且认为将自己的未来与公司的未来紧密相连有利于保持公司的和谐。

中国人在评价一个人时,往往是看他究竟做了什么,而不是看他说了什么。不论他把自己的理想、抱负描绘得何等宏伟,也不论他把自己的能力、素质说得如何天花乱坠,如果最后他做不到,这一切都只能成为别人的笑柄。如果滕飞从正面直接回答彼特的问题:"……我想在五年之内做到市场部总监的职位。"那他就违反了中国人一向谦虚、委婉的心理习惯;回答太直接会暴露出自己很有野心并高傲自大的缺点,而谦虚可以给自己留有后路,万一做不到那个理想的位子,也不至于丢面子,被人笑话。

美国人注重个人通过施展才华和努力来取得个人的成功,这是美国一贯提倡的个人主义的精髓。他们重独立、多坦率,等级和身份观念较淡薄,提倡大胆直接表露自己想法,因而他们把中国式的重礼仪、身份和多委婉视为假装和缺乏真诚。因此,彼特认为滕飞应直截了当地说出自己的期望和要求,这是真诚和自信的表现,它将有利于滕飞实现人生的成功。

● 沟通协调

通过珍妮的解释,彼特也终于意识到,既然身处于一个国际化的大公司里,必然会面对有着不同文化背景的员工,因此,面对因文化背景不同而发生的冲突应多一些宽容和耐心。

意识到这种文化背景造成的沟通障碍及对工作的影响后,彼特接受了珍妮的建议,准备换一种方式与滕飞沟通。珍妮在了解了彼特的意思之后,也与滕飞进行了一次交流,告诉他彼特的工作方式和彼特的目的,让滕飞事先有个心理准备。

案例2:带着微笑的道歉

● 事件背景

珍妮是美国泰罗仪器(北京)公司销售总监麦克的秘书。这天上午麦克正闷闷不乐,因为前些天在济南的一次投标中,公司销售部的业务员粗心大意,让投标书出现了笔误,使一个原本十拿九稳的大订单被竞争对手抢走了。这时,销售部的"肇事者"王军打电话给珍妮,要求当面向麦克道歉。麦克同意后,王军来到了麦克办公室,他面带微笑地对麦克说:"麦克,我对自己给公司带来的损失感到非常难过,我是来为自己犯的错误来道歉的,我保证下次不会再发生这样的事了!"王军一边说,一边看着麦克,脸上始终带着微笑。

麦克觉得自己很难接受王军的这种道歉。他看着王军,问道:"你确认你真的道歉吗?"

"是的,我很抱歉,保证下次不再犯这种错误了!"王军脸上的笑容更加明显了。

"对不起,我实在无法接受你的这种道歉!你看上去一点歉意也没有!"

王军的脸变得通红,他万万没想到麦克会是这样的反应。他急切地解释说:"麦克,"边说边努力挤出一些笑容,"请相信我,对这件事我真的很抱歉。"

麦克到现在几乎要大发雷霆了:"如果你真想道歉,那你怎么还笑得出来?!出去吧!"

王军羞愧难当地出去了,可麦克仍然心中怒火难消:"道歉的时候还能笑得出来,真是难以想象!"

很显然,这是由于肢体语言使用的文化差异而导致的误解。珍妮觉得自己作为助手,有必要帮麦克消除这种误会。

● 原因分析

不同文化对于微笑的理解是不同的,尤其是在道歉这种特殊的语境下。在我们中国文化中,微笑是最常用的一种肢体语言,它一般传达的是愉悦和友好的感情,可以表示欢迎、原谅、赞同、没有敌意。

对王军来说,微笑不仅仅只是快乐和友好的表示,也传递道歉与谅解的信息。同时,由于王军习惯用面部来遮掩感情,也有借微笑掩饰自己的不安和歉疚的习惯。因此,王军向麦克道歉时,尽力微笑着说话以显示礼貌和诚意。

对于一般美国人来说,王军这种做法很难被接受。微笑削弱了道歉的诚意。美国人强调真实直接地表达情感,强调内心感情与外在表现的统一。所以,他们认为当一个人内心感到愧疚而致歉时,是不可能面带笑容的,否则只能说明道歉没有诚意。因此,他认为王军在道歉时还能微笑,那就说明他不尊重自己,是缺乏诚意的表现。

● 沟通协调

听珍妮这么解释,麦克终于明白了王军微笑的含义,于是他不无自嘲地说"是的,笑比哭好"。事后,珍妮又找机会与王军进行了沟通,因为王军一直未意识到他与麦克之间的沟通是因为错误使用肢体语言而产生了障碍,而只是认为麦克是一个骄横的外国上司。

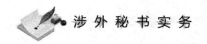

六、非言语行为的冲突

非言语交流是指通过语言以外的方式传达意思的交流,它包括面部表情、肢体语言、时间和空间的利用等。相对于语言来说,非言语交流更加丰富、细微而不易察觉。非言语交流可分为两大类:一是由身体发出的(如面部表情、眼神、体触、副语言等),另一类是人与环境相结合产生的(如空间距离、时间观念等)。在非言语交流方面,东、西方观念的差异最典型的是表现在对待时间和空间的态度上。

1. 多时制与单时制

所谓多时制,是人们将时间看成是可以伸缩的,认为很多事情可以同时出现,事件的完成不必受日程和计划的限制,有很大的灵活性;而单时制则重视计划和安排,时间分段,强调在特定时间内做特定的事,行事果断干脆,把时间看成是可以分割的一条直线。

外企中的外籍管理人员习惯于分析性思维,因而倾向于采用单时制,往往在特定单位时间内只做某件特定的事,做事周密、严谨、讲究计划。而很多中方管理人员比较注重人情,且思维注重整体,因而习惯于多时制,他们处理时间比较灵活,做事一般不会严格按照计划,而是审时度势,依照当时的情形做出决定。

2. 公共空间与私人空间

不同的文化对私人空间和公共空间有着不同的界定。在许多中方管理人员看来,公司实际上就是个大家庭,每个人办公室的门最好都打开,只要有事任何员工都可以随意进出。他们认为既然是一家人,就没有必要遮遮掩掩的,如果经常关着门,就会被人认为是有些不可告人的秘密。而且在自己的办公室里,他们的举止通常就会比较随意,不拘小节,往往视办公室为"公共空间"。而外籍管理人员则习惯将办公室视为"私人空间",未经允许其他员工不得随意进入;同时,即使在办公室里,他们也十分注重举止的得体。

 **案例分析**

案例1:热情的主人

● 事件背景

珍妮是美国加州食品(中国)公司总经理奥尼尔的秘书。奥尼尔上任不到一个月,就带着珍妮和律师乔治·李到盛产土豆的西北某市洽谈合作的事。

为了迎接奥尼尔一行,合作方天泉公司总经理胡志强他们驱车两百多公里到省会来接机。到了下榻的宾馆,胡总对奥尼尔先生说:"您旅途劳累了,先休息休息。"

奥尼尔先生听了有些不解,但是他也没有太在意。晚上,胡总安排了丰盛的宴席为客人接风。奥尼尔先生对一顿饭有那么多菜感到迷惑,于是说道:"这么多菜我们一次吃不完。"但是胡总答道:"招待不周,请多见谅。"奥尼尔先生吃惊地说:"谁说中国穷了?"于是他认为胡总是个虚伪的人,因为他竟然为如此丰盛的宴席道歉说"招待不周"。

第二天，奥尼尔就急不可待地要开始谈判。胡总笑道："不着急，您看，你们是第一次到我们这里来，一定要先在我们市转转。玩得开心，然后我们再静下心来谈工作，您说是不是？"

这时，奥尼尔有点不高兴了："如果不合作，我们千里迢迢从上海来这里做什么？"

"我知道你们是来合作的，但是我们同样也要让你们玩得开心，不是吗？晚几天也无妨嘛。"

"生意是生意，我很感激您的好意，但是我们来这里不是为了我们自己玩，而是为了公司的生意。"

胡总有些尴尬，但是还是同意开始谈判。在谈判进程中，奥尼尔先生提出了一些条款，但是胡总都经常这样回答："我能理解，但是还有不少问题，这很复杂。"

奥尼尔先生追问道："那问题在哪儿？"胡总感到很尴尬，开始沉默不语。

最后，奥尼尔先生再也控制不住自己的情绪："我想你们公司根本没有诚意与我们合作。"

胡总也很生气，但他只说道："别生气，我们确实想与贵公司合作，但是您看一些事情很复杂。"

胡总的含糊其辞，奥尼尔听了更生气："那好，等你们的事情变得简单之后我们再谈。"说着，一行三人回到了宾馆。回到宾馆后，奥尼尔让珍妮马上安排回上海。

待奥尼尔情绪稍微平静之后，珍妮对他谈了自己的看法。珍妮认为，胡总他们的确办事拖沓、关系复杂、喜欢绕弯子等，但今天的矛盾更多的是由中美两国不同商业文化差异造成的。

● 原因分析

美国的商业文化是任务导向型，在美国文化中，因果思维占有主导地位。美国人在商务活动中首先是识别所要达到的目标，然后制定一个战略去实现它，并且在任务的过程中，随时监测进展状况，以清楚地知道项目的完成情况。奥尼尔等人只将此行看成是单纯的商务活动，完成合作谈判的相关事宜是首要大事，因此在胡总盛情款待他们并为其安排了参观市区等娱乐活动时表现出不耐烦和疑惑，指出他们是为公司来出差的而不是旅行休假，并问胡总何时能开始谈判。当奥尼尔提出一些条款而胡总表示不能立即给出答复时，奥尼尔便认为对方根本没有诚意与自己合作，因为这样的不确定性增加了完成任务的时间和成本。

中国的商业文化是关系导向型，这种文化认为建立良好的关系是商业合作中最重要的环节，这种良好的互信关系可以确保合作取得预期的结果；双方之所以能顺利签署合同是因为先前建立了良好的关系，只有这种关系才能确保合同的履行。关系导向型文化不怎么看重结果本身，而是实现目标的方法。胡总为与奥尼尔建立起互信关系，付出了大量精力、时间和财力，如驱车几百公里专程接机、精心准备欢迎宴席、安排参观等娱乐活动等。他之所以想建立起良好的关系，就是为以后双方深入合作做好铺垫。

现在这种僵局的出现，就是因为奥尼尔不了解中国这种关系导向型谈判风格，而胡总也不了解美国式的任务导向型谈判风格。

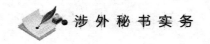

● 沟通协调

听完珍妮的分析,奥尼尔先生有些懊悔,觉得自己应该放下架子,不能总以美国文化为中心,至少在中国做生意时了解一些中国的商业文化。

"那下一步我们该怎么办?"奥尼尔问珍妮。

珍妮笑笑说:"很好办。我马上代表您邀请胡总他们来共进晚餐。"

"他们会来吗?"奥尼尔有些不放心。

"没问题,一切尽在不言中!"珍妮回答。

案例2:生活作风问题

● 事件背景

珍妮是美国莫尔模具(沈阳)公司总经理斯迈尔的秘书。斯迈尔来中国快一年了,公司运转良好。这些天,公司有人在议论销售部经理龙涛与业务员小芸关系暧昧。虽然这事也传到了斯迈尔的耳朵里,但他没有把它当回事。但是,有一天有人到斯迈尔这里来告状,说龙涛"不像话,把销售部搞得乌烟瘴气"。斯迈尔一看销售报表,销售额并没有出现异常,便要求对方提供证据。对方也说不上什么具体事实,只好说是自己的"感觉"。

对方出去之后,斯迈尔对珍妮说:"真是狗抓耗子多管闲事。"

"斯迈尔,我觉得要防患于未然,最好还是给龙涛提个醒。"

"你是让我去干涉龙涛的私生活?"斯迈尔觉得简直可笑。

珍妮告诉斯迈尔,在中国这样的企业文化中,"自己的私事"与"别人的事情"之间并没有明显的界限,人们对别人的生活比较感兴趣。

● 原因分析

在美国文化中,工作是工作,私生活是私生活,这两者分得很清楚。虽然人们都应该注意自己的道德作风,但在衡量领导者时都把道德标准放在了一边。因此,一般的公司员工对公司高管人员的道德水准要求并不高。

但是在中国,不管是在工作还是生活中,人们要求领导者都能以身作则。衡量一个领导者是否合格有三个标准:工作能力、与下属的关系以及个人的道德水准。前两项与美国文化不谋而合,但在道德水准方面的要求两种文化迥然不同。公司管理人员应该按照较高的道德标准要求自己,一旦员工发现他们的生活作风有问题,便会进一步怀疑到他的领导能力。一些在美国人看来比较私人的事情,在中国则有可能成为大伙议论的话题。因此,龙涛与小芸之间的暧昧关系不能仅仅看做是他俩的私事。他俩已遭到了同事们的非议,就说明龙涛在下属中的威信开始下降,因此,公司有必要提醒龙涛。

● 沟通协调

"我提醒他注意什么?"斯迈尔总算明白工作与私生活之间的关系了。

"你只要对他说'今后注意一点',他自然就会明白自己该注意什么。"珍妮说。

第八节 秘书的情商

一、情商的基本内容

（一）情商的含义

情商是指人对自己的情感、情绪的控制管理能力和在社会人际关系中的交往、调节能力。

20世纪90年代初期，美国耶鲁大学的心理学家彼得·萨洛韦和纽罕布什大学的约翰·迈耶提出了情绪智能、情绪商数概念。在他们看来，一个人在社会上要获得成功，起主要作用的不是智力因素，而是他们所说的情绪智能，前者仅占20%，后者占80%。1995年，美国哈佛大学心理学教授丹尼尔·戈尔曼提出了"情商"（EQ）的概念，认为"情商"是一个人重要的生存能力，是一种发掘情感潜能、运用情感能力、影响生活各个层面和人生未来的关键品质因素。戈尔曼认为，在成功的要素中，智力因素是重要的，但更为重要的是情感因素。

相对于智商而言，情商更能决定人的成功和命运。丹尼尔·戈尔曼在其所著的《情感智商》一书中说："情商高者，指能清醒了解并把握自己的情感，敏锐感受并有效反馈他人情绪变化的人，在生活各个层面都占尽优势。情商决定了我们怎样才能充分而又完善地发挥我们所拥有的各种能力，包括我们的天赋能力。"可见，戈尔曼所偏重的是日常生活中所强调的自知、自控、热情、坚持、社交技巧等心理品质。

（二）情商的构成

1. 识别自己与对方感情的能力

这种能力能清楚地知道自己正在被一种什么样的感情支配着，或者通过表情、声音、姿势等肢体语言读懂对方的感情处于什么样的状态。它包括四个方面：识别自己的感情，识别对方的感情，正确地表达感情，以及区分正确的感情和不正确的感情。

正确识别感情的能力是情商发挥作用的最基本表现。因为只有了解了自己和对方现场是一种怎么样的感情，才能根据双方的感情需求采取恰当的行动。

2. 利用自己与对方感情的能力

这种能力就是在采取某种行动时将自己的感情保持在与之相适应的状态。它包括通过思考保持最适当的心态；通过正确的判断使双方的感情产生共鸣，同受鼓励；以及能敏锐地发现感情的微妙变化而使之发生变化。

例如,秘书在参加公司制订新年工作计划会议时,各个部门的经理摩拳擦掌,充满期待。在这种场合,与那种前怕狼后怕虎、顾虑重重的灰暗心情相比,更需要秘书有一种畅所欲言、跃跃欲试的明快的心情,因为只有保持这种正面乐观的心情,秘书才能灵感洋溢,产生新的"点子"。像这样,如果秘书了解了自己面临的状况,就会有意识地保持一种与之相适应的心情,这就可以称之为"感情的利用"。

3. 感情的理解能力

"感情的理解"是一种能与对方感情相通的能力。其概念说起来比较抽象,不太好理解,来看一些日常工作中的例子。

例如,秘书在工作中遭遇严重的挫折之后,应该保持一种怎样的心态呢?有些秘书可能会感到非常失落或是悲哀,有些甚至会从此失去自信。即使遭遇了同样的工作失误,不同的秘书也会表现出不同的心态。像这样能从不同的角度理解各种不同的心态,就是"感情的理解"。感情的理解具体表现为:能理解各种感情的意义,了解它们之间的关系,在传递感情时能解释它们的意义,能理解各种复杂的感情,以及能理解感情的推移。

"感情的理解"能力低的人思考问题的方法非常片面,不去了解事情发生背后的真实原因。比如,张三工作出现了失误,李四好心好意去安慰他,结果张三不仅不领李四的情,反而认为李四是幸灾乐祸甚至别有居心。好心之所以被当作驴肝肺,就是因为李四没去了解张三失误的真正原因,不理解其当时的心态,只认为失误的人一定就需要安慰。

秘书按照上司的指示起草好了会议文件,只是不注意将一个句号打成了逗号。上司发现后朝其大发雷霆。为什么为了这么一点小事上司就大发脾气呢?在这种情况下,发挥情商中的"感情的理解"能力就非常重要。

4. 调整自己与对方感情的能力

"感情的调整"就是在完全理解对方感情的基础上,利用这种感情来解决问题的能力。如何理解这种能力,不妨先看一个具体的事例。

珍妮是前年大学毕业来到某外企行政部的,工作还不满两年。这天上午她来到上司麦克的办公室,提出要辞职,理由是加班太多,无法适应。麦克知道珍妮是一个工作能力不错、同事评价也很好的员工,因此,他是不希望她辞职的。

因此,麦克在听珍妮叙述自己要辞职的理由时,开始利用情商中"感情的识别"和"感情的利用"能力收集珍妮辞职真实意图的信息。他得出的结论是:珍妮虽然不满公司加班太多,但其辞职的真正原因是她总感觉自己在"打杂",特别是一些老员工有什么杂事就交给她,使她缺乏一种成就感。这个时候麦克要通过"感情的理解",找到一种方法让珍妮打消辞职的念头,为公司保留一个优秀的员工,于是,他决定利用"感情的调整"来解决这个问题。

由此可以看出,如果不能正确地进行"感情的识别",就不能正确地进行"感情的调整"。

此外,"感情的调整"还包含这样一种能力:无论面对的是一种什么样的感情,都能接受它,并在理解的基础上选择最合适的方式采取相应的行动,以取得最大的效果。

例如,一个别有用心的同事故意在其他同事面前无中生有说玛丽的坏话,以便激怒她。玛丽知道后非常生气,这是很正常的。但是,玛丽并没有上当,由于发挥了"感情的调整"能力,使玛丽认识到,生气不仅不能解决问题,反而会使自己不冷静,失去判断力,更容易让其他同事认为那人说的是真的,这无异于火上浇油。

二、情商对于秘书的意义

1. 认识自身情绪

认识自身情绪的本质是情商的基石,这种随时随地认识自己情绪的能力,对了解自己非常重要。不了解自身真实感受的人势必沦为情绪的奴隶,反之,掌握情绪才能成为工作的主宰,面对各种抉择方能妥善处理。在日常工作中,秘书不仅要随时把握好自己的情绪,而且对自己周围的人的情绪,特别是上司的情绪有很清晰的了解,只有这样,才能保证彼此处于一种和谐的状态,保证工作的顺利进行。

2. 妥善管理情绪

情绪管理必须建立在自我认知的基础上。如何自我安慰,摆脱焦虑、灰暗或不安的情绪,对于那些情商较高的人来说,他们能很快驱散自己内心的负面情绪,振作精神,而情商能力匮乏的人则常常在负面情绪中挣扎。秘书在日常工作中出差错是难免的,也经常会受到上司莫名其妙的批评,因此在心里出现一些负面情绪是正常的。但是,情商较高的秘书自己能把握并影响情绪的变化,始终保持理智,避免感情用事。

3. 自我激励

保持高度热忱是一切成就的动力,能够自我激励的人做任何事情都具有较高的效率。只有内心涌动着激情,才能坚持不懈并高效地完成自己的工作。对于秘书而言,自我激励非常重要。秘书的日常工作大多很烦琐,如果缺乏自我激励的精神,就看不见自己工作的价值和自己的进步,因此,情商较高的秘书善于自我激励并保持高度热忱,能够使自己满怀信心地工作。

4. 了解他人的情绪

如果秘书对他人的感受熟视无睹,那她就很难得到对方的配合与支持。对于秘书而言,必须能从上司表情上细微的变化察觉其工作需求,进而根据其需求提供协助。秘书在与周围的人交往的过程中,了解他人的情绪并顺应他人的情绪,对构筑良好的人际关系极为重要,而换位思考是了解他人情绪的基本技巧。

5. 善于处理人际关系

人际关系管理是管理他人情绪的艺术。它要求个人能在了解他人情绪的基础上,采取相应措施,与他人建立并维系良好关系。一个秘书的人缘、亲和力、人际关系的和谐程度都与这种能力有关,充分掌握这种能力的秘书往往是那些优秀的职业秘书。

三、提高情商

第一步:"读"懂对方的感情和认识自己的感情。

一天,秘书小李的上司(公司 CEO)把她叫到了他的办公室。他问小李:"你负责起草的公司明年的工作计划写得怎么样了?"

小李看着上司,他既不是笑容满面,也不是乌云满天,脸上毫无表情。由于上司毫无表情,所以小李在心里琢磨:他问我这个问题到底是什么心情和意图:

"他是对自己目前工作的进展不满意,打算换别人来做吗?"
"他是因为我工作进展顺利,所以要来表扬我吗?"
"他叫我来汇报,肯定是催我加快进度!"
"看来他还是讨厌我这个人!"
……

如果小李能正确了解上司此时的情感和意图,那她就能选择合适的方式回答上司的问题。

自己现在是一种怎样的心情?是高兴还是悲哀?是郁闷还是气愤……了解自己的情绪是熟练地发挥情商能力的第一步,它对"读"别人的感情也很重要。

如果上司对秘书沉默不语,那实际上也是一种"语言",也在表达他的感情。如果秘书不擅长"读"这种感情,或者不太会把握自己的感情,那不妨进行下面几种练习。

(1) 看无声电影。用光盘(或网上下载)放电影,将声音彻底关闭。这样,根据主人公的眼神、手势和表情,推测他们当时是一种什么样的感情状态。

(2) 看小说。试着从主人公的对话中推测他们是一种什么样的感情状态。

(3) 扪心自问。问自己现在到底是一种什么样的心情。

(4) 照镜子。检查自己的表情,看自己是否有不高兴的表情等。

第二步:利用自己的感情与对方产生感情共鸣。

上司问小李明年的工作计划写得怎样了,小李认为这是上司生气了的表现。为了能与上司产生感情的共鸣,小李就要想办法将自己的感情疏导到上司所想的那个方向去。上司生气到了什么程度,他为什么要生气,如果小李了解了这些情况,就能理解上司现在的心情,从而产生共鸣。也可以这么说,为了不让上司继续生气,小李就要适当控制一下自己的情绪。

所谓感情的利用和共鸣,就是为了实现某种目标而调动自己的感情。也就是说,为了达到某种目标,采取一些相应的行动,调节自己的感情。例如一些优秀的运动员在比赛前习惯通过听音乐来调节自己过于紧张兴奋的情绪。当然,也可以利用自己丰富的想象力达到某种情境,以提高自己感情的利用与对方达到感情共鸣的能力。为了提高自己这方面的能力,可以反复做以下练习。

(1) 听音乐。比如听《梁祝》,想象音乐所描绘的情景或所表达的感情。

(2) 在日常工作中注意观察上司和自己的感情表现。

(3) 在自己感到工作压力较大的时候,听一些自己喜欢的音乐,或到郊外远足,一个人静静地冥想。

第三步:理解感情。

在考虑如何解释那些自己没有做好的事情的时候,应该控制好自己的情绪,并根据对方情绪的变化及时调整自己的表达方式。比如,当小李确认上司问自己明年的工作计划写得怎么样了,实际上就是表达对自己工作拖拉而不满意时,小李最好这么回答上司:"对不起!这次未能按时完成起草明年的工作计划,是我的责任。"或者"未能按时完成明年的工作计划责任在我。请再给我一星期的时间,我一定圆满完成明年工作计划的起草任务!"

不管什么人,挨了批评后心里肯定不痛快。但是,如果秘书挨了上司批评就把不痛快的情绪挂到脸上,那就会使现场的气氛更加恶化。当然,最坏的情况是秘书控制不住自己的情绪与上司顶嘴吵架。

批评过后,上司问秘书:"你还有什么要说的?"

秘书这么回答:"老板您都这么说了,我还能说什么?!"

这种回答与其说秘书是在"认错",还不如说是在向上司"挑衅"。

相反,如果工作中出现了一些让人高兴的事,而秘书兴奋过头了,那就有可能引起其周围人的不满,甚至有可能引起一些人的嫉妒。

小李工作勤勤恳恳,任劳任怨,上司在年底工作大会上突然宣布除了发给小李一笔额外的奖金外,还让小李到公司总部巴黎"进修"半个月,在那里过圣诞节。当时小李听到这意外惊喜的消息时,大声地表示感谢:"老板,我非常感谢您,我真是高兴极了!"如果小李心里只想到感谢给她发红包的上司一个人,那就有可能引起其他在场同事的不爽。他们可能会这么想:

"怎么好事都让这丫头一个人碰上了……"

"这丫头究竟用什么方法把老板给迷住了……"

如果不注意自己的言行,就会引起周围人的敌意,这样,在今后的工作中不仅很难得到别人的支持配合,反而会遭到许多刁难。总而言之,如果不理解自己的言行和态度对周围人的感情造成一种怎样的影响,那今后的工作就难做了。

如果能理解自己和对方为什么产生这样的感情,那就会知道这种感情会发生什么样的变化,从而采取相应的对策。为了提高自己理解感情的能力,在平时应注意以下两点。

(1)理解人的感情变化是有一定规律的。例如,人在郁闷的时候说话是一种什么方式,感情会朝着什么方向变化等。

(2)在增加关于感情方面的知识的同时,注意提高自己的语言表达能力。例如,自己现在为什么生气?这是一种什么样的生气?在这种生气中,是否掺杂了对自己行为的悔恨?是不是悔恨自己对对方太刻薄了……准确地表达自己的感情,是构筑良好的人际关系的基础。

第四步:调整自己的感情和与他人的关系。

为了能达到既定的目标,与对方建立良好的人际关系,就要学会调整自己和对方的感情。

例如,秘书为了取得上司的信赖,在与上司的工作过程中,就需要严格控制自己的感情,既不要过于谨小慎微,又不能阿谀奉承,因为这些行为只能让上司感觉不舒服,甚至产生反感。

当秘书受到上司的批评时,秘书一定要注意自己的态度。如果上司朝秘书发火,秘书却用这样的方式来调整上司的感情:"不管怎样,您先别发火呀!"或"您这个样子,我真不好说什么。"那只能是火上浇油。

情商不高的人一旦遇到意外事件,就不能冷静地思考问题,喜欢发火,因而对周围的人具有很强的攻击性。而且,由于社会经验不足,他们也经常做出一些不恰当的行为。

不擅长调整感情的秘书大多认为在工作中不能掺杂个人的感情,应当"公事公办",因此,在处理工作时,他们往往只注重工作的结果,而不注意这种结果对其他人的感情造成的影响。这就是情商不高的表现。秘书在日常工作中,在处理每一项工作时,应尽可能地照顾每一个与此相关的人的"感情"。例如,在做出处理之前,问对方是怎么想的,有什么样的感觉等,这样,就能在了解了对方感情的基础上来做出判断和决策。

情商高的秘书不仅能注意到周围的人的感情,而且还要容纳他们的感情,使自己做到"心平气和"。要让自己能在工作中做到心平气和,就要学会把握、利用和控制自己的感情,这对于建立良好的人际关系非常有益。为了提高调整感情的能力,可以多进行一些以下的训练。

(1) 说话尽量明快,少拐弯抹角。
(2) 每天睡前回忆一下自己当天的行为是否恰当(每天只需5分钟即可)。
(3) 在向同事征求意见之前,先检查一下自己是抱着怎样的一种心态与对方沟通。

一般来说,只要按上述四个步骤训练自己,秘书的情商就会逐步得到提高。当然,情商能力的发挥往往是在无意识之中,而且,这四个步骤是一气呵成的。

 **案例分析**

案例1:客户怒气冲冲找上司

丽莎是通用机械(沈阳)公司销售部经理的秘书。这天丽莎的上司去哈尔滨出差了,上午10点左右丽莎接到长春一个客户打来的电话,对方怒气冲冲地说产品出了质量问题,要与丽莎的上司直接通电话。上司今天回不来,具体负责与对方签合同的业务员彼特正好在办公室。丽莎在向对方道歉说上司真的不在家之后,接下来应该怎么说?下面有5个选项:

(1) 上司出差了,今天回不来。如果是合同上的事,让具体负责业务的彼特马上去您那里去处理,您看这样可以吗?
(2) 现在上司在外地出差,如果事情确实很紧急,请我上司直接与您联系,您看可以吗?
(3) 上司在外地出差,具体的业务负责人彼特正好在办公室,要不您先跟他说说,反正这事不能就这么干等着。
(4) 我马上请上司与您联系,您能否先告诉我到底发生了什么事情?
(5) 上司在外地出差,今天回不来,我马上与他联系,让他明天上午与您联系,您看可以吗?

请从上面5个选项中挑选出1个你认为不合适的,并说明理由。
分析:_____

_____

案例2:部门经理的材料有问题

丽莎是腾越机械(大连)公司总经理的秘书。这天下午丽莎将研发部牛经理起草的开发新产品的报告交给上司不久,上司就发现了好几处错误。他把这份报告交给丽莎,让她退回牛经理重新修改。丽莎将报告交给牛经理时应该怎样对他说?下面有5个选项:

(1) 老板说你这份报告有不少差错,让你注意一点。

(2) 老板发现你这报告有不少差错，很不高兴，你赶紧打个电话说明一下吧。
(3) 你这份材料我也没看，老板说有些差错，今后真的要注意呵！
(4) 老板说你这份报告有几个地方出了差错，所以请你再检查一遍。
(5) 我听老板说你这份报告有几个地方出了差错，所以今后给老板交报告之前一定要多检查几遍。

请从上面5个选项中挑选出1个你认为合适的，并说明理由。
分析：_____
_____
_____

 英语会话练习

S: Mr. David, I was wondering if I can take a day off tomorrow. My parents will be visiting me from Beijing, I'd like to take them go to The Great Wall.

B: Yes, all right. Can you make sure that you finish the letter to Mr. Jones by the end of today? Also, can you give me my schedule for tomorrow?

S: Yes, Mr. David.

 拓展阅读

Obtaining Skills of Handling Human Relations

Differing from western "task-oriented" business culture, China's business culture is in essence relationship-centered. Therefore, secretaries, functioned as a company's operating hinge, will have to acquire some basic skills to manage interpersonal relations.

The office environment often brings out the best and worst in people. The need to accomplish office goals often brings people together as a team. On the other hand, competition among employees, personal differences, and general frustration can cause terrible conflicts in an office. Often the secretary is in the middle of such situations. She needs good interpersonal skills to deal with them.

It is sometimes hard to see the difference between interpersonal skills and personality. To put it simply, personality is the self a person is born with, but skills are something a person can learn. In the office, discretion, assertiveness, and conflict resolution are important skills.

Discretion means good judgment about keeping silent. A secretary may be a good storyteller, but with a company secret, she must learn to change the subject. Some other things are not good subjects for conversation. For example, it is not a good idea to speak publicly about the faults of fellow workers. Such talk may destroy the team spirit in an office.

On the other hand, assertiveness means knowing when to speak up. If the secretary sees something wrong, she must speak to someone about it. If the boss is treating the secretary badly, she should speak up. If the secretary has an idea about how to improve her job, she should tell her boss about it.

Finally, the secretary should learn how to resolve conflicts between people. Many conflicts occur because of misunderstandings, and can be solved through better communication.

第五章

礼仪与接待

第一节

概　述

一、礼仪的基本概念

在我们还是孩子的时候，父母经常教导我们"要讲礼貌"，比如见了老人要叫"爷爷（奶奶）"；不要欺侮其他小朋友，等等。而我们成年进入职场后，虽然不再有人要求我们"要讲礼貌"了，但经常会有人提醒我们要"注意礼仪"。那么，礼仪到底是什么呢？

当十字路口红灯亮的时候，不要横穿马路；购物要付钱；在禁烟办公室不要吸烟……这些都是我们这个社会每个人都应遵循的基本规则。礼仪就是人们在遵守这些社会规则的同时，根据时间和地点的不同而应采取的相应行动。也就是说，礼仪是一种表示自己对对方的尊重和关心对方的社会规范，是为了建立良好的人际关系而主动采取的自我约束的行为。

作为一种社会规范，现代职场礼仪不是一成不变的，它也随着时代的发展而变化。比如说服装，在二十多年前，很多人将牛仔裤视为洪水猛兽，可现在人们对穿着各式各样牛仔裤上班的白领习以为常了。社会的进步必然会使职场的礼仪规范也发生变化。

不过，不管社会如何进步，礼仪规范如何变化，在处理人际关系时有一点是不会变的，那就是无论是谁，作为社会的一员都希望得到别人对自己人格上的尊重。对别人人格上的尊重是处理所有人际关系的前提。无论是秘书与上司的关系，还是秘书与同事、客户或其他人的一切关系，都适用这条原则。只有坚持这一原则，才能让与时代一起进步、成为人们行为规范的社会礼仪有一个相对固定广泛的社会基础。

礼仪的实质就是一种在人际交往中尊重他人的精神，简单地说就是有一颗"关心他人的心"。比如，现在有些秘书容易出现"自我感觉良好"的错觉，靠着上司的威望仗势欺人，态度傲慢。其实作为一个优秀的秘书，即使对司机、话务员、送信的人、传达室的人等地位不如自己的人，也要态度和蔼，在向他们交代工作时，要从心里想到自己的工作是需要他们协助的，因此要体现出自己的关心。对于同事或下属工作中的缺点，不应该是单纯的指责，而应该是亲切地指导他们改正错误。

二、秘书与礼仪

（一）秘书是上司与公司的形象代言人

秘书的形象，不仅反映着秘书个人是否"职业化"，还代表着其公司及上司的形象。秘书在工作中要内外协调、上传下达，因此自然而然地成为上司和公司的"形象代言人"。如果秘书不修边幅、举止粗鲁、出口伤人，不仅破坏了个人的形象，也会让对方对其上司和所在公司产生负面印象。对方会从秘书的言谈举止推测出其上司的素质和整个公司的管理水平，从而影响上司的形象和公司的信誉。

秘书作为上司形象的代言人，不允许在礼仪方面有任何的失误。秘书处于各种交流沟通的神经中枢，每天都要与各种各样的人打交道，因此必须最起码要学会尊重人。而礼仪作为尊重人的一种技巧和规范，是一定要领会并掌握好的。

有些秘书新人觉得很多职场礼仪仅仅只是些客套，没有什么实际意义，因而对这种礼仪颇有微词。的确，现代职场上所有的礼仪都没有"实际"意义，它仅仅是一种"形式"，只能给人一种被尊重的感觉。然而，正是这种"被尊重的感觉"，是现代职场所有人的精神必需品。根据马斯洛人类需求层次理论推理，每个员工在自己生理需求、安全需求和社会承认需求得到满足之后，必然会产生得到同事和社会尊重的需求。因此，礼仪是调节职场人际关系最重要的手段之一。

（二）礼仪是秘书维持和谐人际关系的润滑剂

一些秘书感到与上司和同事的关系紧张，这很多时候并不是利益之争造成的；特别是一些秘书新人，个人并不想跟谁争抢什么，可与同事的关系不知在什么时候就变得微妙起来。出现这种情况，往往是因一方或双方不注意礼仪造成误会积累而来。一些秘书新人不太注重职场礼仪，可能与性格有关，但最主要的是其觉得一些礼仪已经过时，没有什么实际意义。确实，随着时代的变迁，有些礼仪已经开始变得陈腐而应被淘汰，但公司某些老同事的观念并不新潮，某些人认为过时的礼仪，另一些人看来可能还非常有用。因此，在对待礼仪方面一定要注意他人的感受。

既然秘书肩负着上司形象代言人的重任，所以其就必须适应职场上的礼仪，做到举止得体。如果在办公室等公共场合举止不得体，就没有人愿意与之交往；如果大家都不愿意与之打交道，其在职场就会被边缘化；一旦被同事和客户边缘化，变成孤家寡人，那其在职场就没有什么前途可言。

在现代职场中，秘书多是在部门经理（办公室主任）等直属上司领导下开展工作的，从而形成了一种垂直的上下级纵向关系。得体的举止，和谐的人际关系，是秘书走向成功的必经之路。

第二节

秘书的形象要求

一、打扮的基本原则

1. 保持大众化

应该说大多数时装都是很美的,它们是现代物质和文明进步的表现。但是,秘书不能赶时髦,更不能把自己弄得浑身珠光宝气,这是秘书工作本身的要求。在办公室里,施淡妆,天然样,反而更能显示秘书清秀的风格。

评价一个人长得美还是长得丑,都是相对的,因为客观上没有统一的标准,每个人都有自己的主观审美意识。但是,美有一条原则,那就是必须合乎自然,如果过分打扮,显得鹤立鸡群,反而不如大众化显得更加自然。

秘书大部分时间是与上司打交道。虽然外籍上司一般比较开放和包容,但大多数上司的年龄偏大,在服装观念上的更新不如年轻人快。所以,秘书在服饰方面最好保持大众化。秘书的衣着打扮不仅要与个人的形体、性格相称,而且要与工作环境所需要的气氛相协调。

2. 切忌标新立异

有些新潮的服装确实能给年轻的女秘书带来妩媚和现代的潇洒,但是,必须适可而止。上班必须有上班时的气氛。要求秘书在穿着方面注意分寸,就是要求秘书不要标新立异,穿得太显眼了。秘书可以穿一些时兴的衣服,但不能显得很特别,让人(特别是年纪偏大的人)感到与工作所需的宁静气氛不协调。

3. 互相提醒

为了保持一种清新美好的形象,秘书不仅在精神上要有一股蓬勃向上的朝气,而且在衣着打扮上也要有所讲究,但也不要过于显眼。但是,这种分寸难以掌握,因此,秘书之间要经常互相督促,如果谁的衣服皱了或者化妆过分,就及时提醒对方。

二、仪表的要求

秘书穿什么样的衣服上班,这是一个很重要的问题,因为它不仅关系着秘书的形象,也影响着秘书的工作。因此,秘书在选择上班的服装时,必须考虑以下4个因素:

第一,是否妨碍工作?如衣袖是否太长?裙子是否太长?用什么料子做的?

第二,是否舒适?

第三,是否有口袋?

第四,是否端庄,能够接待客人?

有些秘书因为经常要抄抄写写,所以总爱穿 T 恤衫上班,图个方便;但是,穿 T 恤衫接待客人显得不够严肃。与此相反,有些秘书因为要接待客人,喜欢穿西服上班,但西服又容易弄脏。一般而言,穿用中长纤维等布料做的套装或西服裙上班是较好的选择。

除了服装,上班时在仪表方面还要注意以下方面。

1. 发型

秘书最好留短发,短发长度要在肩以上;如果留长发,那在上班时应将长发盘起或扎起。

2. 妆容

秘书不能素面朝天去上班,但只能化淡妆;口红和指甲油的颜色不能太深。

3. 饰品

秘书最好不要戴首饰,因为诸如耳环、戒指、手镯这类饰品如果太显眼,在接待客人时就容易分散客人的注意力,与会见客人所需的宁静气氛不和谐。比如,在给客人送茶水时,秘书的手镯叮当地响,会让客人感到与气氛不协调。如果要戴,应选择那些不太显眼的小巧的饰品。

4. 手表

因为秘书工作的时间性很强,所以手表对于秘书而言是必备的。但秘书最好不要带那种让人觉得不稳重的卡通手表。当然,也可以用手机上的时间显示代替手表。

5. 鞋

上班时穿的鞋最好是中跟的,穿着舒适,行走轻便,而且颜色最好是黑色、茶色等稳重的颜色。一般人在打扮时,往往把注意力集中在上半身,特别是把注意力集中在脸上,但对于该穿什么样的鞋袜则可能显得"漫不经心"。实际上,某人在引起别人的注意之后,人家首先是观察脸,紧接下来就是脚,所以,秘书不能忽视鞋袜的"配套"作用。如果化妆浓淡适宜,衣服也挺合身,但鞋袜很随便,同样会让他人感到不得体。

三、举止优雅

秘书是领导人的助手,从某种意义上说也是企业形象的代言人,所以秘书一定要注意自己给他人留下的印象。而要给别人留下美好而又深刻的印象,就要举止优雅得体,无论对谁都要做到公正,无论遇到什么样的状况都要冷静对待。

对于秘书来说,在工作中绝对不能出现以下几种情况:

(1) 坐着时跷起二郎腿;

(2) 说话时盘着胳膊;

(3) 说话时做些摸头发等让对方觉得不专心的动作;

(4) 用一根手指或用下巴指示人或物;

(5) 有意地不回答对方,无视对方的存在。

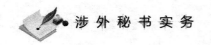

四、情绪管理

1. 心情舒畅

为了提高工作效率,秘书当然得加快工作的节奏;但是,加快工作节奏,并不一定就会有高效率。因此,秘书在工作过程中应放松心情,做到心平如镜、从容不迫,保持良好的心态。此外,工作之余适当的娱乐和休息也对保持心情舒畅有所裨益。

2. 释放压力

秘书必须学会自我释放工作带来的压力,保持身心的自我平衡。秘书处于公司管理系统的中枢,事务繁重,角色复杂,工作责任重大,在工作中很容易产生精神压力。过大的精神压力一方面容易造成工作失误;从另一方面来说,秘书本身还负有保守秘密的义务,如果精神压力过大,说话就很容易说漏嘴,从而引起不必要的麻烦。因此,在工作中一旦感到了压力,就要想办法改变自己的情绪。为了不让这种压力变为沉重的精神负担,秘书在平时就应该注意释放工作压力。

秘书工作压力大最典型的表现就是觉得工作像团乱麻,永远理不出头绪来;老是无法按时按质完成上司交代的工作,有时甚至干脆把上司的意图弄反了。为了避免这类的事情发生,最好先把工作顺序安排好,并给每项工作的时间留出一定的富余。还有一种情况,上司突然来电话让秘书把某某文件赶紧送过去,可文件到底放在哪个文件夹中秘书一时又想不起来,这样在找文件时也会产生压力。因此,平时细心做好每一件工作,包括文件的管理和存档,也是秘书减轻工作压力的好方法。

释放工作压力的最好方法是集中精力去做一些自己喜欢的事情,从而解除疲劳,将工作完全遗忘。每个秘书都应该有自己的业余爱好,比如打乒乓球、逛街、读书、听音乐会、看电影等。如果秘书没有什么业余爱好,那就要努力培养个人的兴趣和爱好。

3. 控制负面情绪

作为秘书,能碰上一个欣赏自己的上司是很幸运的,但并不是每个秘书都有这种幸运。在工作中,总会遇到一两个合不来的上司。如果秘书讨厌自己的上司,并把这种情绪挂在脸上,那就肯定做不好本职工作;另一方面,对于上司来说,如果他觉得自己的秘书对自己没什么好感,他也不会觉得愉快。所以,无论遇到什么样的上司,秘书都要控制好情绪,以理性的态度对待工作和上司。

秘书在工作中出现失误和受委屈都是常有的事,当被上司严厉批评之后,情绪低落是难免的。遇到这种情形,一定要忍耐,不把低落的情绪表现在脸面。一个喜怒哀乐皆形于色的秘书会让别人觉得很幼稚,也很难得到上司和同事的信赖。所以,作为秘书无论什么时候都应做到开朗和朝气蓬勃。

五、健康的生活方式

化妆品和服装都可以使人变美,但只有自然的由内而外的美才是健康的美。为了保持健康美,秘书在日常工作和生活,应注意养成以下几种习惯:

(1) 保持有规律的生活节奏,做到睡眠充足;
(2) 饮食均衡;
(3) 坚持适当的运动;
(4) 定期做健康体检;
(5) 保持良好的工作姿势;
(6) 保持清洁;
(7) 精神愉快;
(8) 劳逸结合。

第三节

接打电话

一、基本要求

(1) 礼貌。不管什么样的人打电话过来,秘书都要认真接听;即使对方对本公司有成见,说话比较粗鲁,秘书也应以冷静而敬重的态度与对方说话。有时候,对方拨错了电话,如果这么回答:"这里是某某公司,您是否打错了电话?"可能会使公司的形象得到提升。

(2) 亲切。在使用电话时,应该想象对方就站在自己面前与自己谈话,这样就能避免机械应答,让对方感到亲切。

(3) 配合。对于秘书来说,经常会出现这种情况,某个职能部门接到客户提出过分要求的电话后,觉得处理不了,但又碍于业务上的往来不方便直接拒绝对方,便让对方把电话转到秘书(或行政)部门来,因为他们觉得秘书拒绝起来更方便一些。对于这种电话秘书应积极配合,不能过于计较。如果对方通情达理,就把拒绝的道理说明一下;如果是不那么爽快的客户,则说话也要注意分寸,即使在电话里语气也要委婉。

(4) 熟悉业务。例如上司是负责研发的,可客户把询价的电话打到秘书这里来了,在这种情况下,秘书不能以一句"打错了"就把对方的电话挂了,而是应该热情地告诉对方销售部门和具体负责人的姓名和电话,如有可能,应把客户的电话转过去。

(5) 注意口齿清楚,而且不忘附和。

(6) 不要随便岔开对方所说的话题,但也不要有什么问题就直截了当地问对方;一定要在听对方讲完之后,自己才能开始发表意见。

(7) 自己说话时,如果内容较多,说得太久,就要不时停顿一会儿,听听对方的反映。总之要替对方考虑考虑,不要只顾着自己说话,也要给对方提问的机会。

(8) 在一般情况下,谁拨的电话谁先挂机,但是,如果对方比自己的地位高,那就应该等对方挂机后自己才能放下电话。

(9) 如果上司比对方的地位高(特别是在本公司内),秘书应该是先拨通对方的电话,对方接听电话之后再把电话转给自己的上司。如果对方比上司的地位高或相同,则在拨通对方秘书电话请求转接之后,马上把电话转给自己的上司。

(10) 注意自称。电话铃响了。"我找刘小姐。"对方在电话里说。"您好!我就是刘小姐。"很多年轻的秘书就这么回答。在商业场合,称自己为"小姐"或其他头衔,如总经理、主任等,都是不恰当的,甚至会被当作没有教养的表现,所以在接电话时都直呼自己的名字:"我就是刘娜。"

二、接转电话

1. 做好准备

秘书应随时在电话机旁预备电话记录纸和笔,养成做电话记录的习惯。有些秘书自恃年轻,记忆力强,所以不喜欢做电话记录。但是,秘书接触面宽,工作范围广,如果不做电话记录,则在工作中随时有可能出现遗漏或张冠李戴的现象。秘书做电话记录时最好用专用记录纸,不要等电话铃响了才临时找纸张凑合。电话记录应包括以下几项内容:

(1) 什么时间(接电话的时间);
(2) 由谁打来的;
(3) 打给谁的;
(4) 电话的内容;
(5) 接电话人的姓名(当然是本人);
(6) 处理结果,如替他人传达、让对方再来一个电话或者给对方回个电话等;
(7) 对方的联系方式,挂断电话之前,要将对方的电话号码重复一遍。

2. 不让电话铃响超过三次

电话铃一响,就要赶紧拿起电话,最好不要让电话铃响过三遍。如果秘书一时忙得腾不出手来,让对方等了一会儿,那么,拿起话筒后就要赶紧向对方道歉:"对不起,让您久等了。"

如果是直线电话,拿起话筒后第一步就是自报家门:"某某公司,我是某某。"很多人一通话就直接找他要找的人,遇到这种情况,秘书还是应该把自己的公司、部门和姓名告诉对方;对于秘书的热情,对方并不会觉得啰唆,相反他会感到很亲切。如果是通过总机转进来的分机,那就应当这么说:"这里是总经理办公室。"并告诉对方自己的姓名。如果不是找自己的电话,就应告诉对方正确的电话号码并帮对方转过去。

3. 不随便说"在"或"不在"

铃响后拿起话筒,秘书自报家门:"这里是××公司,我是公司秘书小敏。"

"请问彼特在吗?"对方开门见山。

碰到这种陌生人打来的电话,秘书不能随便这样回答对方:"在,请您稍等一下。"或者

"对不起,他不在。"在这个竞争日益激烈的商业社会,秘书在没有弄清对方的身份和目的之前,若随便透露上司的信息,就随时都有可能惹出麻烦来。所以,在对方问"彼特在吗"之后,秘书不要直接回答对方,而应这样反问对方:"请问您是……"在弄清了对方的身份和目的之后再说:"请您稍等一下,我去看看彼特是否在。"此时搁下话筒,去向上司请示如何答复。

4. 万能的"刚刚散会"

许多公司都有这样的规定,领导在开会时原则上不得接电话,所以,如果客人来电话找上司,只要不是很急的事,就不要让上司来接电话,散会之后再说。

电话铃响了,对方要找彼特。

"您是天地公司的李总吧?我彼特的秘书珍妮。您要找彼特吗?实在不凑巧,彼特正在开会,估计会议要到5点钟才结束。回头我们再给您来个电话,您看可以吗?"

年轻的秘书往往这样回答。表面上看,这种回答似乎无懈可击,但是,对于这样的回答,对方又会怎么想呢?既然彼特在公司,只不过是在开会,那为什么就不能抽几分钟来接个电话呢?你们不是经常高喊"用户就是上帝"的口号吗,为什么在这个时候你开会的事就一定比我的事重要呢?对方可能越想越生气。所以,尽管秘书回答的语气委婉,态度谦恭,但这样的回答仍然是不礼貌的。同样,在接待外来的客人时,也不能这样回答。在这个时候,最佳的回答方式应该是这样:"实在对不起,彼特刚散会,您有急事找他吗?"待对方说明他的意图之后,秘书便说:"请您稍等一下,我帮您去找一找。"这样,秘书可以去向彼特悄悄汇报,听取他的指示,如果彼特认为事情不急,不愿意去接电话,那么,秘书就要这样回答对方:"实在对不起,这会儿不知彼特上哪儿去了,回头见着彼特,我们就给您去个电话,您看这样可以吗?"这样做,滴水不漏,对方完全可以谅解。

5. 上司不在时

在上司不在办公室时也经常会有电话来找他。秘书接到这种电话后,无论对方是什么事,都要能判断出它的紧急程度。如果事情不急,就等上司回来再说或定时向上司汇报。如果是合同或协议急等上司签字,则应马上与上司联系,请上司直接打电话答复对方。如果是要确认上司是否参会而秘书不能根据自己的判断答复是否出席时,遇到这种时间比较紧急的问题应这么答复对方:"我向上司请示以后再与您联系。"之后挂掉电话,马上与上司取得联系,听取上司的指示,然后将上司的意思转达给对方。

"我是恒昌公司的马涛,请问彼特在吗?"

"彼特现在不在公司,估计3点钟左右回来,请您到时候再来个电话吧。"

有些秘书在对方要找的人不在的时候,往往就这样直截了当地回答对方。也正是由于这种类似的原因,使很多人对秘书产生了偏见,认为秘书就是领导的传声筒。电话里,对方没有找到自己要找的人,本来就有些扫兴,再加上秘书这么几句冷冰冰的答复,心里会是一种什么滋味呢?秘书是上司的助手,这种身份和责任都不允许秘书这样对待上司的客人,所以,在这种情况下应该这样回答对方:

"实在抱歉,彼特现在不在办公室,估计3点钟左右能回来。我是彼特的秘书小敏,不知您是什么事,如果您认为方便的话,我可以转告他。"

"是吗?那就不麻烦你了。等彼特回来之后,请你转告他,说恒昌公司的马涛给他来过电话。我的电话号码是87654321转1234分机。"

当上司不在时,秘书接电话需要注意以下几点:

(1) 向对方抱歉上司不在;

(2) 没必要说出上司不在的理由和上司的去处;

(3) 让对方了解自己的职责,主动承担转达的责任;询问对方能否上司回来后再给对方打电话,如果可以还要问对方的联系方式;

(4) 代替上司听取重要的事情时,将对方的意思(包括电话号码)复述一遍。

6. 不让对方久等

电话铃响了。

"我是天地公司李强,请问吉米在吗?"

秘书小李叫了两声吉米。吉米不在。有人说他下楼了。小李在搁下话筒去找吉米之前,在电话里再向对方说明一下:"实在不好意思,几分钟之后再来个电话可以吗?"

总而言之,秘书在接到找人的电话后,就必须积极迅速地去找人,但是,让对方等的时间不能超过3分钟。

7. 各种推销电话

现在推销的电话越来越多。对于推销电话,不要这样直接问对方:"对不起,请问您是谁?"或者"您有什么事?如果方便的话,请跟我说……"如果对对方的东西不感兴趣,也不能简单地这样答复对方:"对不起,我们不需要。"或者"我们已经有了。"拒绝时也要注意说话的语气和分寸。秘书可以这样回答对方:"对不起,我们已有了,所以不能……不知您的意思如何?"这就可以做到买卖不成仁义在。

三、拨打电话

1. 提前作准备

打电话之前,要做到心中有数。要向对方说明哪些问题,或者了解哪些情况,这些都要事先想清楚,必要的时候列个提纲。如果要核对或查询资料,事先还要把有关文件、对方的电话号码和身份核实一遍。

"我是恒丰化工(上海)公司的珍妮,请问李明在吗?"秘书小刘拨通了电话。

"对不起,请问您是要找市场部的李明还是要找财务部的李明?"对方总机反问。

"?"小刘一下愣住了,于是不得不搁下话筒,临时去翻名片簿。

这样显然浪费了时间,影响了工作效率,所以,打电话之前一定要做好各项准备工作。

2. 征求对方意见

电话拨通之后,秘书要自报家门,不能当对方一拿起话筒就问:"××在吗?"这是缺少涵养的表现。而且,秘书在自报姓名时不能说得太快。如果对方接电话的不是秘书要找的人,那么,秘书在谈正事之前要征求对方的意见:"××不在,那么,我想把事情对您说一下,请您在××回来之后转告他,您看可以吗?"不要在对方没有表态之前,自己就滔滔不绝地说开了。

电话拨通之后,对方告知所找的人不在,在这时应该怎么办?一般来说,如果事情不急,可以等对方回来之后再挂一个电话;如果事情很急,就请接话人帮忙转达。如果秘书想请接话人转达,就一定要弄清转达人的姓名(可能的话还要弄清其职务),之后再决定是否请他转达。

3. 找对方的领导

如果找某公司总经理有事,即使知道他的手机号码,在一般的情况下,也是先找他的秘书。因为对方也是秘书,所以应先把自己的目的简单地说明一下,以方便对方向其上司汇报。在这种场合,拨打电话的秘书应向对方表示感谢:"又给您添麻烦了。"或"您那么忙,实在不好意思。"如果秘书也是替自己的上司挂电话,那么,应当在对方把她的上司找来之前把话筒递给自己的上司。如果对方的领导已来接电话,秘书再说:"请稍等一下,我是替××挂电话。"那就是没礼貌的表现。

第四节 接待客人

一、接待的基本要求

1. 接待的原则

(1) 无论接待什么样的客人,都要做到公平和礼貌;应按先来后到的原则接待每一位客人。

(2) 无论接待什么样的客人,都要和颜悦色,千万不能皱眉头。

(3) 接待客人时态度要郑重,但说话又要留有余地。

(4) 对于有预约的客人要迅速转达他的要求,不让他等候。

(5) 为了避免出错,对于客人说的一些重要事项要确认一遍。

(6) 尽快地记住客人的相貌和姓名,了解他与本公司的关系。

(7) 上司没确认见的客人,就不要让客人进去。

(8) 有些没有预约的客人喜欢问上司在不在甚至上司整个工作日程安排,在不了解对方身份和来意的情况下,不要直接回答这些问题,而是要尽可能地从对方那里了解一些有用的信息。

2. 接待用语

(1) 表示欢迎:"欢迎您!"

(2) 向对方表示感谢:"谢谢您!"

(3) 让对方等候时表示歉意:"让您久等了!"

(4) 表示理解对方的话:"我知道了!"
(5) 表示道歉:"实在对不起!"

秘书在接待客人的过程中,不仅要养成说这几句话礼貌用语的习惯,更重要的是它们都必须发自其内心,这样客人才能真正感受到真诚,有一种真正的"宾至如归"的感受。这是秘书职业素质的表现。

二、前台的工作规范

1. 大方热情

不管客人是第一次来访还是常来常往,只要客人一进门,秘书就要站起身表示欢迎:"您好!"然后听取客人的自我介绍。如果对方不是初次来访,秘书就要尽可能地回忆起他的姓名:"您就是恒昌公司的马龙先生吧?"这样一开始就让客人从心里感到亲切,被秘书的热情所感染。

客人进门后,如果秘书正在打字,则不能一边打字,一边只用目光扫视客人;即使是正在打电话,也要暂时捂住话筒问候对方。有些秘书可能会对这种热情有些微词:对于那些常来常往的客人又何必来那么多客套呢?只要有心,意思到了就行,太热情反而会让人感到见外。秘书必须牢记"礼多人不怪"这一古训!如果表现得热情周到,即使客人在心里对秘书所在的公司有些疙瘩,他也会自我控制;相反,哪怕只有半点不周,客人也有可能产生另外的想法。

客人来访一般都要提前预约。客人按约前来,秘书就要迎上前去:"我正在等您,这边请。"然后把客人带到已预备好的会客室。但是,在秘书值班的时候,也经常会接待一些不速之客。"对不起,请问您预约了吗?"有些秘书喜欢这样问客人,但这么问很容易让客人反感。客人没有预约不请自来,那是他们没有礼貌,但秘书不能用"你预约了没有"这种冷漠的方式回敬他。客人既然上门了,秘书就得无条件地热情接待,不能因为他们没有预约而怠慢他们。

秘书在前台值班时一定要注意自己的形象,随时检查自己的衣服是不是脏了,化妆是不是太浓,精神是不是饱满等,因为这些都反映出秘书的修养和水平。"请您登记一下。"客人一进门,秘书就热情地将来客登记本递给对方。可当他看到秘书那染得通红的长指甲,心里顿时会产生一种什么感想呢?也许只有苦笑:"这位值班的秘书小姐真够呛,看来这个公司也够呛,这里就像个游乐场一样。"无论何时何地,秘书都要给人一种清爽麻利的感觉。

2. 不念名片

现在客人一般都有名片,如果客人掏出名片递过来,秘书应双手接过后,再仔细确认对方的身份。如果客人没有名片,秘书就要在对方自我介绍后,复述一遍其公司名称和姓名,以免出现差错。

如果秘书接过对方的名片后,不会念对方的姓或名,这时就要诚心诚意地请教对方:"对不起,请问您的姓(或名)应该怎样念?"如果秘书没有把握,就一定不要念出来。因为把客人的姓名念错,那是件令双方都难堪的事。当客人告知"我是某某",秘书就要跟着重复一遍:"某某先生。"

3. 随机应变

秘书对所有的客人都要热情周到,在态度上不应有亲疏之分。但是在接待的方法上,秘书则要随机应变,灵活掌握。接待第一次来访的客人和常来常往的客人显然要区别对待。

当那些初次来访的客人自报家门之后,秘书就要马上想好用什么方法接待。对方的公司与自己的公司是一种什么关系?往来密切不密切?如果是自己公司的老客户,那么,要像对待自己的亲戚一样热情而又不做作。

4. 不浪费客人的时间

如果是接待有预约的客人,事情就比较简单,把客人带到预先订好的会议室,及时通知预约的部门或预约的人就行了。如果客人没有事先预约,那么,就要详细地问明客人有什么事,要找谁,并马上与有关部门联系。

经常有这种现象:秘书在没有弄清客人到底找谁合适之前,就把他带到市场部;到市场部后,市场部的人说客人的事是销售部负责;当他们来到销售部时,对方又说这方面的工作已移交给客服部……这种来回往返,让客人感到十分难堪,这实际上是对他的不尊重。因此,在没有把握的情况下,最好是请客人稍等一会,先用电话与有关部门联系一下:"……天地公司的李强先生有件关于广告的事,是不是请你们接待一下?"这样就可以少碰许多软钉子,客人也会感到秘书的热情。

5. 需要"挡驾"的场合

为了让上司集中精力工作,秘书要对一些来访的客人进行"过滤",但除去个别极为特殊的情况,上司在办公室时应该向上司请示,不要仅仅根据自己个人的判断就将客人回绝掉,说上司不在。在那些被秘书"看不上眼"的客人身上,很可能就有上司所需要的信息。另外,即使是在拒绝对方,也应该注意礼节,说话要留有余地,说不定以后还有机会。由于秘书代表的是上司,所以如果秘书举止得体,就会在无形中增加客人对公司的好感。

现在有些并不熟悉的客人喜欢问上司或同事的手机号码。遇到这种情况,秘书要按公司的规定答复。一般来说,如果是公司配给员工手机,那就可以告诉客户。秘书应与上司约好,哪些人可以知道他的手机号码。如果是要拒绝对方,那秘书就可以这么回答:"非常抱歉,不知您是否可以留下您的电话号码,回头我请他回电话给您?"

6. 客人较多的时候

在客人较多的时候,秘书要坚持先来后到的接待原则。有些客人虽然是初次来访,但说不定他就是总经理几十年没见面的老同学。如果秘书在接待客人时不坚持先来后到的接待的原则,熟人优先,让客人明显感到薄此厚彼,那他们心里肯定不痛快。因此,即使是总经理的座上客,也得按先后顺序接待。其实,只要秘书对来访者点点头,表示一下歉意:"实在对不起,请您稍等一下。"客人大多都会理解。

现在有许多送水、送饭、快递和文具公司的人上门推销,这多少会影响一些前台的接待工作。即使如此,秘书也不能表现出一副不耐烦的样子,更不能摆出一副高高在上的架势,因为秘书无形的优越感会让这些人产生自卑感,甚至产生怨气。当他们推销的时候,秘书只要婉言谢绝,他们一般不会胡搅蛮缠。而且有时候会出现这样的情况,穿快递服装的客人并不是快递公司的,而是公司某位老总的亲戚或其他重要单位的客人,如果前台秘书以衣帽取人,那说不定就遇上大麻烦。

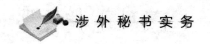

7. 打电话时来客人

秘书在打电话时客人来了,就应马上向客人点头致意,并在放下话筒后向对方表示歉意:"让您久等了。"

如果是接待客人时电话铃响了,这时,秘书应对客人说"对不起,失陪一下",然后去接电话。如果是公司内部电话,秘书就说过一会再打过去,尽快结束通话,回来继续接待客人。在打完电话后应向客人道歉说"让您久等了"。

8. 有空无闲

前台值班的主要任务是接待好刚进门的客人。一般来说这项工作比较忙,但也会出现没有客人的时候,这时秘书就比较空闲了。此时秘书必须牢记,空闲时间不等于是自己可以自由支配的时间。

有些年轻的女秘书在值班时,看到没有客人,就上网聊天或看小说,这样就在不知不觉之中进入了一个忘我境界……不知什么时候,抬头一看,客人早已站在自己的跟前,于是慌忙地站起来,嘴里说着"欢迎,欢迎",却连把自己的手搁在什么地方也不知道。因此,秘书一定要牢记自己的责任,不能给公司的形象抹黑。没有客人时,可以整理名片或是来客登记本,或者把因接待客人而中断的工作继续下去。总之,秘书要做到有空无闲,提高时间的使用效率。

三、接待客人的要领

1. 引领客人

在将客人领到会议室或招待室去的时候,秘书应在距客人两三步的前面带路,并要走在走廊的边上,请客户走在走廊的中央。在拐弯处或上楼梯的地方,秘书要回头看一下客人说"这边请"来给客人指示方向;如果是外国客人,则要用英语"This way, please"等招呼客人。秘书应手心向上指引方向,并配合客人走路的步伐;走路时要常回头,确认客人是否跟上。

如果要乘坐电梯,在上电梯之前,秘书应告诉客人"是××层"。如果电梯上有专门服务的工作人员,那就要让客人先上电梯;如果没有,那秘书就自己先进电梯,在里面边按住"开门"按钮边招呼客人进电梯。电梯到达时,秘书应按住"开门"按钮让客人先出电梯。

进入接待室等房间前,为了确认是否有人使用,必须先敲门;若受访者已经先进入等待,则敲门时必须说"我带客户进来了"。

到上司办公室或会客室门前时,秘书应该向客人介绍"是这里",然后敲门进去;如果门是向外开的,那么秘书就要打开门后请客人先进去;如果门是向里开的,那么秘书在打开门后自己先进去,并按住门把手敞开门让客人进来,然后请客人在上座坐下。

如果是冬天,秘书要主动地将客人的大衣、帽子、伞等物品接过来,并把它们挂在衣架上。

2. 请客人入座

一般来说,从门口看去最里面的座位是上座;离门口最近的座位是下座。与单人椅子相比,沙发是上座。安排座次的基本原则是让客人坐上座,让地位高的人坐上座。

如果会客室摆放的是圆桌的话,那从门口看去最靠里的是上座,坐上座的人的右手第一个座位是次上座,左手的第一个座位是第三位,右手的第二个座位是第四位……以此类推,离上座最远的是下座。

3. 给客人沏茶

给客人沏茶时应注意以下几点。

（1）进会客室之前一定要敲门,但并不一定要等到里面说"进来"才进去。给客人送茶一般要在主宾双方寒暄和交换了名片之后送进去。

（2）茶杯一定清洁,沏茶之前要确认茶杯上是否有裂口或污渍。茶叶质量要好一点,最好有清香;茶水保持七分满。

（3）送茶先从客人开始（即使客人的地位比自己的上司低）,先客人后本公司。端茶时有人发言也不要紧,但不能在端茶过程中影响主宾双方的交谈。

（4）不要把茶杯放在烟灰缸旁边。

（5）在给客人添茶的时候,要先把冷茶撤下来再把热茶端上去。

秘书在送完茶或者办完其他事退出会客室时,要轻轻地把门带上,出门后不要在过道上弄出吧嗒吧嗒的声音,因为在会谈时,人们对室内外的响声都非常敏感。另外还有一点,那就是秘书在退出前关上会客室的门时,一定要用目光询问一下所有的客人,看他们是否还有什么事要自己代办。

4. 寒暄

客人到了之后,上司可能因为打电话或别的什么事情需要让客人等一会儿。为了缓解客人紧张或不耐烦的情绪,秘书除了给客人沏茶,拿些报纸杂志等给他们看之外,必要的话可以陪客人闲聊几句,让对方的心情放松。闲聊时可以聊这些话题,比如天气、气候、兴趣、休闲,新闻报道,家庭、家人、结婚、恋人,工作、职场,出生地、母校,衣服、流行,餐饮、食物,居住地、建筑物等,应尽量避免谈论如政治、宗教、信仰等会造成双方对立或让对方不舒服的话题。

5. 介绍的方法

当上司与客人是初次见面时,秘书应负责给双方介绍。介绍的顺序如下。

（1）先将本公司的人员介绍给客人,要从本公司的、与自己亲近的、职位低的、年纪小的开始介绍。

（2）先将职务低的介绍给职务高的。

（3）一般来说,先将男士介绍给女士,但在聚会等特殊场合,有时也需要先介绍女士。当需要介绍的人比较多时,需从职位高的人开始依序介绍。人数多可能会很难记住每一个人,可以将必须要介绍的人区分开来,这样会容易记一些。

（4）在互相介绍的时候,口齿要清楚,而且说到姓名时,速度要比一般说话的速度慢一些,以便让那些还没有做好准备的人也能听清。特别是在自我介绍时,切忌突然这样说:"李明。"而应该说:"我是李明。"以便让对方听清楚自己的名字。

（5）介绍的方式。

秘书一般是用这样的开场白:"请允许我为您介绍。"

介绍本公司的人员时,原则上用"职位＋姓名"的形式:"这位是我们公司营销总监程冬。"

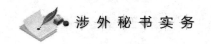

介绍客人时,原则上以"姓名+职位"的形式:"这位是大唐公司胡强总经理。"

在作介绍时一定要注意姓名和职位的位置。职位附在姓名后面是一种尊称,表示一种敬意;如果职位放在姓名前,仅仅只起一个介绍职位的作用,并无敬意。因此,即使是介绍本公司的总经理时,也要用"我们公司的总经理彼特"来称呼,但在介绍对方时,就要称"彼特总经理"。

(6) 双方交换名片。

介绍双方之后,就要让双方彼此进行名片交换(一般来说这时秘书已经事先与对方交换过名片了)。在本公司的人交换名片时,自己也要站在身旁一起行注目礼。实际工作中有些秘书以为自己不要交换名片了,所以就站在一旁发呆,这是一种没有礼貌的行为。

6. 送客

客人回去的时候,秘书不一定要专门放下自己手中的工作去送他。如果客人路过秘书的面前,秘书站起来向他点点头表示一下就行了。如果客人年纪大了或者腿有些不方便的话,那秘书就一定要上前去扶一扶或送送他。

会谈什么时候结束,秘书应该掌握好时间,待客人一出接待室,就要马上进去收拾,看看客人是否遗漏了什么东西。如果有,就赶快给客人送去。所谓掌握好时间,不是要秘书总在接待室门口等着。如果客人看到秘书要进门整理收拾的样子,会以为秘书是在撵他快走。

对于一些重要的客人,原则上是送客到电梯为止,不过根据和客户的关系及客户重要度的不同,程度也会有所不同。无论是送到哪里,基本上要目送到看不见客人为止。如果一直看得到客户的身影,至少也必须等客人走出超过三步远的距离才离开。

四、接待中意外情况的处理

1. 上司突然不在

客人按照约好的时间来访,可是上司因为别的急事要办突然出去了。这时,秘书应向客人说明情况,请求谅解,并征求他的意见:"请再等一会儿好吗?"或者根据具体情况,把他介绍给有关部门:"让市场部的张经理跟您谈谈,您看如何?"总之,不管客人是愿意等到上司回来再谈,还是愿意跟有关人员谈,都要按照上司事先留下的指示办。

2. 上司临时改变主意

有时,上司会给秘书来个电话或者写张纸条,说今天某某客人要来,自己不想见他,让秘书自己看着办。客人到了之后,秘书不能以上司不想见他为理由而不给予安排会见。此时,秘书头脑要灵活一点,比如可以这样委婉地拒绝对方:"实在对不起,深圳那边的工厂出了点意外,孙总今天下午5点的飞机去深圳,现在确实抽不出时间。"这样客人就能给予谅解。不过,在这之前,秘书有一点要弄清楚,那就是上司究竟是不想见客人还是实在抽不出时间,如果是当天抽不出时间,那么,就有一个改期的问题。

3. 接待不速之客

如果是出门办事,事先就应该与对方约好,这是现代社交中的一般规矩。但是,秘书对于那些不速之客,绝不能因为没有预约而怠慢他们。秘书首先要把来客领到接待室,弄清来客的姓名、所在的公司、有什么事情,然后立即让有关部门出面接待。如来客人点名要与某某会谈,就应当立即与当事人联系。但是,在联系好之前,不应给客人以肯定的答复,因为当事人有可能不在,也有可能不愿见这位客人。如果是不愿见,秘书就要这样答复客人:"实在对不起,某某现在不在……"这样不至于给客人留下一个没有诚意的印象。

4. 客人问上司在不在

如果是素不相识的客人,当他一进门,秘书就要这样跟他打招呼:"您好,请问您是……"以此诱导对方作自我介绍和说出来访的目的。有时客人不愿说出自己的姓名,只是问上司在不在。遇到这种情况,秘书不能告诉他上司在或不在,而是要继续问他:"请问您是……"以此"逼"他作自我介绍。在这种情况下,客人肯定会作简单的自我介绍。如果事情机密,他并不一定会介绍自己来访的目的,这时,秘书应让对方先在会客室等候,并热情地对他说:"请您稍等一会儿,上司刚刚散会,我帮您去找一找。"以找上司为由去向上司汇报,最后请上司决定是否见这个客人。如果上司愿意见,就将客人带到上司的办公室;如果上司不愿见,就说没找到上司,下次再约时间。当然,如果上司不愿见的话,秘书在回到会客室时,一定要先说"让您久等了",向客人致歉。

有些素不相识的客人一进门就问上司在不在,并跟秘书要上司的手机号码。秘书应事先与上司约定好,上司的手机号码哪些客人可以知道,哪些客人不宜知道。当秘书遇到那类不宜知道上司手机号码的客人时,就可以这样回答对方的要求:"非常抱歉,不知您是否方便告诉我是什么事情,让我帮您转达?"

5. 时间已到

按照原订的时间,上司彼特应该见程先生了,可他与钱先生还没有谈完。在这时,秘书最好写一张便条,把程先生的事简单地说一下,进去递给彼特。在便条上最后一定要加一句:"还让程先生等多久?"这样,彼特在与钱先生会谈的同时,可以对秘书的请示作简短的指示。

当上司在与客人会谈时,如果来了紧急电话,也可以用同样的办法来处理。如果这时在便条上写"怎样答复对方"这类问题,反而让上司为难,所以只要写上"过多久给对方回电话?"这么一句就行了。

像上面这种情况,在程先生与钱先生两位客人交替的时候,秘书往往担心怠慢了程先生,所以在钱先生出来的时候,很容易给钱先生一种被撵走的感觉,因此,秘书在这时候一定要注意不给客人们一种厚此薄彼的印象。在给彼特递便条之前,就要对程先生表示歉意:"让您等那么久,实在不好意思!"这样,秘书在送钱先生出来的时候,程先生就不会介意,而钱先生也没有被撵走的感觉。如果这一点处理得不好的话,对公司的形象就会有一定的影响。

五、接待投诉的客人

秘书经常会接待一些不请自来并且态度不是那么友好的客人,他们上门的目的大部分是为了投诉,比如对公司产品(服务)不满意或认为销售等人员态度恶劣等。虽然现在一般的企业都已设立专门的机构负责处理客户投诉,但部门之间相互推诿,不负责任的现象也经常出现,所以,投诉的人进门后一般都会要求见公司领导人。在这种情况下一般都是先由秘

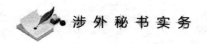

书出面接待。

在接待投诉时，秘书说话必须注意策略。如果简单地拒绝对方："对不起，××领导现在不在，至于什么时候回来我不太清楚。"那么，对方反而有可能会更加纠缠不休："他什么时候回来，我就等到什么时候……"因此，不管遇到什么情况，秘书都要沉着冷静，有一种遇事不慌、应付自如的本事。如果秘书的热情和周到能让这些不速之客感到心悦诚服的话，那么，该秘书才真正体现了一个秘书的作用。

对于那些特别容易冲动的客人，原则是问题解决得越快越好。即使对方要面见领导，那也就得让领导出面。如果在这个时候还推诿给有关责任部门，事情只能变得更坏。

如果秘书确认对方是无理取闹，甚至是要无赖，那秘书就要及时向上司汇报，请求采取相应的措施。

在接待上门投诉的客人时，处理的步骤如下。

（1）为客户创造一个良好的接待环境。在前台那种人来人往而且非常嘈杂的地方与对方交涉，不仅影响公司形象，而且对方的情绪也不易得到控制，所以应尽快把客人带到会客室。

（2）尽量满足客人的情感需求。客人都有被赞赏、同情、尊重等各方面的情感需求，秘书应尽量去理解客户的这些情感。客人上门多是受了委屈，如果秘书对客人说："今天天气很热，您先喝点水，歇一会儿，慢慢说。"那么客人听了心里的怨气也就消了一大半。当然，要完全满足客人所有需求也不容易，这就要求秘书有敏锐的洞察力，能够了解客人最迫切的需求并加以满足。

（3）针对客人的投诉介绍本公司的产品和服务。这就需要对本公司业务有充分的了解，能满足客人的专业需求。客人能够上门，说明他对公司还是信任的，并希望受到专家的指点或认可，这就要求秘书不断地充实自己的专业知识。因为秘书只有很专业了，才有可能去为客人提供满意的解决方案，才可能去满足客人的专业需求。

第五节 与外籍员工交往的礼仪

由于我们的母语是汉语，并且养成了用汉语思维的习惯，因此，有些秘书在用英语与外籍员工交流时，经常忽略使用英语的一些礼仪和要求，从而引起误会，严重的甚至破坏双方的人际关系。下面以各种具体实例来介绍与外籍员工交往过程中应注意的相关礼仪。

一、问候

例1

外面正在下着雨,丽莎下楼订机票时,看见没有雨伞的杰克在写字楼大堂徘徊。于是丽莎跟他打招呼:"It's raining today,isn't it?"但杰克茫然地看了她一眼之后,继续在大堂蹓跶。"平时像个活宝似的杰克,今天怎么那么大的架子?好,哪天你有事要求我找老板时,看我怎样给你摆架子?你有初一,我就有十五!"丽莎心里有些愤愤不平。

- 分析

其实,这并不一定是杰克在摆架子,而是丽莎这种打招呼的方式有问题,让杰克不知道如何回答。丽莎与杰克谈天气没错,欧美人打招呼时也习惯谈天气,但是,欧美人在谈论天气时,总是包含了他们对天气的评论(comments),而丽莎的失误在于只是单纯地描述眼前简单的事实,并要求对方就这一简单而客观的事实做出反应,从而失去了聊天的意义,而且它有可能会让杰克莫名其妙:"难道我还不知道外面正在下雨?"所以,如果丽莎要以谈天气来与杰克打招呼,就必须加上自己对天气的感受或评论,她可以这么说:"It's raining terribly hard today, isn't it?"

例2

这天中午,丽莎从外面吃完午饭回办公室,看见汤姆从电梯出来,便友好地打招呼:"Where are you going,Tom?"汤姆莫名其妙地看了丽莎一眼,头也没回就径直出去了,这让丽莎非常郁闷:今天上午还帮他复印了一大摞资料,怎么一下子成了路人?

- 分析

问题就出在丽莎这种问候方式不是很得体,它只是把汉语的招呼用语给翻译成英语,并不适合英语国家的习俗。问人家去哪里,这是汉语里常用的问候语,询问者并不想明确了解实情,对方也可以含糊不清地回答,问候者也不会介意。而在英语里,"Where are you going"是一个特殊疑问句,要求对方给予准确的回答。这是一个典型的"上级对下级"提的问题,或者通常是亲密朋友之间才会提出的问题。所以汤姆对这种问候可能会很生气,认为丽莎侵犯了他的隐私。问人家"Have you had your meal,Tom?"或"Going to dinner, Tom?"都有可能出现类似的问题。如果秘书的英语不是很熟练或与对方关系不是很亲密,见面打招呼用"Hello!"或"Hi!"就可以了。

例3

丽莎在走廊上发现安妮看上去不太舒服,脸色苍白,就非常关心地说:"Are you sick? You should drink plenty of water and put on more clothes."但平时关系不错的安妮露出了一脸的不高兴,这让丽莎非常尴尬,她不知道自己错在哪里。

- 分析

我们中国人看见同事不舒服,为表示关心,直截了当地问人家是否生病了这很正常,但对欧美人来说,直接问他"Are you sick?"是绝对不礼貌的,只有医生或非常亲密的人才能这么问。如果发现对方真的不舒服,可以这么委婉地说:"You sound as though you've got a cold."这样说了之后,如果对方没有进一步的表示,则最好马上转移话题。

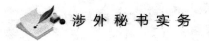

二、介绍

例 1

丽莎领着客人麦克来到上司斯密斯的办公室。她向麦克介绍说:"Mark, he is Dr. Smith, my boss."介绍完之后,她发现老板一脸不高兴。她知道肯定是自己惹老板不高兴了,但不知道自己在什么时候惹他不高兴了。

● 分析

秘书丽莎在介绍时,先将主人介绍给客人没错。失误在于她当着麦克的面,使用"he"这个代词,这是不礼貌不得体的。正确的说法应该是:"Mark, this is my boss, Dr. Smith."

例 2

这天,丽莎的上司递给她一张客户的名片,让她与对方联系,请对方用传真发些产品介绍材料过来。于是,丽莎拨通了对方的电话。她自我介绍说:"Hello, this is Linda."听她这么说,上司马上掐断了她的电话,让她注意礼貌。

● 分析

在电话中交谈,如果对方是一位完全陌生的人,就不能使用"This is Linda."这种句式作自我介绍,这显得很冒昧,因为当 this 用来指第一人称时,必须遵守"说话人知道对方能根据名字认出自己"的原则,违反这个原则,就会使听话人感觉不快。对一位完全陌生的人最适合的自我介绍用语是:"My name is Linda."这个句式也适合面对面交谈中的自我介绍。

例 3

这天下午,研发部彼特带了一个客户来到丽莎的办公室,说他是某某公司的,想请丽莎把他介绍给她的上司。丽莎与客人握手,并对他说:"Hello. How are you today?"听她这么一说,客人的表情显得很不自然。

● 分析

"How are you today?"这是熟人之间再次相见时的问候语,用在这种场合下显然不适合。

三、告别

这天中午,丽莎在她办公室的隔壁与玛丽聊天,这时丽莎突然想起上司交办的一件事还没有去办,于是想结束与玛丽的谈话。她说:"I have nothing to say, so, good-bye."听她这么一说,玛丽显得非常不自在。

● 分析

丽莎的失误在于她忽视了交谈是个双向的过程,结束谈话要经过双方的协调,双方同意之后才能结束,所以她这么说话就显得很唐突。丽莎可以这么说"Well, I think I must be going now"伴随着手势,她从座位上起身,这就发出预备结束谈话的信号,如果同意结束,对方会说:"Thank you, Good-bye."这时丽莎说"Good-bye",谈话就正式结束了。另外,中国人打电话结束时,通常说:"好,就这样吧! 就谈到这里吧!"然后挂断电话。然而欧美人打电话和面对面交谈一样,结束时都要进行告别的过程,最后应向对方说:"Good-bye."如果在挂上话筒前不说"Bye",就有可能让欧美人感到莫名其妙,他们不能确定对方是否把话讲完了,还是掉线了。

四、请求

例1

这天下午,上司交给丽莎一大沓资料,让她尽快打出来,说明天早晨开会时要用,而丽莎现在手头还有一大堆事,所以她决定请同事爱玛帮忙。她对爱玛说:"Could you possibly help me with the work?"听她这么说,爱玛满脸不高兴。

● 分析

丽莎在这里的口气太见外了,在同事间的请求中出现这样间接、含蓄的表达完全是多余的,不合适的,在爱玛听来甚至含有讽刺、挖苦的意味。在这种情况下,如果丽莎便用祈使句"Help me with the work",那效果就比较好。

例2

丽莎是总经理秘书。这天总经理让她起草年终总结报告,她写完后又觉得没十分的把握,于是她先交发给行政总监Tom,请他帮自己审阅:"Perhaps you could read through this by Friday."听她这么说,Tom很坚决地摇头:"No!"这让丽莎非常难堪。

● 分析

英文句子"Perhaps you could……"是不能用来表示请求的,它是表示要求对方接受,表达近乎命令的言语行为,因此,它有强加于人的味道。这种句型一般用于长辈对晚辈,上级对下级,而行政总监的职位比秘书要高得多。其实,如果丽莎这么说:"Could you extend the deadline a few days."那Tom有可能会非常愉快地接受丽莎的请求。

五、道歉

例1

这天早晨上班时,电梯特别拥挤,丽莎不小心踩了同事马克一下,她为了表示歉意说:"Excuse me."可她一看,马克显示出哭笑不得的表情。

● 分析

丽莎在这种情境下应该说:"I'm sorry."丽莎的失误主要是因为她不明白"Excuse me"和"I'm sorry"之间的区别。"Excuse me"可用于向陌生人打听消息;用于请求打断别人发言,请求退席,请求让路。可见,"Excuse me"基本关注的是"说话人违反了一项社会规则",是说话人与一项规则的关系。而"I'm sorry"基本关注的是"受话人受到了或可能受到损害",主要表示说话人与另一个人的关系。"I'm sorry"可以表达道歉,还能用于表达遗憾与不安。拒绝别人邀请、不小心踩了别人的脚、碰撞了别人都可以用"I'm sorry"。

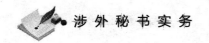

例2

这天早晨由于交通事故造成堵车,丽莎九点半才到公司。昨天下班前上司还特地叮嘱她今天早些到公司,把会议室整理好,九点钟准时开会,会议期间做好会议记录。丽莎来到会议室后向主持会议的上司道歉:"Sorry."可道过歉之后,上司还是一脸不高兴。

- 分析

丽莎的失误在于她只用一个Sorry向上司表示道歉。由于上司与秘书之间有巨大的职位差异,这就要求丽莎在致歉时要使用更为礼貌的道歉策略,并且要伴随着合理的解释与决心。由于会议已经开始,在这种情况下,丽莎应该说:"Oh, I'm awfully sorry for being late."

六、感谢

例1

同事欧文急着赶写报告,请丽莎帮他找些数据。丽莎按欧文的要求把数据交给他时,他非常感谢地说:"Thank you very much."丽莎觉得这没什么,便回答说:"Don't mention it. That's my duty."但这让欧文感到十分尴尬。

- 分析

"That's my duty."这些通常是值班人员的用语,含义是"责任在身,不得已而为之",所以丽莎的这种回答欧文感到十分尴尬。他可能会认为丽莎对他的感谢不领情,因而感到十分不快,或者疑惑不解。丽莎这时应该说:"You're welcome."或者"Don't mention it."

例2

这天下午,丽莎按照上司的指示在公司司务会上向部门经理以上的人员汇报了公司上半年业绩的完成情况和下半年工作的一些设想。汇报完之后,她说:"I'm sorry, I've wasted your precious time."她说完之后,很多人表现出诧异。

- 分析

中国人在作报告、发表见解结束时,往往习惯用些谦辞客套一番,比如:"浪费了大家的时间,不好意思。"可是,把这种客套话用英语说出来就容易让人产生误解。在欧美人看来,如果对方说"浪费了大家的时间",他们就会认为"是不是你觉得我们对你的讲话一点儿也不理解?既然你明知是浪费时间,怎么还要这么讲话呢?"他们很难把它看成一句客套话。在这种情况下,最常用的一句话就是"Thank you"。

七、提议

这天上午,斯密斯先生按预约的时间来访,但上司还在打长途电话,于是丽莎给斯密斯先生沏了一杯茶,对他说:"Have a cup of tea, please."听她这么一说,斯密斯的脸马上沉了下来。

● 分析

我们中国人习惯给客人倒茶,表示礼貌与友好。但丽莎用这样的祈使句有可能让斯密斯先生产生被命令的感觉,让他觉得对方对他缺乏诚意和尊重。秘书在招待客人时一般应该用这样的句式:"Would you like something to drink?"这种说法充分给予对方选择的权力。如果与客人比较熟悉,知道他的习惯,秘书就可以这样直接问他:"Would you like a cup of coffee?"

八、恭维

例1

这天早晨,爱玛戴了一条金项链上班。丽莎看见后非常喜欢,就对她说:"Your necklace is pure gold, isn't it?"爱玛回答说:"Yes, it is. My husband bought it for me."丽莎羡慕地说:"You are lucky to have a husband who earns so much. His money makes you more attractive."听丽莎这么说自己,爱玛就不再理睬丽莎了。

● 分析

丽莎的这种恭维不仅不能让关系一般的爱玛接受,还会招致爱玛的反感,这是因为它让爱玛觉得自己的迷人是靠钱来弥补的;而且丽莎还谈论了爱玛的收入,这是对他人隐私的侵犯。

例2

泰勒是公司的老客户,与丽莎的上司私交也不错,这天他来公司拜访上司,一见到丽莎他就说:"I haven't seen you for years. You still look so young."丽莎笑着说:"No, don't joke on me."听丽莎这么说,泰勒露出了莫名其妙的表情。

● 分析

中国人在接受恭维时,一般心里都高兴,但表面上还要持否定态度,因为谦虚是一种美德,所以,当丽莎受到恭维时,客气一番是很正常的,但泰勒有可能会把这种过谦视为自卑、虚伪,而且他会为自己的话被直言否决而认为丽莎不懂礼貌。在受到这类恭维时,说句"Thank you"就可以了。

九、拒绝

温迪是一家广告公司客户经理,她一直想约丽莎的上司见面,但一直没有机会。今天是周末,温迪来电话约丽莎晚上喝咖啡。丽莎今晚已有安排,但又不好意思直接拒绝温迪,怕伤了她的面子,于是丽莎在电话里说:"Thank you. All right, I'll try to come."听丽莎这么说,温迪不知如何是好,因为她不知道丽莎到底是否愿意赴约。

● 分析

按照欧美人的习惯,对于对方的邀请,最重要的是明确表示自己接受或不接受,说明自己一定按时赴约或不能赴约。因此,丽莎的回答应该是"No, thank you"。如果接受温迪的邀请就说"Yes, I will"。

涉外秘书实务

 案例分析

案例1：客人迟到

丽莎是伍兹餐饮（北京）公司公关部经理的秘书。这天下午上司要与北京天府餐饮公司的马总谈合作，约好从2点30分开始，可快3点了马总他们还没到。于是上司让丽莎与对方的秘书确认一下。下面有5个选项：

（1）"马总出门了吗，我们怎么还没看到他？"
（2）"我们还没有看到马总，他是什么时候出门的？"
（3）"我们与马总约好是2点30分见面，他没有改变计划吧？"
（4）"我们在等马总，他什么时候能到？"
（5）"你能跟马总联系上吗？我们联系不上他。"

请从上面5个选项中挑选出1个你认为合适的，并说明理由。

分析：_____

_____

案例2：正在接受指示时来电话

丽莎是冰川钢铁（中国）公司总经理的秘书。下周就要召开全国经销商大会了，这天上午，丽莎正在就会议的筹备工作接受上司的指示，她办公桌上的外线电话响了。丽莎只好对上司说了声"对不起"后回自己办公室接电话，结果这电话是找上司的。而对这种情况，丽莎应该怎么办？下面有5个选项：

（1）说上司现在正在商量工作，完了以后再转达给上司。
（2）问对方是什么事情，如果是急事就转给上司。
（3）说上司现在很忙，问对方可不可以先找公司的其他人。
（4）告诉对方说上司正在商量工作，完了之后就马上打电话给他。
（5）像平时一样问对方是什么事情，她帮助转达给上司。

请从上面5个选项中挑选出1个你认为合适的，并说明理由。

分析：_____

_____

 英语会话练习一

S：Good morning. Mr. Anderson's office. Miss Susie speaking.
C：Could I speak to Mr. Anderson, please?
S：May I have your name, sir?

C: This is Charles Jones of ANT Co.

S: One moment, please, Mr. Jones.

（接通上司的电话）

S: Mr. Anderson, Mr. Jones of ANT Co. is on the line.

B: Put him through, Miss Susie.

S: Yes, Mr. Anderson.

（对客人）

S: Mr. Jones, Mr. Anderson is on the line. Go ahead, please.

C: Thank you.

S: Good morning. Mr. Anderson's office. Miss Susie speaking.

C: I'd like to speak to Mr. Anderson, please. This is Mr. Charles Jones of ANT Co.

S: I'm sorry, Mr. Jones, but Mr. Anderson is not in the office now.

C: Oh, when do you expect him back?

S: He'll be back in about ten minutes. Shall I have him call you back as soon as he returns?

C: No, I'll call back later. Thank you.

S: Thank you for calling, Mr. Jones. Good-bye.

C: Good-bye.

（到了下午）

C: Good afternoon. I'm Thomas Martin of ANT Co. I wonder if Mr. Anderson is in?

S: Please wait a moment, Mr. Martin. I'll check.

（接通上司办公室电话没人接）

S: I'm sorry, but he's not in his office at the moment.

C: I see. I wonder what I should do. I'm in a hurry.

S: I'll have him return your call as soon as I locate him, if that's all right.

C: Yes, please. I'll be waiting for his call. Thank you. Good-bye.

S: Thank you. Good-bye.

S: Mr. Anderson's office. Miss Susie speaking.

C: Hello, Miss Susie. This is Mr. Jones of CTM Bank. Can I speak to Mr. Anderson, please?

S: Hello, Mr. Jones. I'm sorry, but Mr. Anderson is on another line. Will you hold the line or shall I have him call you back?

C: Well, can you tell him to call me back as soon as he is free? My number is 6574-×××.

S: 6574-××××, Mr. Jones. I will have him call you back.

C: Thank you, Miss Susie.

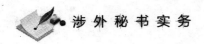

S: Thank you for calling, Mr. Jones.

S: May I take a message?

C: Yes. Please tell him that tomorrow's meeting will be cancelled.

S: Certainly. Thank you for calling. Good-bye.

C: I'd like to leave a message.

S: Yes, certainly.

C: Please tell Mr. Anderson to call me at International hotel of Guangzhou. The number is (020) 8621-××× and the room number is 1821.

S: That's International hotel of Guangzhou. The number is (020) 8621-×××× and the room number is 1821. Is that right?

C: Yes, that's right. Thank you. Good-bye.

S: Thank you for calling, Mr. Jones. Good-bye.

C: Hello. This is Thomas Martin of BMT Co. I know Mr. Anderson is out of town this week. I'd like to leave a message for him?

S: Certainly.

C: I'd like him to get in touch with me as soon as he returns from his business trip.

S: All right, sir. I'm sorry, but I couldn't catch your name.

C: That's Thomas Martin of BMT Co.

S: Thank you, Mr. Martin. I'll be sure he gets your message. Thank you for calling. Good-bye.

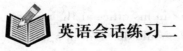英语会话练习二

R: Good morning May I help you?

V: Yes, I'd like to see Mr. David, please.

R: May I have your name, sir?

V: I'm Robert Mayer of TXM Bank.

R: I'll call Mr. David's office. One moment, please.

（与David的秘书通电话）

R: This is reception. Mr. Robert Mayer of TXM Bank would like to see Mr. David.

S: I'll see if he's available. One moment, please.

（对客人）

R: Thank you for waiting, Mr. Mayer. Mr. David can see you now. His secretary is coming down now. Would you like to have a seat over there and wait for a few minutes?

V: Thank you.

S: Mr. Mayer? I'm Mr. David's secretary. I'll take you to his office. Please come this way.

（客人有预约）

R: Good morning. May I help you?

V: Yes, my name is Robert Mayer of TXM Bank. I have an appointment with Mr. David at 10.

R: Yes, Mr. Mayer. I'll call Mr. David's office. One moment, please.

（与David的秘书通电话）

S: Oh, yes. Please send him up.

R: Yes, thank you.

（对客人）

R: Thank you for waiting, Mr. Mayer. Mr. David is expecting you. Please take the elevator on your right to the 7th floor. Mr. David's office is on the left side.

V: Yes, thank you.

（在走廊上）

S: Would you come this way, please?

（在拐弯处）

S: This way, please.

（进入室内）

S: Would you come in, please?

（进入电梯时）

S: I'll take you up to Mr. David's office.

V: Oh, that's very kind of you. Thank you.

（乘电梯时）

S: Would you get on the elevator, please?

V: Thank you.

（电梯到达时）

S Would you step out, please?

V: Thank you.

（在接待室）

S: May I take your coat, Mr. Mayer?

V: Oh, thank you.

S: Would you like to have something to drink?

V: Yes, coffee, please.

S: How do you like your coffee?

V: With cream and sugar, please.

S: One moment, please.

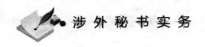

（一边泡咖啡）

S：Here you are, Mr. Mayer.

V：Thank you.

（带客人到会议室）

S：Good morning, Mr. Mayer. It's nice to see you again.

V：Thank you. It's nice to be back in Beijing again. Is Mr. David in?

S：Yes, he's expecting you. Your meeting will be held in the main conference room on the 7th floor. Let me show you over.

V：Thank you.

S：Please make yourself comfortable. Mr. David will be with you in a few minutes.

（把客人介绍给上司）

（敲门）

B：Come in.

S：Mr. David, I'd like to introduce Mr. Robert Mayer of TXM Bank. Mr. Mayer, Mr. David.

B：Nice to meet you, Mr. Mayer.

V：Pleased to meet you, Mr. David.

B：Please have a seat.

V：Thank you.

（接受名片）

S：Good morning. May I help you, sir?

V：Good morning. My name is Robert Mayer. Here's my business card.

S：Thank you. Mr. Robert Mayer of TXM Bank?

V：Yes, that's right.

（对客人名字发音把握不准）

S：How do you pronounce your last name, sir?

V：It's Mayer.

S：Thank you, Mr. Mayer.

（希望客人给名片）

S：Would you give me your business card, sir?

V：Oh, here you are.

S：Thank you, Mr. Mayer.

S：Good afternoon. May I help you?

V：Yes, my name is Robert Mayer. I believe I have an appointment with Mr. David at

1:00 p.m.

S:Oh, yes, Mr. Mayer. Mr. David is expecting you. Please go right in.
V:Thank you.

(接待非常熟悉的客人)
S:Hello, Mr. Mayer. How are you?
V:Just fine, thank you, Miss Christing.
S:Mr. David is expecting you, Mr. Mayer. Please go right in.
V:Thank you.

(接待提前到达的客人)
S:Good afternoon.
V:Good afternoon. I have an appointment with Mr. David at 2:00, but I'm a little early.
S:Oh, yes, Mr. Mayer. Mr. David is expecting you. One moment, please.
(给上司打电话)
S:Mr. David, Mr. Mayer is here a few minutes early for his 2:00 appointment. Will you be able to see him now?
B:Yes, I can. Send him in.
S:Certainly, Mr. David.
(对客人)
S:Mr. Mayer, Mr. David can see you now. He's glad that you came early because he has an urgent business to take care in one hour.
V:Oh, I'm glad that I came early.
S:This way, please, Mr. Mayer.
V:Thank you.

S:Good afternoon. May I help you?
V:Hello. Is Mr. Rock of the Personnel Section in?
S:May I have your name, please?
V:Oh, I'm sorry. I'm Robert Mayer from TXM Bank. I was passing by so I thought I'd just stop by to say hello to him.
S:I see. I'll see if Mr. Rock is available. Please have a seat.
(与里面通话)
S:Thank you for waiting. I'm sorry, but Mr. Rock has to attend an important meeting now.
V:Oh, I see. Well, I'll stop by another time then. Please give him my regards.
S:I'll certainly give him your message.

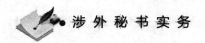

（问客人来访的目的）

S：Good afternoon. May I help you?

V：Hello, Mr. David is in, isn't he?

S：Just one moment, please. May I have your name?

V：Oh, I'm a good friend of Mr. David, so I'll just go in.

S：I'm sorry, but I'll have to have your name and the nature of your business before I'm allowed to let you in.

V：Oh, of course. Here's my business card.

S：Mr. John Smith of Americana Publishing Co.. And what do you wish to see Mr. David about?

V：Well, I'm an old friend of his from college days, and I'd like to talk to him about our new set of encyclopedia which has just been published.

S：Yes, I see. Please wait a moment, Mr. Smith.

（到上司办公室之后出来）

S：I'm sorry to have kept you waiting, but Mr. David is in a meeting just now. If you care to leave some information brochures, I'll be happy to forward them to him.

V：Thanks. I'd appreciate that very much.

（让客人等一会儿）

S：Good morning. May I help you?

V：Yes, please. I'm Thomas Wilson of D&T Co. I'd like to see Mr. David right away if it's possible.

S：I see. Won't you please wait a moment?

（与上司通话之后）

S：Thank you for waiting, Mr. Wilson. Mr. David has a visitor just now, but he should be finished in about 30 minutes.

V：Thank you. In that case, I'll be back in 30 minutes then.

S：Fine. We'll be seeing you in 30 minutes.

（30分钟之后）

S：Mr. David will see you now, Mr. Wilson. Please go right in.

V：Thank you very much.

（上司不愿见来客的场合）

S：Good morning. May I help you?

V：Good morning. Is Mr. David in?

S：May I have your name, please?

V：Oh, yes. My name is Thomas Wilson of D&T Co.

S：May I ask what you wish to see him about?
V：I'd like to talk to him about our new products.
S：I see. I'll see if he's available. One moment, please.
（与上司通话之后）
S：Thank you for waiting. I'm sorry, but Mr. David is in a meeting now.
V：Well, in that case, can I make an appointment to see him this Friday at 10?
S：Yes, that's fine. I'll check with Mr. David when he returns.
V：Yes, that's fine.
S：May I have your telephone number?
V：It is 6505××××

（熟悉的客人不约而至）
S：Good morning, Mr. Mayer. How have you been?
V：Oh, fine, Miss Christing. How are you today? Can I see Mr. David for a few minutes?
S：Let me see if he's available.
（给上司打电话）
S：Mr. David, Mr. Mayer is here.
B：Send him in, Miss Christing.
S：Certainly, Mr. David.
（对客人）
S：Please go right in, Mr. Mayer.

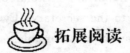

拓展阅读

Answering the Phone

Everyone would acknowledge that telephone is the most originally and widely used office equipment. In most offices, the secretary is the first person to answer the phone. In a busy office, it is not easy. Sometimes many lines ring at once. But each caller needs polite, personal attention. So, every secretary must learn how to answer the phone properly.

The secretary must be prepared to take information from the caller. That means having a pencil and message pad at hand before answering the phone. When the phone rings, it is important to answer quickly. Callers become angry if the phone rings many times.

When answering the phone, the secretary identifies her company first, then her department or office. For example, in the sales department of Moon's Furniture Company, the secretary will answer the phone this way:" Good morning, Moon's Furniture, Sales Department."

She must say it politely and clearly each time. Making a good first impression on the

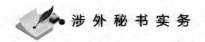

caller is very important.

The caller may ask to speak to her boss, Mr. Li. The secretary must find out who is calling. To do so, she says, "May I ask who is calling, please?" This is a polite, somewhat indirect way of asking the quests.

Then she will say, "Just a moment. I will see if Mr. Li is available."

If Mr. Li is busy, the secretary takes a message for him. She writes down the time and date, caller's name, company, and telephone number, and a note about his reason for calling. Finally, she thanks the person for calling.

Receiving Guests

Some offices have many visitors every day. Others rarely have visitors at all. But whatever the case, the secretary should take care to treat each visitor with courtesy. Most often, it is the secretary who gives a visitor his first impression of the company's personnel. Although the meeting may be brief, the impression will last.

If the secretary is polite and professional, the visitor will assume that everyone in the company is the same. But if the secretary is rude, inattentive, or confused, then the visitor will probably conclude that her boss is a bad manager.

The most important thing to keep in mind is this: the secretary must be responsive to the visitor. She must politely find out what the visitor's purpose is. And then she must act. Nothing is so upsetting to a visitor as to be kept waiting while the secretary seems to do nothing.

There are as many kinds of possible visitors as there are human beings, but certain types can be expected. There are important customers who have appointments with the boss. This type is sometimes rude to the secretary. Even so, the secretary must be polite and try to get the boss to see him as soon as possible.

There are members of the public who drop in to make an inquiry. And there are sales people from office supply companies who want to make a sale. Sometimes the boss does not want to see these types. Then the secretary must act as a company representative and deal with them on behalf of the company.

第六章

秘书的基本技能

涉外秘书实务

第一节

管理上司的办公室

秘书是为上司创造最佳决策环境的人,因此,管理好上司的办公室是秘书的一项重要日常工作。管理好上司的办公室一方面是为了让上司舒适地工作,另一方面是为了给来访的客人留下美好的印象。

不管是自己的办公桌还是上司的办公桌,如果办公桌上杂乱无章,不仅影响工作效率,而且在工作中容易出差错,所以,秘书在平时就要注意整洁,尽量让桌上摆放的东西有固定的位置,平时不用的东西一般不摆在桌面上,各个抽屉放什么东西应有个大致的归类。秘书应养成每天下班之前收拾好办公桌的习惯;特别是要注意对上司的办公桌进行整理,防止泄露机密。这些事看起来小,实际事关重大。

一、每天早晨的工作

在一般情况下,秘书至少要比上司提前 20 分钟到达办公室。提前到办公室,主要是为上司整理办公室,做好让上司办公的准备工作。如果秘书每天在正式上班前有 20 分钟左右以上的富裕时间,那么,她的精神就会非常放松,心情舒畅,因为她不会为在拥挤的公共汽车里被人踩到脚而生气,也不用担心因堵车而迟到。

秘书到达办公室后的第一件事就是对着镜子迅速检查自己的仪容仪表,如看一下头发是否乱了,脚上的鞋子是否脏了等。检查完之后,就要对上司和自己的办公室进行整理。早晨整理上司办公室时要做以下工作。

(1)打开空调,调节温度,并注意换气。

(2)擦拭写字台、衣帽架等家具上面的灰尘。

(3)给上司削好铅笔,补充好办公用品,如别针、夹子等。如果铅笔、钢笔等在笔筒里摆放不规整,应该把它们码放好,并排朝手这边,以提高工作效率。

(4)注意定期给办公室的花卉浇水。如果摆放的是鲜花,到一定的时候要请花木公司的人来更换。

(5)上司进办公室后,应根据上司的习惯或爱好,给上司沏茶或泡咖啡。

(6)把当天早晨收到的报纸杂志和自己收集打印的要闻送给上司。如果上面有与本公司或本行业有关的重要信息,应用红笔在标题下画上波浪线,以提请上司注意。

(7)确认纸篓里没有剩余的垃圾。

(8)确认钟表和日历是否指示正确。

在整理完上司的办公室之后如果时间还有富余,那就可以松弛一下自己的心情,坐在办公桌前喝点咖啡或茶,顺便上网浏览一下新闻或看看报纸。除了时政要闻,秘书要多关心本行业的新闻。如果发现有上司感兴趣的报道,就下载打印或复印出来,待上司上班后拿给上司看。对于现代企业的领导人来说,在开始一天繁忙的工作之前,了解当天行业内外的有关信息是非常宝贵的。

浏览完报纸和网上新闻之后,检查一下昨天自己下班后有没有送来的文件,再在头脑中确认上司今天的日程安排等。

二、日常资料的处理

上司每天都要收到大量的来信和文件资料,它们既有客户发来的传真、电子邮件等,也有各部门和分公司送上来的汇报材料和简报;此外,还有各种公开发行和不公开发行的报纸杂志等。对于这些形形色色的资料,秘书必须及时处理;只要稍微拖沓一点,它们就可能会在秘书的办公桌上堆成一座小山,这不仅有碍观瞻,而且会严重影响工作。

如果送给上司的材料很重要,属于存档范围,那就按规定进行存档。但是,每天送给上司的材料大部分只是"信息",如销售部送来的季度销售工作汇报,它们经常更新,完全没有保存的价值。在处理这些材料的时候,秘书必须领会上司的意图,否则该留的扔了,该扔的却留下来了,会给上司的工作带来麻烦。帮助上司及时处理各种文件资料,是秘书一项重要的日常工作,对这类日常资料的处理可以看出一个秘书能力的大小。

(一)处理原则和方法

1. 迅速处理

有些秘书因为工作忙,每天收到信函资料后,总是集中起来一次处理。实际上,这是一种不良的工作习惯。让文件白白地堆在办公桌上,就让它们自动失去了时效性,特别是一些不能耽搁的传真和电子邮件,因此,秘书不能积压,而应该及时将它们处理,并按规定送给上司。

2. 妥善存放

上司需要资料时,秘书应能做到随叫随到。这就不仅要求秘书必须及时处理收到的材料,而且要将它们分门别类地整理出来,妥善地存放。只有这样,在上司需要资料的时候,才能很快地找出来。为了便于查找文件,同时也为了防止文件丢失,现在大多是采用文件夹保存文件;文件夹在文件柜中都要按一定的规则排放。由于有些文件夹是供几个部门共用,因此要制定相应的文件夹使用规定,以保证文件夹使用完之后都能放回原处。

3. 没有保存价值的资料尽早销毁

秘书在处理文件的过程中,应将那些没有保存价值的资料尽早销毁,这样既可以省地方,又可以节约办公费用。然而,有时资料究竟是要还是不要,秘书一时难以判断,如果保存起来,除了占用文件柜,看不出它有什么实际意义;如果毁掉,万一将来上司要用一次两次的,那又怎么办呢?遇到这种情况,最保险的办法是请示上司,如果上司说要,就存起来;如果上司说不要,就毁掉。但是,遇到难以判断的时候太多了,秘书不能老是去打扰上司,所

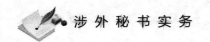

以,在这方面主要是靠向老同事学习,靠自己积累经验。

在很多情况下,某些资料的留存与否上司也不一定说得很清楚,所以,最终还是靠秘书自己掌握。像推销广告这类与公司业务没有任何关系的资料,收到后,就可以直接毁掉;另外,对于本公司的文件资料,如职能部门送给上司的总结报告或汇报资料,为了节省文件柜,让上司看过之后,也可以毁掉,因为即使将来要用,如核对什么情况,也可以让这些部门复印或打印,因为他们自己都会留有底稿。

需要注意的是:那些被认为没有保存价值的文件资料,不一定对外人(特别是竞争对手)就没有使用价值,所以,对所有不需要的文件资料都要用碎纸机切碎,或者集中起来用火烧掉,总之,应把它们毁弃得一干二净,以免丢失或传到公司外。

不过,有些文件资料,虽然对上司没有什么价值,但对于某些业务部门来说,还是有一定的参考价值,因此,只要不违反保密原则,就可以在文件资料上附一张"供××部门参考"的小纸条,转给有关部门。秘书在收集信息过程中应与各科室互通有无,如果在这时投之桃李,说不定到时候他人会报之琼瑶。

4. 确定保存期限

很多文件虽不属于存档范围,却也不能立即销毁,要在保存一定期限之后才能销毁。那么,如何确定文件的保存期限呢?

秘书应学会使用文件夹。秘书至少要给上司准备两个文件夹,一个是红色的"待阅文件夹",另一个是绿色的"已阅文件夹"。把这两个文件夹放在上司的办公桌上,把那些重要和紧急的传真、电子邮件(打印出来)、约会条等放在"待阅文件夹"上的最上面,那些不太急的和一般的文件则放在下边。由于有这么两个颜色鲜明的文件夹,上司可以在他空闲的时间顺手拿出文件来批阅,这样重要的和紧急的文件就自然地被优先处理了。秘书应与上司约定好,上司把已批阅的文件应放到"已阅文件夹"中;秘书在给上司送茶或上司外出的时候,将上司已批阅过的文件取出来。

秘书收到各种文件资料后,先拆开粗略地浏览一遍。因为上司工作繁忙,不可能什么文件资料都要让他看,所以,先对送上来的文件资料筛选一遍,将它们分为必须交给上司看的和可以由自己处理的两类。哪些资料必须给上司看,哪些资料可以由秘书自行处理,秘书应与上司事先商量好。

对于那些应交给上司批阅的文件,在交给上司之前,秘书应在文件上用铅笔写清文件编号和保存期限(也可以把保存期限写在小粘贴纸上,再粘在文件上)。保存期限的长短依文件的重要程度而定。如果只是简单的"信息",如每个月会随时更新的销售简报,秘书就应在文件上标明"销毁"。相反,对于一些极为重要的文件,上司可能会将秘书定的保存期限进行修改。久而久之,秘书在文件夹上标明的保存期基本上就会得到上司的认可,形成了默契。

"保存期限"可以用以下方法表示。

销毁——上司看完后就立刻销毁。它也可以用"D"表示,即英文"Destroyed"的缩写。

永久——非常重要的文件,需要永久性地保存。它也可以用"P"表示,即英文"Permanent"的缩写。

事后销毁——即某事件后销毁,比如,市场部送上来的国庆节促销报告。国庆节过后,促销活动完毕就可以处理掉。它也可以用"Ad"表示,即英文"After the destruction of"的缩写。

"事后销毁"也可以注明具体的销毁日期,如"4/03"就表示到2003年4月末就可以销毁。另外,还可以在文件上这么注明"提醒17/05",即表示到5月17日再提醒上司。

这种先由秘书确定保存期的方式的最大好处是可以大大提高工作效率。秘书根据自己的工作经验先确定一个保存期限,如果上司对文件上标明的期限没做任何修改就返还给秘书,那就表明上司同意秘书的意见;如果上司不同意,那他就会改动秘书标注的期限。这么处理减少了文件的往返,如果上司在批阅完返回给秘书之后,秘书再来决定保存期限,那就浪费时间了。

裕丰(北京)公司总经理秘书丽莎这天一上班就收到新疆天山公司发来的传真,他们公司的阎总一行4人5月12日到北京,与本公司商谈合作,需要帮助安排住宿等。

收到这封传真后,丽莎马上打电话给行政部帮助预订宾馆。在接到了行政部已按对方要求在某某宾馆预订好房间的通知后,丽莎马上给新疆方面发回复的传真,告知住宿已安排妥当。同时,因还需要安排到机场迎接的车辆,所以,她在回复的传真里又加了一句"望通知具体的航班号,以便接机。"这封传真是以公司总经理秘书丽莎的名义发的。

丽莎发过传真之后,在新疆方面的传真上贴了张小纸条,在小纸条上写着"提醒12/05"和"已按对方要求在某某宾馆预订好房间"的字样,一起交给上司;同时,把自己发的传真也拿给上司。上司确认了宾馆已预订好之后,就在丽莎回复的传真上签上了自己的名字。这件事就完成了。

5月12日早晨一上班,丽莎看了自己记事本的工作记录后,在与老总确定当天工作日程时,提醒老总今天下午新疆的阎总到京。在提醒完了老总之后,自己也应开始准备了。

确定文件编号与保存期限之后,将它们放入上司的"待阅文件夹"中;如果比较重要或紧急就放在上面。秘书根据在文件上标明的保存期限,每到月末就整理一次,将当月中已过了保存期限的文件处理掉。只保存两三个月的短期的东西,一般是不太重要的,可以直接销毁。如果是在保存了两三年之后来销毁的,一般都比较重要,所以,在销毁之前请上司再确认一次,在得到许可后才处理。由于没用的文件能及时处理,自己保存的文件数量大大减少,所以,秘书对自己存放的文件应该都做到心中有数,上司什么时候要就能什么时候找出来。

(二)应该保存的资料

秘书应保存的资料大致可以分为两种:一种是秘书部门共用的,另一种是秘书个人专用的。有些资料虽然可以是大家共用,也可以是个人专用,但如果是归个人专用,那么,在保存的时间、使用的范围以及保存的方式上都与秘书科共用的有很大的不同。哪些资料归个人专用,哪些资料属大家共用,公司一般都有明确的规定。

1. 属秘书部门共用的资料

属于秘书部门共用的资料一般有以下几类。

(1)政府法律和公司内的各种规章制度:一般的公司都有自己的"文件保存年限规定"或"文件废弃规定"。根据这些规章制度,分别确定各种资料的保存期为5年或10年。秘书必须妥善保存的文件有"公司股东大会章程"、"公司年度决算报告"等。这些文件一般要立

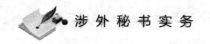

卷存档。

(2) 各种规定和标准：如董事会规定、出差差旅费规定、车辆管理规定、文书管理规定等。但是，每过一段时间公司就要对这些规定进行修订，因此，在保存这类文件时，应注意及时更新换旧。

(3) 各种业务手册：如国外出差指南等具体业务手册。

2. 归秘书个人专用的资料

归秘书个人专用的资料包括以下几类。

(1) 上司指示的记录：对于秘书来说，如果事事都要等待上司的指示，那么，秘书的工作就相当轻松简单；但是，对于上司来说，秘书就起不到什么助手的作用了。即使上司自己不忙，他也不会事事都给秘书作指示。除非一些特别重要的工作上司会给秘书下达书面的命令以外，一般的指示都是口头的，而且这些口头指示也不会是一字一眼，显得那样正式，一般都是随便说那么几句，点到为止，其余的就让秘书自己去理解和发挥。所以，秘书事后都应把上司的指示记录下来，到一定的时候让他确认一下。

(2) 上司的资料：秘书要把上司的一些往来书信、报告原稿、谈话记录以及以上司的名义签发的指示和命令保存起来。此外要保存的还有上司目前工作处理所需一些资料和业务处理问题的复印件。另外，像上司的身份证、驾驶证等一定要有复印件备份，以备不时之需，例如为上司购买飞机票等。

(3) 秘书个人的资料：根据上司工作的需要或当前正关注的一些问题，秘书专门收集的杂志、剪报、还有一些日后也许用得着的资料。例如，上司与某证券公司老总有很深的私交，秘书就收集了该老总的一些个人情况，如他的健康状况、业余爱好、家庭成员等，这样，即使将来调动工作，新秘书接替工作时，这方面的工作就不会脱节。

(三) 保存资料的方法

1. 资料的分类

在保存资料时，首先要根据其内容进行分类。常用的分类方法如下。

按往来单位分类：这是按"A 公司"、"B 商场"等公司名称或人名作为关键词来分类的方法，将与同一个单位相关的所有文件分在一起，它很容易了解与对方每一次往来的经过，适用于交往频繁的客户资料的处理。

按主题分类：这是一种按资料内容进行分类的方法，也就是按文件的主题分类的方法。比如在整理产品的商品目录时，如果按往来单位分类法就可分成"A 公司""B 公司""C 公司"；而如果按主题分类法，就可以分成"电视""冰箱""空调"等类别。

按标题分类：按文件的标题，也就是按文件的功能进行分类，如"业绩报告"、"电话费账单"等。

按事件分类：按某项具体的交易或工程或活动进行分类，如"某某厂房的改造"、"某某分店的装修"、"公司 20 周年庆典"等。

2. 整理资料的用具

整理资料时，常用的用具有曲别针、订书器、打孔器、文件夹等。现在很多文件夹自身带有固定装置，可以很方便地将文件固定放在里面。

3. 文件的转移与置换

文件每天都在增多,如果让陈旧而且使用率很低的文件占据文件柜,那新的文件就有没地方放,整理文件的工作也就没有意义了。所以,有必要定期将陈旧的文件转移地点。这种转移有时是在同一个文件柜里转移,有时则是转移到仓库等其他地点。

如果是在同一个文件柜里转换,一般采用上下置换的方法。上下置换就是将使用频率高的文件放在柜子的上半部,使用频率较低的文件放在柜子的下半部分。可以先整理下半部分的文件,或保存或废弃。然后将上半部分的文件分成继续保存的和应该废弃的,并将需继续保管的文件转移到下半部分。此时空出的上半部分,就可以再放新的文件了。

4. 文件的借出

借出文件时要进行登记,登记的内容应包括借用者的姓名、借出日期、预计归还日期、文件名称等。

5. 电子信息的管理

随着计算机的普及,大量的信息被电子化。秘书必须对这些电子信息进行有效的管理,以充分利用电脑的优势进行资料的查询、搜索及整理。

(四)电子邮件的处理

(1)根据邮件类型或按具体项目设置子文件夹,如急阅件、待处理件、须知通知、一般通知、报表、报告、总结、新闻、通报、私人邮件等。

(2)将收件箱中的邮件过滤,删除不必要的邮件,然后进行分类,如需要上司本人审阅的,就存入相应文件夹;有些要根据上司授意回复的邮件,就要协助上司在规定的时间内处理相关事宜;如果是以上司名义回复,那就要在语气上予以注意,并从上司信箱发出;如果以秘书名义发送,那就要说明邮件内容为上司授意。如果可任由秘书代为处理的,可转给其他相关负责人,或由秘书本人回复。

(3)如果发出的邮件需要追踪结果或确认对方是否收到,就要设置回执;如对方未能及时回复,就要用电话了解情况。

(4)如果邮件需要上司审阅或批改,那就要打印出来送给上司,然后负责回复或传达。

(5)重要的邮件应及时进行保存。

(五)传真的处理

1. 将传真分类

如需要上司本人审阅的,就根据上司授意进行处理。如果可以由秘书代为处理的,就转给相关负责人,或由秘书本人回复。

2. 将重要的传真存档

首先是阅读文件,判断是否应由上司处理,然后审核文件格式是否正确、内容表述是否清晰、完整。

其次是对文件进行分类:待批、待阅件,紧急、不紧急,并写明文件摘要(必要背景资料、审批原由),便于上司批阅。

最后按上司批改意见复印后转发、呈送,必要的事情进行追踪,反馈结果,必要的文件进行存档。传真、邮件、信函等内容为外文的,应及时译出。

(六)信函的处理

收到信函之后是否拆封,应按与上司事先约定的方法办理。如果没有约定,则公事文件在拆封以后递交给上司,私人信件就不要拆封。对于那些公事文件信封上也标有"亲启""机密""重要"等字样和那些不能判断出到底是私信还是公信的信件原则上不要开封。

(七)其他

1. 名片

一般来说,客户要见上司多是通过秘书来安排,因此,秘书会收到大量的客户名片。此外,上司外出洽谈生意和应酬,也会收到许多名片,这些名片一般也交给秘书保管。所以,整理保存名片也是秘书的一件很重要的工作。保管好名片,就是要做到要用的时候能迅速找出来。

收到名片后,应在名片的背面做些适当的记录,如将客人的一些外貌特征"细高"和"肥胖"等记在上面,这样就可以加深对客人的印象,在下次接待时能给客人留下一个亲切的印象。在名片上要记上收到的日期,如2005年3月4日,就可以记成"050304";如有可能,还可写上"与上司是某某关系"等。应将私人关系的名片和工作关系的名片分开存放。如果收到某人联络方式或职务变动的通知,应立即在其名片上注明。

2. 杂志

整理杂志需注意以下几点:收到新杂志后,要检查有无遗漏;一般的杂志保存1年,特殊的杂志保存5年;如果需要长期保存,可以将半年内或一整年内的杂志合订在一起,并在背面写清杂志名称和起止年限。

3. 商品目录

商品目录是指提供商品概况的目录说明书。整理商品目录时需注意按产品或商品的不同类别整理。商品目录应一年核对一次,将陈旧的、不需要的目录丢掉,只保存最新的目录。不过如果是自己公司的产品,即便是陈旧的也要全部保存下来。对于比较薄不能立起来整理的文件,最好采用文件夹保存。

三、给上司送材料的时间和顺序

1. 一般材料的递送时间和顺序

秘书每天都会收到许多寄给上司的材料(包括邮件)。是不是一收到材料就要马上送给上司呢?不一定,一般是急件才需要立即送到上司办公室。

如果送给上司的文件资料很多,就要分清轻重缓急,哪些东西应立即送到上司的办公室去,哪些东西可以先转给有关部门传阅。对于这些问题,都是凭秘书的经验判断。一般的公司规定每天给上司送三次文件,早晨上班时一次,上、下午各一次。

一般来说,传真、电子邮件的内容都比较急,因此,收到传真、电子邮件后应该立即送给上司;如果上司正在开会或者出差在外,也应想方设法将之转送到上司手中。

有些材料虽不像传真、电子邮件的内容那样紧急,但秘书也不能拖。例如,在上海的分公司送来一个请示报告，请示将公司生产的饮料改变一下包装式样，以适应消费者求新的需要。对于这份请示报告，秘书应赶紧送给上司批示，否则上海的分公司就有可能失去一部分市场，从而使整个公司的利益蒙受损失。

给上司送材料的一般顺序是：

（1）电话留言、传真、电子邮件、快递、挂号信；

（2）私人信件；

（3）一般信函；

（4）公司内部通知；

（5）杂志和样本等。

对于邮寄来的新杂志和样本，只有在上司比较空闲的时候才能送给他看。如果是上司不感兴趣的东西和太浪费时间的东西，就不要送给上司。一般来说，作为秘书应该了解上司对什么东西感兴趣，对什么东西不感兴趣。

2. 紧急文件的处理

秘书经常会遇到这样的难题，一些部门的人提交需要上司签字的文件时，往往强调其文件十万火急，要求秘书让上司尽快在文件上签字。

如何做到让上司急件急批呢？秘书仍然可采用本节"确定文件保存期限"中的办法，用文件夹来解决急件急批的难题。

四、邮件的收发

秘书几乎每天都要从事邮件收发方面的工作，所以，了解一些处理邮件的常识很有必要。

（一）收邮件

1. 邮件启封

邮件的拆封在许多人看来是非常简单的事情，但是，如果在拆封时没有注意邮件拆封的权限，将上司的私人信件也拆开了，就有可能引起不必要的麻烦。因此，哪些邮件可以开封，秘书应该事先和上司商量好。

秘书在收邮件时应注意不能拆开有"亲启"、"保密"等记号的邮件，除非上司授予其这样的权力。如果无意中拆开了不应拆的邮件，就要立即在邮件上注明"误拆"字样，并重新封好。如果所接收的邮件是报刊、小册子等印刷材料，在拆封时就要注意整洁，把邮件上的所有包装纸除去，并把它们理齐摊平。

拆邮件时，最好在邮件上部轻轻敲击几下，使邮件内的东西落到下部；然后使用开封刀拆封，不要用手撕，并仔细检查里面的物件是否全部取出。如果是"加急"、"快件"等比较急的邮件，就应马上取出信件并粗略地看一下，如果确实有必要就马上送给上司。

2. 邮件处理

处理邮件时，先要盖章签字接收；如果有附件，则应用文件夹把附件附在信件之后；此后在收件登记簿上登记。秘书看过来信之后，如果觉得需要把一些相关资料附在一起，就应找

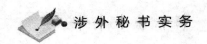

出来,用文件夹夹好,一起送给上司;对于那些秘书可以自己处理的来信,例如客户就公司产品性能进行咨询的信件,秘书就应自己处理。最后秘书应按照上司的工作习惯,将新收到的邮件在合适的时间呈送上司。

(二)发邮件

对外发信件既要做到快捷,又要保证经济实惠。在信件封口之前,一定要再检查一下信里是否有错别字,信封上的地址和姓名是否写对了,对邮寄的信函是否留有复印件或在电脑里有存底。

对一些重要文件的邮寄,一定要用挂号信的形式邮寄,这样可以留下存根,必要时能充当证据,特别是在邮寄以下几类特殊邮件时需要注意此点。

(1)在申请专利、商标等文件时,受理时间很重要,所以在邮寄此类文件时,一定要保存好邮寄时的存根。

(2)在邮寄一些重要的法律文件时,一定要确保对方能收到,所以要保留好邮寄存根,以便作为已经寄出的证据。

公司经常要邮寄一些样品或样本,过去小件的包裹都是送到邮局邮寄,现在全国各大中城市出现了各种从事"特快专递"的服务公司,包括EMS和许多民营和国外的快递公司。这些公司都能提供门对门一站式服务,不仅方便快捷,费用低,而且对包装的要求也不高,所以,秘书要学会利用这种快递服务。

五、上司的保健

健康是工作之本。上司没有良好的体质和充沛的精力,就不能适应越来越繁重的工作要求,所以,上司身体的保健也是秘书工作的一项重要内容。但是,秘书毕竟不能完全替代保健医生的工作,所以,秘书主要是给上司安排好午餐。在安排午餐时,既要照顾上司的口味习惯,又要考虑上司身体的接受能力,保持营养的大致协调。上司的年纪一般偏大,有些人患有慢性病,如糖尿病、高血压、冠心病等,故而秘书在平时,特别是在宴请的时候,对这些病有什么忌口,应随时提醒上司。保健的另一方面是注意保证上司的休息。因为上司的年龄一股偏高,精力不如年轻人,所以,秘书在给上司安排工作日程时,要充分考虑他们的休息时间。

第二节 信息收集

当今人类社会已进入一个信息时代,人们每天都生活在各种信息的海洋之中。公司领导人的主要工作就是决策,而正确的决策必须以准确、及时和充分的信息为依据。那么,对于秘书来说,提供给上司做决策依据的信息到底是什么呢?一切对上司决策有用的东西,尤其是上司决策必需的东西,都可以称为决策信息。因此,信息工作是秘书日常工作中的一项重要工作,而且,其作用将越来越重要。

秘书的信息工作就是对自己收集的各种各样、形形色色的信息进行鉴别,去伪存真、整理归类,并在上司需要的时候提供给上司。信息工作的关键是信息的收集。

一、收集信息的基本要求

1. 准确真实

秘书为上司收集的信息必须准确真实。曾经有位公司老总讲过这样一个有趣而又耐人寻味的小故事:"一天,我坐车路过一家蔬菜商店,看见门口摆着一堆新鲜的洋葱。洋葱的皮被太阳晒得红红的,上面还沾着泥巴。我小时候在家里种过洋葱,所以突然看到洋葱感到非常亲切。回到办公室后,我让人到那个蔬菜店给我买个洋葱。可是,当那个洋葱放到我办公桌上时,洋葱只剩下里面那点小芯儿了。这是为什么?原来,当行政部门的员工买来把它交给行政部经理之前,他把外面那层沾着泥巴的皮剥掉了;洋葱到了行政部经理那里之后,他又把洋葱外面的那几层红皮剥掉,这样看起来显得更漂亮一些;而行政部经理把洋葱送到秘书那里以后,秘书又剥了几层皮。这样,当洋葱放到我办公桌上时,虽然还是个洋葱,但它已不是我想要的那个洋葱了,我要的是一个整洋葱啊。所以,我把他们通通叫来狠狠地训了一顿。"

秘书为上司收集信息,虽然不像买洋葱的故事那么简单,但道理都是一样的,即秘书在把自己收集的信息交给上司之前,不要过于加工,因为这样常常会把信息中最有价值的部分弄掉,从而使上司很难利用这种信息来做出决策。

2. 实事求是

实事求是要求判断各种信息的可信度,这对于秘书来说是一项非常重要的工作,也是一项难度很大的工作。如果没有相当的专业知识,缺乏清醒的头脑和开阔的视野,就难以胜任这项工作。因此,此项技能任何人都不可能一蹴而就,只有逐步提高。

秘书在收集信息过程中必须注意以下几点。

(1)不能生吞活剥。不管收集到的信息有多大的价值,秘书都要在其头脑中多画几个问号:这件事为什么是这样?这件事是怎么发生的……

(2)不能自我发挥。所收集的信息往往不是很完整,秘书不要为了"完善"那些不完整的信息而去自我发挥。一叶落而知天下秋,上司自己往往能从这些零碎的信息中推测事情的全部真相。秘书自我发挥,难免画蛇添足。

(3)保持不偏不倚。例如对一些人事信息,秘书可能会听到各种议论,甚至包括各种流言飞语。在这种情况下,秘书既不能偏信,也不要轻疑。如果可能的话,最好找到当事者本人,听听他自己的看法,设身处地替他想想;然后再听听周围人的意见。只有这样,秘书才能保持不偏不倚的态度。

(4)努力探本求源。在收集某些重要的信息时,不能只重结果而轻视过程。事情的经

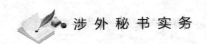

过如何？为什么出现这种结果？为了把握事情的真相，秘书应当到现场去核查，查对原物，核实证据。总之，要争取多掌握些真实情况。

（5）力戒先入为主。事物总是在不断地变化之中，对于某些日常工作，有些秘书总以为自己十分清楚，在听取汇报或者看汇报材料时，显得漫不经心，听不进对方的建议。如果秘书总是这样先入为主，不注意研究新问题，对新问题不采取新的对策，就难免不犯主观主义的错误。

3. 避免"信息污染"

人类社会如今已进入一个信息时代，为了决策，人们需要收集各种信息，但是，如果信息太多，反而有可能造成信息污染。例如，公司市场部的马经理和销售部的牛经理在性格上长期不合，但上司一直没有发觉，对于这种信息，秘书就没有必要把它传递给上司，说他俩如何如何。反过来说，如果上司对马经理和牛经理之间的别扭有所察觉，他来询问秘书的看法时，秘书就要如实地讲出自己看到的和听到的。怎么处理是上司的事，秘书不能以"也许""可能"来推测。

秘书应当努力使自己成为上司的眼睛、耳朵、手和脚，但绝对不要成为上司的大脑。做上司的目、耳、手、足的意思就是为上司收集信息，推荐好书，结交益友，以让上司纵观天下风云。

二、信息的基本内容

由于上司所负责的工作不同，而且他们在不同时期有不同的工作重点，所以，秘书为上司收集信息的内容和范围也各不相同。秘书收集信息应该围绕上司的工作来展开。

1. 与公司有关的信息

这些信息包括：公司的一些重大经营活动，如新产品开发、销售和促销等企业经营方面的活动；预算、决算、盈利等财务方面的活动；招聘、提拔、考核等人事方面的活动。

2. 与上司业务有关的信息

例如，上司是负责产品研发的副总经理，那么，秘书就要注意收集研发计划、知识产权和技术合作等方面的信息，上司在人财物等方面的权限，上司出席公司内外各种会议的相关事项，以及上司所负责部门的运营和管理的情况等。

3. 与上司个人有关的信息

作为秘书，需要了解上司一些个人活动，例如上司是高尔夫球俱乐部的会员，定期去锻炼，并有相对固定的球友等。

对于上司的一些个人信息秘书没有必要全部了解，而且公司领导人之间的关系如何，都不需要秘书插手。然而，秘书毕竟处于公司信息流的中心，接触的信息相当多，经常会在无意之中接触到一些涉及个人隐私方面的信息。对此，秘书必须始终如一地保守秘密，小心工作。

4. 员工的信息

秘书是上司与各部门及公司员工之间的一座桥梁，所以，秘书有责任将流传于公司员工之中的各种信息准确无误地传递给上司。

5. 公司内部的信息

为了能迅速地从公司内各部门收集到上司需要的信息,秘书必须了解公司的业务流程及各部门的职责范围。一般来说,行政部门主要负责后勤管理,如车辆管理、办公用品采购等,公司的基本资料大多由他们保管;人力资源负责人才招聘和管理,公司员工的档案、福利、保险、考勤、录用、劳动合同等资料都由他们保管;财务部门负责资金管理,公司的各种会计报表记账凭证都由他们保管;市场部负责市场的营销,他们负责保管市场调查报告和各种统计资料;销售部直接与客户打交道,公司历年的销售报表、客户资料和销售合同都由他们负责保管。

6. 公司外部资料的收集

为了能迅速而且准确地给上司提供其所需要的各种信息,秘书在平常就要广泛关注各种媒体发布的与公司业务有关的信息和上司感兴趣的信息,例如与公司业务内容相关的专业书籍、上司有兴趣的图书等。另外,秘书还要注意收集由政府有关部门出版或有政府背景的刊物,如经济白皮书等,上面的各种数据都比较准确,对上司的决策有一定的参考价值。

三、信息的来源

1. 互联网

毫无疑问,互联网的出现,对秘书的工作带来的影响可以说是革命性的,因为互联网是信息的海洋,各种信息唾手可得。但是,在互联网上寻找信息,就一定要会熟练使用搜索引擎。

现在的搜索引擎很多,作为秘书只要会几个就行了,如百度(Baidu)和谷歌(Google)。使用搜索引擎的关键是要选准"关键词",或者说就是要组合好关键词。搜索引擎的原理,就是利用有限的关键词去寻找最合适的结果。每次搜索都是由两个部分组成:设计优秀的搜索请求和准确可信的搜索结果。因此,好的搜索请求应该包含多个能限制搜索范围的关键词。

用Baidu或Google搜索时,搜索结果往往不只一两个,因此,秘书还需要对搜索的结果进行筛选评估。网络内容的质量和权威性很重要,不能一见到搜索结果就信手拈来。所以,在点击任何一条搜索结果之前,秘书都要快速分析一下搜索结果的标题和网址,它会节省大量的时间,否则就会陷入搜索结果的汪洋大海。

最近几年,网络迅速普及,几乎所有信息都能通过网络获取。但是网上的很多信息都是不能确定真伪的,因此需要秘书具有能够准确辨别信息真伪的能力。

2. 报纸杂志的文字信息

收集一般的信息并不是一件很困难的事,大部分可以从各种公开发行的报纸杂志和网上找到。这类信息虽然容易找到,但它们式样多、容量大,因此要能熟练地收集、储存这类信息也不是一件那么简单的事。

平时收集文字信息要注意以下几点。

(1)复印或扫描。在翻阅报纸杂志的时候,发现里面有感兴趣的东西,就将它复印或扫描下来,并把报纸杂志的名称和日期记在上面,并统一装订起来。

（2）标记重点。由于从报纸杂志上收集到的信息内容大多是一般性的，上司可能只是浏览一下，甚至只看一下标题，目光就一扫而过，所以，如果有重要的内容，一定要用红铅笔画上重点线，以引起上司的注意。

（3）请人帮忙。秘书复印和扫描得再多，也毕竟只限于秘书本人所能看到的报纸杂志；其他部门也订有报纸杂志，所以，秘书可以请其他部门帮助，适当分工。

（4）说明和注释。对于那些篇幅较长的文章，如果上面有与本公司或本行业的最新报道，秘书要在文章旁边加几行提纲挈领的说明文字。遇到一些新名词和缩写，要加以必要的注释。

（5）标明信息的来源和出处。这些信息是从哪本杂志和报纸上复印下来的？是哪个部门送上来的？秘书都应该在资料后面注明。此外，这份信息除了给上司一份，还抄送了哪些部门和哪些人，也应该有个说明。上司看了提供信息的部门或人的名字后，也许会给一定的奖励，更重要的是他能根据信息来源判断这份信息到底有多大的可信度。

（6）剪报通常有两种情况，一种是上司比较忙时，为了让上司能及时知道一些新信息，秘书从当天的报纸上给上司剪一些新闻和时事报道；另一种情况是秘书根据上司的指示进行专题收集，专题剪贴最好用专门的卷宗夹起来，每天早晨一上班就送给上司。

3. 内部材料

秘书部门不仅会收到职能部门送上来的各种汇报材料，也经常会收到各地分公司或业内同行寄来的各种汇报材料或情况通报，这些都是很重要的信息来源，但是光有这些还不够全面，如果时间允许，秘书应经常到基层（如车间或门市）实地去看看和听听，以便从那里掌握大量的第一手材料，补充那些书面汇报材料的不足。

4. 实地调查

有些信息在网上和汇报材料中都难以找到，例如市场部送上来的市场预测报告，它对市场前景的预测是否过于乐观？如果条件允许，秘书就应到门市和同行那里实地看看，并与有关人员进行直接交流，只有这样，才能得到第一手材料，掌握真实的信息。

5. 请朋友帮忙

对于某些敏感的信息，不仅在网上和汇报材料中找不到，就是实地考察也不一定找得到，比如，秘书要了解竞争对手成本方面的信息，这用一般的手段是找不到的，因为它们可能只存在于某些人的记忆中或口碑里。当秘书要了解这类信息时，只有请朋友帮忙，所以，秘书不能老是高高在上，在平时就要注意建立自己的"信息网络"；只有这样，那些想要的信息才会自己送上门来。平时多烧点香，急时就不用乱抱佛脚。当然，这是一个商业化时代，秘书不能只有单方面的输入，也得有些付出，例如平时请同事或朋友一起喝杯咖啡或吃顿饭，联络联络感情，这既是一种情谊，也是一种信用。

四、收集信息的技巧

1. 熟悉上司

作为助手，秘书必须熟悉自己的上司，这是做好秘书工作的前提，也是做好信息工作的前提。只有这样，秘书才能做到有的放矢。

在日常工作中，秘书不仅要了解自己的上司主管哪些工作，分管哪些部门，而且要了解上司目前最关心的是哪些问题,工作中有哪些新的打算等。只有这样,秘书才能把握自己收集信息的重点,当上司需要相关信息的时候就可以及时提供给上司。

那么,秘书怎样才能知道上司当前工作的重点呢?对于这个问题上司一般都不会有明确的指示,所以只有靠秘书自己去观察,去琢磨。通过留心观察来大概掌握上司工作的重点,对于一个经验丰富的秘书来说,这应该是一种职业本能。

2. 广闻博见

做好收集信息工作,归根到底就是要勤奋工作,多听多看。由于秘书所处的地位特殊,所以很容易收集到各种各样的信息。不过,这些信息的可信度如何?有没有实际价值?这就取决于秘书的判断力如何,而这种判断力实际上就是秘书水平和素质的体现。在日常工作中,有价值的信息往往不是等来的,它要求秘书自己去采掘。秘书做好信息工作的窍门就是平时多看、多听、多问,有一种"三人行必有我师"的态度。

3. 熟人好办事

信息收集工作是一项既复杂又庞大的工作,如果光靠秘书一个人肯定很难做好。单就各种文字信息而言,要让秘书对各种报纸杂志从头到尾地看一遍就不可能,何况还要对它们进行整理。所以,秘书从事收集信息工作,如果不与同事和其他部门配合,取得他们的帮助,就很难满足上司的需要。

为了取得各部门的配合,秘书要有一种诚恳谦虚的态度。不管是谁,只要有"信息",秘书就要甘当小学生,虚心请教,只有这样才能得到他人的信赖,得到有价值的信息。

当然,在收集信息的过程中,秘书仅有谦虚的态度还不行,如果不能互通有无,总让对方单方面提供"无偿服务",那这种状况就不可能长期坚持下去。因此,只要不违反保密规定,那么,秘书就要将自己收集的信息复印(或用电子邮件的方式)给那些为其提供信息的部门或人,并且将他们提供信息所产生的作用,特别是上司对这些信息的评价告诉他们,使他们能对自己的工作和工作的意义有一个全面的估价。总之,秘书要与各部门的同事保持一种和谐而又亲切的关系,即使平时在走廊上见面打个招呼问声好,这也是一种努力。

五、信息的筛选

秘书每天要收到大量的信函、传真、电子邮件等,这些都可以说是信息,但它们的内容五花八门,有的是给上司的请柬,有的是上司之间相互交换看法的私人信件,也有的是推销产品的广告,不一而足。秘书负责处理这些信函,就是对它们进行筛选,然后进行分类:哪些要马上送交上司;哪些可以暂缓;哪些要送给上司过目;哪些可以直接转给有关业务部门等。

在收集信息的过程中,有时对一些资料的内容不好理解,把握不了;或是觉得某份资料虽然很重要,但证据不充分,可信度不高。遇到这类情况,秘书要与有关业务部门联系,虚心请教,听听他们的意见,之后再进行鉴别,决定取舍。

有些信息的价值是显而易见的,有的则一时还难以判断。古人说,有备无患。所以,那些一时还派不上用场的信息,最好还是积攒起来,将来万一要用,找起来方便。而对那些一看就毫无价值的信息,则要当即用碎纸机粉碎。

第三节

上司的日程管理

一、日程管理的意义和内容

1. 日程管理的意义

现代企业领导人一个最大的特点就是"工作忙",从内部的人事安排到市场、研发、生产等,几乎无所不包,可以说是千头万绪。因此,为了抓住大事和重点,提高工作效率,他们的工作本身也就需要有个计划,否则,在繁杂的事务中就会出现紊乱,顾了这头忘了那头,捡了芝麻,丢了西瓜。作为上司的助手,秘书必须为上司管理好他最珍贵的时间,因此,为上司安排工作日程是秘书一项很重要的工作。

2. 日程管理的内容

作为身负重任的企业领导人,每天要求与之见面的人都很多;而且要求见面的人中不仅有公司各职能部门和分公司的,也有客户和合作伙伴的。但是,上司工作千头万绪,时间有限,要想全部安排见面几乎是不可能的,因此,秘书在给上司安排工作日程时,要对上司的工作进行分类,以保证上司的工作效率。对于那些确实需要安排与上司面谈的客人,秘书也需要对他们所关心的问题和与上司的关系做出判断,这样在安排见面的时间和顺序的时候,做到心中有数,保证上司的日程安排科学合理。

工作日程的安排,通常是按时间段来划分的,例如下周工作安排、本月工作安排、第二季度工作安排等。在安排工作日程时,要考虑各项工作的轻重缓急,各项工作之间的联系,特别是要考虑如何提高工作效率。

3. 制定日程表的前提

(1) 了解上司的日常工作、近期业务重点、作息习惯、身体状况。

(2) 优化工作方法,细心观察上司的工作习惯与做事风格,主动适应其工作节奏。

(3) 了解公司业务发展情况,特别是上司负责的业务进展情况,留意上司近期的工作重点。

(4) 定期与上司沟通,将下一阶段有可能出现的工作和其处理原则做好预案,在时间上留有余地。

一般来说,刚刚参加工作的秘书很难把上司的工作日程表做得缜密周到,这至少得两三年的工作经验才行。只有虚心向老同事学习,同时自己多留心,与有关部门密切配合,才能做好这项工作。

二、日程管理的原则

1. 兼顾效率与健康

公司领导人的年龄一般偏大,其在体力上连续作战的能力有限,因此,在安排上司的工作日程时,不能只顾工作的效率,而必须讲究张弛之道。如果不注意劳逸结合,影响了上司的身体健康,那工作效率也就无从谈起。所以,秘书在为上司安排工作日程时,既要考虑如何最大限度地提高工作效率,又要在时间上留有充分的余地,让上司得到适当的休息,做到劳逸结合。可以说,能否统一工作效率与时间宽裕这一对矛盾,是评价一个工作日程表是否科学合理的标志。

2. 请上司事先确认

在安排上司的日程时,无论是一般的工作还是重要的工作,都要事先征得上司本人的同意。因为上司在审核日程表的过程中,往往会根据自己以往的经验来考虑应该采取什么方法处理,是否需要安排专门的时间,而这些也正是秘书所要掌握的。但是,秘书也不能完全听任上司的主观意思而把计划丢在一边,如果是这样,秘书就有可能不知道下一步应该干什么,使日程表成为一张废纸。

3. 日程表适当保密

上司的工作日程安排一般都是画成一览表形式,简单明了。打印好的日程表给上司本人一份,给秘书部门负责人或其他综合部门负责人一份,此外还应给有关部门和汽车司机复印几份。不过,给职能部门和司机的日程表内容不能太详细。例如上司某月某日出差,出差前一天的上午与大客户赵总见面,此类信息只有秘书自己和上司本人手中的日程表才允许这么详细,须知日程表送得越多,泄密的可能性就越大。

因此,在制定日程表时要使用一些表示特定工作内容的符号,且这些符号所代表的内容在单位内要统一,不仅负责制定日程表的秘书要明白,而且要让其他秘书也能看得懂。例如,用"◎"表示会议,用"⊙"表示拜访客户。另外,日程表旁边最好还要留一定的空白,以便随时能用铅笔增增减减或作特定的标记。

三、制定日程表的方法

上司的日常工作分为日常性工作和突发性工作。日常性工作是指事先有计划的相对固定的工作,如开会、出差、接待客人等;突发性工作是指临时安排的事情。秘书的通常做法是将有计划的事情预先填入拟好的日程表中,而当突发性工作出现时又能细致灵活的处理。

上司的日程安排可分为年度计划、本月计划、本周计划以及当天计划等形式。这些日程表是安排得越细越好还是越粗越好,主要取决于上司的实际需要。一般来说,由于客观情况的变化和许多不可预料因素的影响,中长期计划是宜粗不宜细的。现在大多数企业都是这样,年底制订下一年度计划,年度计划主要是将来年的工作描绘出一个大致的轮廓,比如为了实现某个重要目标而要抓的哪几项工作,或按规定要开哪几个例行的大会;然后根据年度计划的设想,安排当月的计划;而本周的计划就是具体实施,如星期一上午去省城拜访客户,星期二下午召集某些人商量工作……不仅如此,日程表还要根据实际情况的变化随时调整和充实,从而使计划更具体和详细。

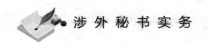

在所有的日程表中,当天的日程表要非常具体,如果上司外出拜访客户,秘书在把日程表交给上司时,还要提醒他不要忘了约会等一些重要工作。日程表必须在前一天就让上司确认;当天早晨上班后,应复印一份让上司再次确认。

由于上司的工作内容不一样,上司开会的次数和约见的客人人数也不一样,因此给上司制定工作日程表的内容也因人而异。一般来说,做上述四种日程表都是在滚动执行过程中相互衔接。下面以某外资公司负责市场的副总的日程安排为例,说明制定工作日程表的一般原则和方法。

1. 年度日程表

年度日程表一般是在上一年年底前制定。年度日程表不要做得太细,只要把年度内一些固定的重大活动,如董事会、全国经销商大会等重要活动记在这个表内就行(参见表6-1)。

表6-1 2005年工作日程表

1月 15—18日公司召开 大客户联谊会	2月 3—7日公司董事会	3月 3—6日全国经销商大会
4月……	5月……	6月 4—12日到德国与法国出差
7月 6—8日公司董事会	8月……	9月……
10月……	11月……	12月……

2. 月内日程表

月内日程表主要是根据年度预定日程表进行安排,上面注明上司出差、开会等重大事项;每个月连续制定;一般当月的日程表在上一个月的月底之前完成(参见表6-2)。

表6-2 2005年6月工作日程表

日期	星期	工作内容	日期	星期	工作内容
1	三		16	四	主持召开销售会议
2	四		17	五	
3	五		18	六	
4	六	上午10点乘飞机到北京,下午5点乘汉莎航空赴德国	19	日	
5	日	到达德国	20	一	上午总经理办公会
6	一	在德国出差	21	二	
7	二	在德国出差	22	三	到北京拜访客户
8	三	在德国出差	23	四	到北京拜访客户
9	四	在法国出差	24	五	
10	五	在法国出差	25	六	
11	六	晚10点到达香港	26	日	
12	日	下午一点回到本市	27	一	上午总经理办公会
13	一	上午总经理办公会	28	二	
14	二		29	三	
15	三		30	四	

3. 本周日程表

将上司一周之内的主要活动,如开会、外出拜访客户、听取汇报等记在本周日程表内,这是上司一周之内具体工作安排的基本依据。本周日程表一般是在上一周的星期五完成;表做完之后,要送给上司审阅,请上司确认(参见表 6-3)。

表 6-3 2005 年 6 月第 3 周日程表

日 期	星 期	上 午	下 午
13	一	9 点到 11 点半总经理办公会	2 点到 5 点与张总讨论下半年的工作安排
14	二	10 点到 12 点到某分公司检查工作	
15	三	……	
16	四	9 点到 11 点半听取销售工作汇报	2 点到 4 点半听取销售工作汇报
17	五		3 点到 5 点接待北京客户陈总,晚上宴请
18	六		
19	日		

4. 当天日程表

当天日程表是根据每周工作日程表制定出来的,应把当天工作的一些注意事项记在上面,交给上司,提醒他不要忘了约会等一些重要工作。当天日程表必须在前一天就让上司确认;当天早晨上班后,复印一份让上司再次确认。对于经常外出的上司,还要复印一份让上司自己带在身上,把对方的电话号码等一些注意事项记在上面。考虑到下班后上司还可能有些应酬,秘书应将时间范围标定到晚上 8 点钟左右(参见表 6-4)。

表 6-4 2005 年 6 月 17 号日程表

时 间	工作内容	备 注
上午 8 点		
9	9 点半开始听取销售部王经理的工作汇报	
10	同上	
11	同上	
12		
下午 1 点	1 点半到 4 点与总经理商量工作	
2	同上	
3	同上	
4	4 点半接待北京陈总	
5	同上	
6	宴请北京陈总	长城大酒楼二楼杏花村包间

以上几种日程表的制定要灵活掌握,对于上司的工作安排,既不要重复,也不要遗漏。这几种表出来以后,要随时注意它们之间的衔接,最好经常把它们集中起来,相互对照。

对于上医院、会面等上司的私人事情,秘书要在不干涉上司隐私的范围内进行粗略的了解。上司的私人预约要记录在秘书个人的笔记本上,不要写进分发给其他部门的日程表内。

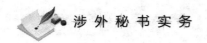

四、制定日程表的注意事项

1. 提高效率

上司要外出拜访客户,是先到天成公司还是先到大地公司?是由天成公司到恒昌公司还是由大地公司到恒昌公司?对于这些问题,秘书要事先统筹考虑,找出最佳行车路线,减少路上耽误的时间。当然,如果天成公司的事情最重要的话,那么,在时间安排上就要尽可能优先。

2. 时间上留有余地

安排上司的工作日程,在时间上一定要留有充分的余地。有些秘书喜欢这么安排:为了争分夺秒,上司刚开完领导办公会,就安排与北京客户陈总见面……其实,这并不能提高工作的效率,其结果往往适得其反。因为上司刚开过办公会,思想不能一下子转过弯来,加上又没有休息,这样去与陈总会谈,不可能谈出什么来。另一方面,如果办公会要延长的话,那就要白白浪费陈总的时间。所以,在制定日程表的过程中,最大的困难是时间的测算。办公会要开多久?与陈总的会谈需要几个小时……如果是单位内部的会议及其他活动,时间的测算也许要容易一点,但与客户的会谈则不好说了。如果要与陈总签合同,事先知道对方有什么条件和要求,事情也许好办一点;如果事先不知道,双方还需要讨价还价的话,合同签下来到底需要多少时间,那就不好说了。因此,秘书在安排日程表时,最好在每项工作原订的时间之后,再加半个小时的机动时间。

3. 内外兼顾

随着公司业务的拓展,上司与外界打交道的时间越来越多,但是作为一个公司的领导人,他又必须内外兼顾。因此,秘书在给上司安排工作日程时,一定要留出专门的时间让上司来了解本单位的工作状况,及时处理公司内部的各种矛盾和问题。如果上司从上午9点就开始开办公会,10点与客户陈总会谈,下午1点半去分公司检查工作……一天到晚忙于这些活动,上司根本没有时间了解各部门的情况,对请示报告也不能及时批阅,那就会影响本公司的工作。因此,秘书应该知道每过一段时间会有多少文件需要上司批阅,各部门会上报多少材料,哪些部门要向上司汇报工作,这样就可以每周安排一个固定的时间专门处理内部工作。

上司在出差和休假之后,等待批阅的文件往往比平时多,所以在上班的第一天,一般不要安排会议或听取下面的汇报等活动,应让他专门处理内部各种文件,哪怕是抽出半天也行。

五、日程表的管理

(一)应注意的问题

在秘书的日常工作中,管理上司的工作日程是其中一项非常重要的工作,而且是有一定难度的工作。秘书在管理上司的工作日程时应注意以下几个问题。

1. 不要懒于确认

给上司制定工作日程表是一项重复性很大的工作,因此,一些秘书会觉得反正没有什么大的变化,要不要上司确认无所谓,久而久之就懒得请上司确认。秘书无权决定上司的工作日程,因此,在制定日程表时一定要与上司商量或最后请上司确认。

关于日程安排和管理,对有一定能力和经验的秘书,许多上司只会说自己想跟谁见面,至于见面的时间、地点等都交给秘书去安排。在这种情况下,即使经验再丰富,秘书也必须让上司确认,更无权改变上司的日程安排。

2. 上司不在时不能自行接受预约

当上司不在办公室时,秘书也会接到要求面见上司的电话,在这种情况下,秘书不到根据自己的经验来答复对方,而是要问清对方希望见面的时间和大致的原因,在请示上司之后再做答复。如果对方说的事关重大,秘书不方便问是什么重要事件时,那应先问一句"如果您方便的话",再询问具体事件。

3. 不能泄露上司的隐私

在安排上司的日程表时,多少会涉及一些上司的私人安排。在制作日程表时,注意不能将上司的私人安排写进日程表。对于这一部分内容,秘书可以记在个人的笔记本上,让自己记住就行了。

(二) 日程出现变更

日程表安排好以后,不可能一成不变,因为事情的发展有很多时候是出人意料的,因此一个好的日程表,要能适应各种意外情况的出现。在实际工作中,情况经常发生变化,不是大客户变卦,就是某个地方的分公司出现新情况,打乱上司原来的日程安排。有时候,只因为一个会议改期,就会引起一连串多米诺骨牌式的连锁反应:上午的会议改在下午,而下午拜访某客户只能推迟到第二天上午,而原订第二天上午的工作……

面对这种突如其来的变化,在涉及接待客人、拜访客户等对外活动时,秘书要及时与对方联系,重新约定时间。在这种情况下,秘书要能根据具体情况,随机应变,采取相应的措施。

(1) 如果原定的工作日程变了,那么秘书就要及时修改自己手中的日程表,并把修改好的日程表呈给上司审核,如果得到同意,就将上司那份日程表也更改过来。这样,秘书就可以迅速通知有关部门作相应的调整。

(2) 如果是在年度预定或当月预定这种时间范围比较长的预定期间内出现新的情况,秘书应根据这种突发事件对其他事件的影响,及时提醒上司注意;如果实在不能避免,则应及时与对方和有关部门联系,并对日程表进行修改,请上司确认。

(3) 如果能够对预定的日程安排作相应的调整,比如对会场、旅馆、交通工具等,则应与有关方面进行联系。

(4) 如果上司听取某部门的汇报时间延长,影响了后面的工作安排,秘书就要用便笺等方式告诉上司,听取上司的指示。

(5) 如果是拜访客户,在拜访的前一天,秘书要用电话与对方再次确认见面的时间和地

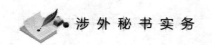

点。这样做虽然要花些时间和精力,但能提醒对方别忘了做些前期准备,从而既能体现己方对此次拜访的重视度,又提醒了对方别忘了拜访的时间。

(6) 接到客户方更改预定的请求时,要和上司商量后再调整日程,修改日程表。如果是自己一方希望更改预约,在向对方说明情况并且道歉之后,应和上司商量好,把上司希望的时间向对方提出来。

(7) 当上司要求秘书更改日程,结果与客户预约的时间发生冲突时,秘书不能因是上司亲自决定的就随意改变原来的预定。如果出现这种情况,秘书应告知上司,请上司最后定夺。

(8) 当需要将上司的私人约会和其他工作安排结合起来考虑时,秘书有必要了解上司私事的大致情况。但是,为了替上司保密,这种事情只应记在个人的笔记本上。

(三) 提醒上司

有些上司并不善于管理时间,再加上工作繁忙,不是忘了见约好的客人,就是忘了批阅该批阅的文件。如果没人提醒,那其工作就会变得一塌糊涂。例如,上司答应好约见某个客户,可连续几次都爽约,最后客户怀疑上司的诚意,导致合作的项目不了了之。所以,秘书有责任经常提醒上司。

例如,上司昨晚从成都出差回来,出差期间的接待都是成都客户安排的,所以,出差回来后给对方去个电话表示感谢是一般的礼节。虽然上司不一定会忘记,但出差回来后各部门来汇报的人很多,一不小心他也有可能把给成都打电话的事给忘了,所以,秘书在这时就有必要"提醒"上司:"老板,我替您给成都的王总打个电话吧,一是告诉他您昨晚已平安回到北京,二是感谢他们的热情接待。"

如果上司约好中午与客户见面,秘书就要在上午以询问的口吻提醒上司说:"今天您要出去吧?"如果这一天有会,秘书就要这么提醒一下"今天您要开会吧?"当然,秘书也可以写成便笺"今天下午4点与天地公司王总在天伦王朝饭店见面"放到"待阅文件夹"中。即使上司没有忘记,但被人提醒一下,也可以加深印象。这样一来,日程表就能按部就班地实施。

作为助手,秘书在提醒上司时不要担心被说成唠叨,因为这是秘书的分内工作;当然,秘书也要尽量使自己的"提醒"显得自然一些。久而久之,上司就会觉得秘书是他名副其实的助手。

六、安排约见的基本原则

1. 一般安排

不管是接待客人还是拜访客户,秘书事先都要把约见的时间等细节问题安排好。一般来说,约见这类具体问题上司很少过问,怎么安排都是秘书的事。为了避免出现差错,在以下几种情况下,秘书一般不要给上司安排约见:

(1) 上司快要下班的时候;

(2) 上司出差刚回来；
(3) 节假日过后上司刚刚上班；
(4) 上司连续召开重要会议或活动；
(5) 上司的身体状况不是太好的时候；
(6) 如果安排了这次会谈，上司进入下一项预定工作的时间已不足10分钟了。

2. 紧急安排

秘书在管理上司日程的过程中，经常会接到公司内外请求安排与上司见面的电话，而且见面的理由都说得很重要，都希望秘书尽快安排。遇到这种情况，秘书也是左右为难：不答应的话，觉得有些对不住对方，而且也怕耽误了大事；答应的话，自己又没有把握上司就一定会同意见对方，因为毕竟是上司指挥自己，而不是自己指挥上司。那么，遇到这种情况到底应该怎么办呢？可以参照本书第五章"紧急文件的处理"所采用的方法。

公司的一个新客户打电话给总经理秘书丽莎，说想这两天找个时间请总经理吃顿饭，顺便谈谈合作的事。总经理的工作日程由丽莎安排，于是丽莎与对方初步拟定明天下午六点半在香格里拉饭店见面。由于时间比较急，对方又在等回复，所以，丽莎写了张便笺："某公司的某总明天下午六点半在香格里拉饭店见面。可否？若这个时间不行，何时可以？"放到上司红色的"待阅文件夹"最上边。

过了一会再去总经理办公室时，总经理已做出了决定，丽莎就将便笺取回。如果上司改变了时间，就将上司写下的时间打电话通知对方。

如果丽莎不是总经理的专职秘书，不太了解总经理的工作日程安排的话，那她就要先询问对方希望的时间，并承诺"如果时间上有什么变化，我会及时通知您。"

七、拜访客户的注意事项

如果上司想拜访某个客户，他一般会让秘书提前与对方预约，因为对方也需要作准备。预约时，一定要先表示感谢；之后，说明拜访的目的、所需要的时间、此行的拜访人数及拜访场所。如果是初次见面的客户，还应先告诉对方自己的联络方式。

一些秘书往往一开始就提出希望在什么时候去拜访，可对方说这段时间已有安排，不能接待，于是询问对方："您还有其他比较方便的时间吗？"对方说某个时间比较方便，可这个时间自己的上司又另有安排，这样秘书就进退维谷：接受这个时间安排，自己的上司不好办；拒绝接受对方指定的时间，又是一种不礼貌的行为，因为是己方请求对方指定时间的。所以，秘书在说明自己的拜访目的之后，要先告诉对方自己哪几天可以上门拜访，并请对方从这段时间里选择一个时间，这样双方在时间上不会冲突，而且让对方掌握决定权。

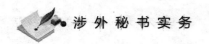

第四节

会务工作

在现代企业管理中,公司领导人常常以召开会议的形式来解决生存和发展中的问题,因此,开会是公司领导人一项非常重要的工作。他们有时也参加别人主持的会议,但更多的是他们自己主持的会议。因此,作为领导人的助手,会务工作也是秘书的一项日常工作。

在公司召开的各种会议中,大多是例行性的工作会议,参加人员、会议地点、会议时间基本上是固定的,所以,这种会议的日程安排、会议用具等相对固定。对于一般的秘书来说,筹备这种会议并不是很难。但如果是公司内部召开的临时会议,或者是公司在外租借场地召开的会议(如新产品展示会),会议的筹备工作就有一定的难度。

对于那些有一定规模的公司来说,不仅会议多,而且每年总要召开几次大型的会议,如全国经销商会议、新产品发布及市场推广会等;这些会的会议代表少则几百,多则上千,常常需要在外租借场地。由于这种会议的规模较大,影响面较广,所以往往需要组建专门的会务机构,或者委托专门的会务机构来筹办。在这种大型会议的筹备期间,公司领导人会更忙,与各方面的沟通会更加频繁,因此,秘书在此期间精力更多的是放在与各方面的沟通与协调上。即便如此,作为领导的助手,秘书还是要掌握一些组织大型会议的基本知识,如组织会议材料、会场布置、后勤安排、新闻发布等。

一、会前的筹备工作

会议能否收到预期的效果,在很大程度上取决于会前的筹备工作。会议的筹备工作做得如何,可以看出一个秘书工作能力的大小。下面以公司租借场地召开大型会议为例,具体说明筹备会议的步骤。

1. 会议计划

秘书一旦接受筹备会议的任务,就要着手准备制订会议计划。由于会议的目的和参会者的不同,会议的计划和准备工作也各不相同。

做会议准备时要向上司确认以下几点:
(1) 上司是作为主持人还是作为成员参加会议;
(2) 是常规会议还是临时会议;
(3) 会议召开的时间和地点;
(4) 参加会议的人数和预算;
(5) 向与会人员发开会通知的期限;
(6) 相关会场的布置;

(7) 需要准备的物品和资料；
(8) 有关用餐等招待工作；
(9) 是否需要做会议记录。

需要注意的是，对于那些内容机密的会议，如果上司不交代，秘书就不要过问会议的内容、目的和开会方式等。

2. 会议地点

在租借会场时，应注意以下几点：
(1) 确认租借的日期和时间，并确认在开会当日是否可以使用；
(2) 确认会场大小是否合适；
(3) 确认会场的租金是否在预算之内；
(4) 考虑会场的交通是否便利，有无足够的停车位；
(5) 确认会场的各种设备，如麦克、投影仪等会议所需设备及物品是否齐全；
(6) 确认会场周围是否有配套的餐饮设施等。

租借会场的协议一旦签订，秘书就要经常与会场的管理者保持联系，特别是在开会的前一天，一定要实地落实会场的准备情况。

3. 会议通知

根据会议的形式和内容，确定参加会议的人员名单。秘书确定了出席会议的人员名单后，最好同时还附上这些人员的基本情况一览表（包括职务、年龄等）送给上司审核，上司也许会做一些增减。

确定参会人员名单之后，就要起草会议通知（或请柬）；会议通知的后面最好附上回执。在会议通知上，要注明开会的时间、地点和会务联系人的电话号码，以便参会者在出现飞机、火车误点等特殊情况下及时联系。会议通知应提前2个星期发出，以让参会者有充足的时间寄回会议回执。会议回执为会议筹备工作提供了许多便利。

会议通知一般要包括以下内容：
(1) 会议名称；
(2) 开会的起止日期和时间；
(3) 开会地点，最好附上乘车路线图；
(4) 开会的议题或会议的主题；
(5) 筹备会议的负责人姓名和联络方式；
(6) 是否出席会议的答复期限。

下发会议通知后，要确认参会者是否收到通知。对于那些特别重要的参会者，一定要用电话确认。

4. 会场布置

由于会场是租借他人的（高级宾馆内的会议室等），所以，在开会之前，秘书一定要亲自去检查一下会场，看会场管理人员的态度如何、会场的布置和设备怎样，对一些关键的地方要作详细的记录。

有些会议的参会人数虽然不多，但会议的内容很重要，所以会场不能显得太小。到底租借什么样的会场合适，要根据会议的内容、参会的人数及需要的设备（如是否需要投影仪）等

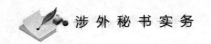

因素来确定。

5. 会场布局

秘书要根据会场的大小和会议的目的,选择适宜的桌椅及摆放方式。桌椅的摆放方式有以下几种。

(1) 圆桌形。这种摆放方式的优点是让所有的参会者能彼此看到对方的脸,大家能在自由的氛围中交流沟通。圆桌形摆放方式适合于讨论形式的会议;如果没有圆桌,四方的桌子也可以。参加这种会议的人数最好不要超过20个人。

(2) "口"字形。如果参加会议的人数较多时,可以将桌子拼成"口"字形,有时还可以将桌子拼成"E"字形。

(3) "C"字形或"V"字形。这种会议一般是用于介绍新产品或新技术,有关人员要利用投影仪等进行讲解说明,让与会人员共同观看演示。

(4) 教室形。这种形式一般适用于像股东大会这类参会人数较多的会议,让参会者听取有关人员传达相关信息。

如果是公司内部的定期例会,参加人员基本上是固定的,所以就没有必要准备签到名册,也无须安排座位。只有在有公司以外的人员参加会议时,秘书才需要预先准备签到名册和安排座次。

6. 会议资料

如果有大会发言,一定要把发言稿打印好,事先分发给每个会议代表。领导的发言稿,一般都是由秘书起草。一个有丰富经验的秘书在把发言稿交给上司时,肯定会给上司一些提醒,例如哪些问题应重点讲一讲,哪些问题代表可能会提出质疑。总之,秘书自己一定要先吃透这份发言稿。

准备会议资料时,不能是有多少代表就打印多少份,一定要有富余,因为有时可能出现代表丢了资料而索要第二份的情况,也有可能会议又临时增加几个列席代表。资料多了固然有些浪费,但少了的话,哪怕是只少一份,也会惹出许多麻烦。

7. 会议用具

不同的会议需要不同的用具,秘书要根据会议的具体内容进行准备,千万不能出现会议因用具不全或用具出现故障而被迫中断的现象。即使是同一个会议,同样的人员出席,由于会场的变更,所需的用具也会有所不同。对于这一点,秘书最好将准备会议用具的工作与会议的日程安排结合起来,比如,星期一上午董事长讲话需要哪些用具,星期二下午技术总监王博士讲解新产品开发需要哪些用具,这样,在排好会议日程表的同时,会议所需用具的清单也列出来了。

一般的会议都要准备以下用具:投影仪、麦克、粉笔、签到表、黑板刷、文件袋、指示棒、废纸篓、桌、椅、烟灰缸、笔记本、铅笔等。对于上述会议用具,要根据会议的进程事先进行检查,不要出现临时抱佛脚的现象。

8. 检查设备

会场内设备主要包括:灯光设备、音响设备、空调设备、通风设备、录音及摄像等设备。会议设备一般比较贵重,所以最好派专人负责操作与维护。不论会议设备是由谁提供的,在会前秘书一定要对所有设备进行检查,有时还有必要对灯光和投影仪等进行预演。

9. 其他注意事项

秘书在筹备例行会议的时候,最容易出现以下两种情况。一是掉以轻心。很多年轻的秘书都有这种想法:"上次开会就是在这里,没什么问题,这次大概也不会出什么问题……"所以在开会之前,秘书根本没有想到要去检查一下投影仪等这类会议设备是否完好。如果总是这样,非出问题不可!要是出问题而所有的领导都在场,这个后果就会非常严重!另一种态度是将就凑合:"时间来不及了,干脆就用上次会议的代表证好了……"如果秘书在筹备会议过程中有这两种作风,哪怕是其中的任何一种,则迟早都会出问题。出问题就是秘书的失职。当然,有些偶然的事故不是秘书能预料到的,但是,秘书作为会议的筹备者,要尽量减少各种事故,至少在主观上不能采取掉以轻心和将就凑合的态度。

二、会中的服务工作

(一) 会前检查

开会的代表一般是提前一刻钟签到进入会场。在会议代表进入会场之前,秘书一定要再检查一下室内温度、通风换气设备、照明采光设备、扩音设备、桌子、椅子、窗帘等。如果会议中间还要使用投影机,则事先还要给设备留出一定的空地。秘书在对会场进行最后一次检查时,应注意以下问题:

(1) 检查空调设备,必要时做好开机准备,一般要在会议前两小时开机预热或预冷;
(2) 检查好灯光、扩音设备;
(3) 检查黑板或白板,确保已擦干净,并准备好粉笔、指示棒、板擦等;
(4) 如果有第一次来参会的人员或有外来人员参加会议,就要摆放好姓名牌,注意文字大小适当,清楚易认;
(5) 在每人座位前摆放纸笔。

现在许多会议是安排在宾馆或饭店内的会议室举行,所以,秘书一定要在大门口放一块进入会场的示意板:"××会议在×层×号召开"。如果可能的话,最好还要安排几名工作人员到门口迎接参加会议的代表,把他们领到会场,这样更能显示出会议主人的周到和热情。

(二) 会议签到

秘书要提前到岗,否则会让到会较早的参会者受到冷落。秘书在接待参会者时,最好能记住出席会议人员的单位和职务。会议签到时经常出现这种情况:原定是总经理来参加会议,因为临时另外有事,总经理派副总经理代表自己来参加会议。因此,担任接待工作的人一定要细心,不能只按花名册办事。如果总经理没有来,秘书却请代替总经理的副总经理出示总经理的名片,那就会让对方感到难堪,甚至造成不愉快。

签到时要准备好签到的登记簿、签字笔等签到用品。小型会议一般采用签到簿签到的办法,与会人员到会时在秘书准备好的签到簿上签名(一般还应注明单位和职务)。当然,也可由秘书按照预先确定的应到会人员名单逐一进行签到,来一人画一人,这样可以随时掌握

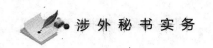

到会人员的情况,不必打扰与会者。规模较大的会议应注意选择签到的方式,应避免在会场门口出现拥挤、混乱的局面。

签到工作结束之后,秘书应及时将到会情况报告给上司及会议主持人,让他们在会前掌握到会和缺席人数。

在开一些重要的会议之前,秘书作为筹备人员多少会有些紧张,所以,为了能够做到从容不迫,按部就班,在时间安排上最好留些余地。

(三) 会议服务

秘书应在正式开会之前的5分钟请与会人员入座,之后请领导和其他主宾们入场。如果没有上司的指示,秘书一般不能作为会议代表出席会议。在开会的时候,如果秘书没有安排作会议记录等具体工作,那么,秘书就应坐在会议室的最后一排或在会场外等待盼咐。在会议期间,秘书的任务就是为保证会议的顺利进行而做些辅助工作。

会议期间,秘书的主要工作是传接电话、作会议记录、协助有关工作人员调整扩音设备、给代表送饮料等。

1. 传接电话

传接电话的具体方法应在开会前与上司商量好,最好用电话记录来转告上司。开会的时候,不是特别紧急的电话一般都不转接。内容一般的电话,秘书帮助记录下来,在会议中间休息的时候,把电话记录转给当事人;只有当电话内容比较紧急时才立即通知当事人。

如果会场比较大,人数超过100人,秘书可到会场中间把当事人叫来接电话。如果是人数不多的小型会议,一般用口头小声传达:"对不起,打断一下。彼特,北京恒大公司吴总给您来电话……"或者"实在对不起,彼特,上海的张总想见您……"如果开会时还有别的单位的人在场,给领导传话时,使用便条比较合适,如"对不起,彼特,北京的马总有急事找您"或者"打扰了,实在对不起"等,简明扼要地把事情写在上面,把便条递过去。

2. 送饮料

开会的时候给代表送饮料,要事先了解他们的爱好和习惯。有人喜欢果子汁,有人则喜欢喝茶,因人而异。在召开人事等特别会议的时候,一般是事先将饮料摆在代表们的桌子上,不轻易进去打搅会议。如果是会议中途进去送饮料的话,一定要掌握好时机。

(四) 会议记录

如果秘书被安排作会议记录,那就要做好各项准备工作,如足够的钢笔、铅笔、笔记本和记录用纸;必要时还得准备好录音机和足够的磁带,用来补充手工记录。为了使会议记录完整准确,最好在会前就收集好会议的相关背景材料,这样在需要核对相关数据和事实时,不会措手不及。

会议的记录在方法上有详细记录和摘要记录两种。这两种记录,采用哪一种,要根据会议的性质和内容来定。不管哪种方法,会议记录应包括以下内容。

(1) 记录会议的组织情况,它包括会议的名称、开会的时间、开会的地点、缺席和列席人员、主持人的姓名、记录人的姓名;有些会议还要写清楚会议的起止时间(如年月日)。

(2) 记录会议的内容,它包括发言人的姓名、发言的内容、讨论的内容、提出的建议、通过的决议等。

在作会议记录时,应注意以下几点:
(1) 会议记录的重点应放在记录讨论的观点、决议、决定;
(2) 即使要求详细记录,也不是有言必录,对于一些与会议主题无关的发言可以不记;
(3) 如果当时漏记了内容,可事先做出记号,然后对照录音磁带修改。

三、会后的扫尾工作

1. 清理会场

会议结束时,秘书应做好以下工作。

(1) 为乘车回去的与会人员安排车辆。会议即将结束的时候,秘书就要开始安排与会者乘坐的车辆。此时最忌讳的是秘书只顾安排自己上司的车辆,而不管其他代表的乘车。会议代表一共需要多少车辆,秘书心里要有数。当代表出来时,车已在门口等候。

(2) 将与会代表寄存的物品(如大衣、帽子等)交给他们。如果发现有遗忘的物品,应及时通知本人,尽快物归原主。

(3) 收拾整理临时放置在会议室的茶杯、桌椅、烟灰缸和其他用品,并及时通知负责承办会务的人员回收会议室的茶具等,使会议室恢复原貌。

(4) 会议结束后,要将为布置会场借用的设备及时归还借用的单位,办理好归还手续,以避免丢失或归还不及时而带来的麻烦。

2. 整理会议文件

会议结束时,秘书要做好会议文件资料的收集、整理和归档工作,及时送交有关人员妥善保管。

(1) 文件收集范围包括会议文件,如决定、议案、提案、会议记录、会议纪要等。一些重要的会议文件资料还要立卷归档。因此,会议结束后要依据会议文件的内在联系加以整理,分门别类地组成一个或一套案卷,归入档案。

(2) 录音录像资料整理。整理录音录像资料的工作,就是根据所录语言的中心思想删除不必要的语言,补充和修改没有录进去的内容,使整理稿成为中心明确、条理清楚、文从字顺、内容连贯的书面材料。

录音整理主要是针对那些发言没有文稿或发言与文稿差距较大的情况。对于那些照本宣科所作的录音,只把录音磁带存好就行。

3. 会议纪要

作会议记录的秘书,一般要负责写会议纪要。写会议纪要的时间不能拖得太长,它应当简短扼要、观点鲜明、事实清楚,不必发表议论和交代情况。会议纪要有以下三点要求:
(1) 实事求是,忠于会议实际;
(2) 内容去芜取菁,提炼归纳;
(3) 条理清晰,层次分明。

4. 会议总结

会议总结内容包括会议名称、时间、地点、规模、与会代表人数、主要议题、参加会议的领

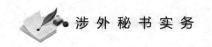

导人、会议的主持人、领导报告或讲话的要点、对会议的基本评价和贯彻要求、会议的决议情况及今后的工作任务布置等。

会议结束后,要及时总结经验教训,特别要找出在会议中出现的那些失误的原因,这样,在下次开会时,能把会务工作做得更好。

四、电视电话会议

现如今,远程交流变得十分方便快捷。电话会议避免了跨地区,甚至跨国交流的不便,使与会人员在世界各地同一时间得到信息。

随着商业全球化的发展,视频会议变得普及起来。它能使人们在全球范围内通过网络软件等视频交流信息,就像是同坐在同一间屋子里谈话一样。当然,视频会议这项科技还远非完美。设备、软件的故障会使会议中断,所以必须做好防范措施。

要把电话会议和视频会议开好,就需要秘书精心安排和组织,特别是在安排讨论和记录时间时,一定要保证整个议程没有遗漏。

电话或视频会议一定要准时召开,即使有些会议代表没有到也不要等他们。视频会议上,介绍与会者时要从简或省略。电话会议中应给议程上每个议题都分配好时间。如果会议超时,由与会者共同决定是否推迟或继续该会议。会议结束前简单做一下会议总结,并对与会人员的出席和参与表示感谢。

五、参加外部会议

除了公司内部会议,公司外部还有许多会议,如政府部门、客户、行业协会等组织和部门举办的各种会议,包括客户公司成立周年庆典、客户新产品发布会、客户招待会等。

参加外部会议时,应注意以下事项。

(1) 收到通知后,马上向上司请示是否参会;根据上司的意见,与举办方进行联系;如果举办方要求以书面形式答复,就以书面的方式答复。

(2) 如果上司参会,就马上记入上司的日程表,并办理配车手续。

(3) 在出席会议或聚会的时候,应在会前会后的时间上留有一定的富余,以便上司在会前会后与有关人员举行临时会谈。

(4) 准备好参加会议或聚会所必带的材料。

(5) 将参会的时间、地点、内容、参会人员等信息确认后,在开会的前一天再次向上司报告。

(6) 注意上司在开会期间的各种业务处理。

第五节

出差实务

公司领导人经常需要出差,有时是为了洽谈业务,有时是为了推广新产品,有时则是为了解决与客户之间发生的纠纷。有很多出差任务都是临时决定下来的。由于出差前上司既要考虑如何完成出差的任务,又要考虑如何把公司里的事安顿好,所以出差的准备工作自然要由秘书来做。

一、出发前的准备工作

1. 与对方联系

不管上司是应邀去参加研讨会,还是为了洽谈具体的业务,秘书一定要事先与对方的秘书(或联系人)联系,把在当地活动的时间和地点约好。定好之后,决定是坐火车去还是乘飞机去?是星期一下午动身,还是星期二早晨动身合适?除去参加研讨会(或洽谈业务),还有没有其他事要办?还有没有其他东西要准备?对于这些问题,秘书应预先拟个提纲,并找个时间向上司作个专题汇报。上司可能会根据自己的习惯或爱好,对秘书的日程表做些修改。

日程表排好之后,要多复印几份,给上司和在公司负责日常工作的有关人员各送一份。安排日程的时候,在时间上一定要留有余地,特别是第一次去的地方,更是如此。不过,这个余地也是相对的,不能让上司闲得无聊,浪费时间。如果想游览观光的话,也最好安排在空闲时间进行。

在与对方联系的同时,也可以通过其他的渠道,如分公司(办事处)或者旅行社等,了解一下对方所在地的环境、气候等方面的情况,这些对安排日程表也有重要的参考作用。如果与对方是初次接触,那么,让对方在什么地方接站、什么时候登门拜访等细节问题,秘书都要事先考虑好,因为这往往容易影响本公司和上司本人的形象。

2. 上司出差日程安排

现代企业领导人出差可以说是一项经常性的工作,因此,秘书为上司出差做准备工作,包括为上司制定出差日程表也是秘书的经常性工作。出差前要做专门的出差日程表,要考虑天气、交通工具等因素对工作安排的影响,并制订相应的预案。

上司的出差日程表与在公司的日程表没有什么本质的区别,只是要求比在公司的日程表更细致,特别是在时间的安排上更准确(参见表6-5)。

表6-5 副总经理出差日程表(9月24—27日)

日 期	时 间	工作内容	地点	备注
9月24日 (星期一)	12:00 14:40 16:00	离开北京(国航1908) 到达上海 听取王经理汇报工作	虹桥机场 上海分公司	上海分公司王经理接机 住浦东国际大酒店
9月25日 (星期二)	09:00 13:30 18:00	开始与上海天地公司会谈 与上海恒信公司刘先生会谈 恒信公司刘先生宴请	浦东国际大酒店 上海分公司 锦江饭店	
9月26日 (星期三)	09:00 11:00 14:30 18:30	离沪去苏州,王经理开车 元器件厂李厂长汇报 视察车间 苏州开发区领导宴请	苏州元器件厂 高尔夫俱乐部	住苏州国际大酒店
9月27日 (星期四)	09:00 11:00 14:30 17:00	离开苏州返沪 与上海公司员工座谈 离沪返京(东航2868) 到达北京首都机场	虹桥机场	王经理送站 司机张涛开车接机

3. 出差用品

上司出差要随身携带些什么东西,秘书一定要替上司想好。如果出差时间比较长而距离又比较远,要是忘了带什么东西又必须回来取的话,那就会耽误许多事。临动身之前,秘书要给上司随身携带的物品分公私两项列个清单,给上司看看有什么遗漏。

上司出差一般要随身携带身份证、名片、资料、手机、活动日程表、地图、照相机等,有的人还可能要带笔记本电脑;出差的私人物品也要精心准备,如备用眼镜、替换衣服、袜子、洗漱用品、药品等。但是,秘书在准备这些东西时,不能这也要带,那也想带,东西带得太多反而麻烦。随身携带的只能是必需的,可带可不带的就尽量少带。由于上司出差往往不只去一个地方,所以秘书为上司准备出差必备的文件资料时,最好每到一个地方用的文件就用一个大信封装好,每个地方的日程安排也最好单列。

4. 预订飞机或火车票

在准备预订飞机或火车票的时候,一定要查用最新的飞机航班时刻表或列车时刻表,因为现在有许多季节性的或临时性的航班车次,稍不留心就订不上。如果决定乘火车,可以委托专门的旅行社订购火车票,这些旅行社一般会送票上门,非常方便。当然,现在也可以在网上订票。不管以什么方式订票,都要熟悉航班或列车时刻表,将上司的日程安排得很科学。

乘飞机出差,重要的是根据起飞的时间和到达的地点选择合适的航空公司和合适的航班。如果事情紧急,可以直接到机场买票。各公司对员工出差的待遇都有不同的规定,比如,飞机的头等舱不是每个出差的人都能乘坐的,因此,秘书在预订车票和机票之前,一定要弄清上司出差时能享受哪一级的待遇。

出差途中,最麻烦的就是换车换机,倒来倒去,稍不注意就会误车误机,所以能直达的就最好不要换车。如果是在大站换车换机,在时间上一定要安排宽裕些。应尽量选择衔接时间在 2～4 小时之间的班机或火车,将时间的浪费降至最低。

为了预防意外,在日程表上要注明其他交通工具,如飞机和火车的时间,这样能根据实际情况,及时灵活地换乘其他交通工具。

5. 预定旅馆房间

上司出差,安排住什么样的旅馆,一般都要根据上司个人的爱好和习惯来决定。有的喜欢住单人房间,有的则喜欢两人合居一室。如果出差的地方是第一次去,而在那里有分公司或办事处,就请他们联系安排住处;如果没有,就请类似于携程这种旅行商务机构安排。如果没有什么特别的情况,就不要去找公司的客户或经销商,因为他们往往会热情地邀请住到他们那里去。他们越是热情,给他们带来的麻烦就越多。

6. 预借差旅费

根据公司规定,弄清上司出差应享受的待遇;根据交通费、住宿费、应酬费及出差补贴这几项给上司做个出差费用预算;根据预算帮上司从财务部门借出差旅费;上司出差回来之后根据实际费用报销,多退少补。

7. 与陪同人员沟通

很多时候,上司是与他负责的部门的人员一起出差,所以,秘书在给上司做出差准备时,应与陪同上司出差的人员多沟通,以保证出差圆满顺利。

8. 临行前的工作安排

秘书一方面为上司出差做准备,在另一方面也要让上司对公司内部的事作个安排。上司出差前,特别是在出差时间较长的情况下,各部门来请示的人肯定会增多,送上来的请示报告也会增多。在这种情况下,秘书一定要注意让上司休息好,不要让上司带着疲倦和牵挂去出差。例如,在动身前两三天,秘书就要与有关部门打好招呼,把一些定期的材料先缓一缓,等上司出差回来再说。

为了保证在上司出差期间公司工作正常运转,上司可能要对自己的工作授权。上司的授权书要在上司出差前一天以复印件或电子邮件的形式发给有关部门和人员。

二、上司出差期间的工作

1. 动身之前

动身当天,不论上司是从公司走还是直接从家里走,都要安排好送站的车。动身之前,一定要再仔细检查一下上司是否有什么东西忘记带了,如果有,这时还来得及补上。如果在给上司送站回来后,秘书突然发现办公室桌上还有一份文件,明天上司和对方签订协议一定要用它。此时千万不能惊慌失措,一定要想办法把它给上司送去,一是用传真机传送过去,二是特快专递。将东西寄出去后,还必须给上司打个电话,告诉他东西已经寄出。

2. 启程之后

把上司送上火车或飞机之后,就要立即用电话通知对方接站的时间,特别是在改变原定的车次或航班的情况下,一定要将新的车次或航班告诉对方。

3. 电话与邮件的处理

在上司出差期间,如果有找上司的电话,秘书就要认真做好电话记录,把电话的时间和内容记录下来。如果事情比较重要的话,就直接打上司的手机汇报,如果事情不急,就等上司回来上班后再说。在上司出差之前,最好能与上司约定好,每天在一个固定的时间通电话,向他汇报公司里的工作。

4. 日常工作

上司出差期间,秘书应做好以下日常工作。

(1) 尽快处理完因准备上司出差而延误的工作。

(2) 准备好专用的文件夹,把上司出差期间的信件、留言条等进行专门保管,也可以用一个"待阅文件"夹,按日期顺序保管好上司出差期间收到的文件和信件。

(3) 在上司出差期间,如果秘书收到一些紧急的信件,上司又让秘书尽快给他寄去,就用特快专递等方式邮寄过去,并在信封上写上"亲启"等字样。但是,如果没有特别的交代,则一般只寄复印件,把原件收好。

(4) 整理文件和名片。

(5) 更换和补充办公用品。

(6) 为了提高办公效率,熟悉和研究新办公设备的性能和使用方法。

5. 自学机会

上司出差之后,秘书不要以为自己没有什么事做了,让自己放松。秘书应当把上司出差这段时间当作一个自学的好机会。上司在公司的时候,秘书虽然也有一些空闲时间,但毕竟不能静下心来学习,因为上司可能会随时交办一些新的工作。

对于年轻的秘书来说,无论是文秘专业毕业的秘书,还是从职能部门转过来半路出家的秘书,在知识结构上多少有些欠缺:学秘书专业的,虽然全面掌握了秘书专业方面的知识,但工作知识则相对缺乏;而那些非文秘专业毕业的秘书,则欠缺秘书专业方面的知识。因此,对于每一个年轻的秘书来说,一定要利用好领导出差的时机给自己充电补课。

三、与上司一起出差

1. 出差途中

一般来说,公司不会安排女秘书单独与男性上司出差。但是,有时一起出差的人比较多,如参加大型展销会,女秘书也会陪上司出差。如果秘书陪同上司一起出差,应注意以下几点。

(1) 如果是乘火车出差,秘书一般不要挨着上司坐,但为了方便工作,秘书一般是坐在上司的斜对面(或斜后座);如果是乘飞机,上司一般是坐头等舱,秘书坐经济舱;在汽车里,上司坐在司机后面,秘书坐在司机旁边。但是,无论是哪种场合,都要以方便工作为主,如果秘书要经常与上司商量一些问题,挨着上司坐也不是不可以。

(2) 在上司与前来迎接的人见面时,秘书不要急于跟对方打招呼,应等上司与对方寒暄过后再上前问候;只有当对方也是秘书来接站时,自己才可以向他(她)表示感谢。

(3) 当上司与对方寒暄的时候,秘书要适当离他们远一点,注意回避。但是,上车后和开始正式会谈时,秘书就不能显得太呆板了。在久别重逢等场合,领导们也许会有说不完的话,从花开花落一直谈到人世沧桑。此时,为了按预定的时间进行活动,秘书一方面要向上司示意时间已经过了,另一方面也要注意提醒对方的秘书。

2. 注意事项

(1) 办理宾馆入住手续后,应了解上司房间号码及电话;秘书住的房间最好在上司房间的下一层,但秘书应把自己的房间号码写在纸上交给上司,以便有什么事可以随时联系。

(2) 第二天的日程怎么安排,秘书应在头一天晚上与上司商量好或得到上司的确认;提前设置清晨叫醒,并安排早餐;根据当天的日程安排落实车辆;及时提醒并事先落实各项安排。

(3) 如果上司出现疲劳等身体不适症状,应及时调整日程安排。

(4) 秘书在旅馆期间如果需要外出,应事先征得上司的同意。

(5) 秘书每天参加各项活动时,应携带好上司的名片、必要的会议资料(报告稿件、会面备忘、采访提纲);与客户、政府领导人、合作伙伴、媒体记者等建立良好的关系;参加活动时应格外注意自己的仪容仪表,尽量穿大方的职业装和着淡妆,言谈举止一定要得体。

(6) 到了出差的最后一站,就要向公司汇报出差的情况,此时一定要附带说明这里有多少行李,以便届时公司好派车来接站。

四、到国外出差

到国外出差和在国内出差的情况大体相同,只是由于存在着语言、风俗习惯、环境等方面的差异,秘书要尽可能地多搜集一些所到国的资料供上司参考。最简便的方法是通过网上找到所到国政府的旅游管理部门或旅游公司的网站了解情况;对于自己还不了解的,可用电子邮件或电话提出咨询,请教他们在那里旅游时应注意的事项。

五、出差归来的工作

1. 接站

秘书接站不单纯是因为上司出差劳累帮上司搬搬东西,更重要的是及时向上司汇报工作。有的上司责任心很强,身在外地却挂念公司的事情,回来后急于想知道自己不在公司期间所发生的一切,特别是出差之前悬而未决的一些问题的处理结果。

在汇报时,秘书不能给上司说得太多,使其有大雨倾盆之感。有些重要的事情不是三言两语说得清的,对于这些事情秘书可以先写个提纲。如果上司急于知道详情,可以把提纲递给上司。

如果对方有人为上司送站的话,就要给对方打电话告知上司已经平安到达并表示感谢。

2. 报销差旅费

将车票、住宿费等费用列出来,填好报销单;如果还有其他额外支出,也要写成支出报告,请上司核实之后,送财务部门报销。

3. 出差总结报告

如果有必要,秘书还要帮上司写出差总结。出差总结主要是把出差的经过和结果写出来,交给有关部门传阅。如果秘书没有与上司一起出差的话,那就先听听上司的介绍;如果

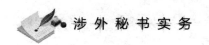

秘书与上司同行,就根据自己的记录和参考上司的谈话记录去写。

如果上司在出差过程中与客户达成了协议或意向,那秘书就应与有关职能部门沟通,将它们逐项跟踪落实。

案例分析

案例1：早晨整理上司的办公室

丽莎是施露化妆品(上海)公司财务总监的秘书,她每天早晨都要在上司上班之前整理好上司的办公室。下面是她整理上司办公室时做的一些工作。

(1) 检查上司写字台旁边的垃圾箱是否清空了。

(2) 检察窗前花盆里植物叶子是否枯萎,需不需要浇水。

(3) 检查写字台桌面上的物品摆放是否整齐。

(4) 检查上司写字台抽屉的物品摆放是否方便工作。

(5) 检查上司的记事用纸、铅笔等日常用品是否足够,需要添加。

请从上面5个选项中挑选出1个你认为不合适的,并说明理由。

分析：_____

_____

案例2：在上司上班之前

丽莎是施朗化工仪器(北京)公司总经理的秘书。下面是丽莎这天早上在上司上班之前做的工作。

(1) 查看上司当天的日程表,发现上司当天的日程安排要变更,马上打电话与有关人员确认。

(2) 因为上司来电话说要晚一会儿到办公室,所以,丽莎比平时多花些时间清扫上司的办公室。

(3) 上司来电话说他临时有点事,要10点后才能到办公室,所以,丽莎通知了各部门的经理秘书。

(4) 把上司每天上班后必看的报纸整齐地放到上司的办公桌子上,并将上司感兴趣的文章标题用红笔打上波浪线,以引起上司的注意。

(5) 行政部经理来电话,说上司上班后请马上通知他,他有几件急事要请示上司,丽莎同意转达。

请从上面5个选项中挑选出1个你认为不合适的,并说明理由。

分析：_____

_____

英语会话练习

S: Mr. David, a fax just came in from Mr. Jones of the New York office.

B: Oh, what does it say, Miss Karen?

S: It says, he will be arriving in Beijing on Northwest Flight 121 on August 15th at 10:00 a.m.

B: I see. Can you arrange to have someone meet him at the airport. Also reserve a room at Hilton Hotel.

S: Yes, Mr. David.

（过了一会儿）

B: Can you give me a copy of yesterday's fax from our Suzhou office?

S: Yes, Mr. David, right away.

拓展阅读

Controlling Office Requirements

Taking care of office facilities and articles for use is major part of a secretary's responsibilities. No one but the secretary understands the importance of office supplies. Until the day the office supplies run out, that is. On that day, the boss can't write a memo because he doesn't have a pencil or paper. The business manager can't pay a bill because he doesn't have the proper form. And no one can have a cup of coffee because the office's supply of coffee, cream, and sugar is all used up. Then everyone realizes how important office supplies are. And everyone gets mad at the secretary. She must prevent that from happening.

The secretary orders office supplies a long time before the current supplies run out. This is necessary because the supply company takes some time to process the order and ship the new supplies.

To do this job well requires good planning. Not all office supplies are used at the same rate. For instance, most offices use up paper very fast. The copying machine may use up thousands of sheets of paper a day. The secretary might have to order a new supply of paper each week. By contrast, the supply of pens may last for months between orders.

Some office supplies are seasonal. These require longrange planning. Calendars and appointment books, for example, must be replaced at the end of each year. But the secretary should order a new calendar and appointment book at least three months early. She will need them well in advance of the new year to make appointments for her boss.

第七章

职业生涯规划

第一节 职业生涯规划的含义与意义

一、职业生涯规划的含义

职业生涯规划是个人以职业规划为主要内容的对自己未来人生制订的中长期发展计划,而职业规划则是个人对自己未来职业制订的中长期发展计划。

秘书作为白领,生命中的大部分时间和精力主要是在职场打拼,而打拼的目的就是想通过职业的发展实现自己的人生价值。要想实现自己的职业发展目标,就必须制定相应的职业规划。但是,在制定职业规划过程中,除了工作,人们还要考虑家庭、婚姻、个人兴趣等因素,因为它们或多或少地会影响个人的职业发展;在制定职业规划过程中,将家庭、婚姻、个人兴趣等因素考虑进去,这就是职业生涯规划。白领在制定职业规划时,如果不将家庭、婚姻、个人兴趣等因素考虑进去,那这个规划是不完整的,甚至可以说是不科学的,因而没有什么实际意义。不科学的职业规划不仅对职业发展毫无益处,甚至可能将职业发展引入歧途,酿成终生遗憾。

二、制定职业生涯规划的意义

1. 职业规划是职业发展的指南

有些秘书总觉得自己成天打杂,工作没意思,这就是因为没有为自己的职业发展制定目标。如果有了自己的职业目标,那就会在工作中围绕自己的目标,一点一滴地为它添砖加瓦。比如,一个人制定的职业发展目标是若干年之后成为公司的行政总监,那他就会围绕这个目标来提高自己的素质和能力,并建立自己的人脉。因此,当他给客人沏茶时,他就会觉得这也是为自己建立人脉的基础;当他为上司起草讲话稿时,他会觉得这是提高自己写作能力的机会,而这种能力对于行政总监来说是必不可少的……当其目标一步步地靠近时,其内心就会产生一种喜悦,从而对工作会更加热爱。

2. 职业规划可以降低职业发展的成本

当一个人制定了职业规划,明确了自己职业发展的目标之后,就会让自己集中精力,不做或者少做与职业发展目标无关的事情,从而使自己少走弯路,降低职业发展的成本。秘书由于接近领导,信息多,人脉广,机会也自然就多。机会多也就意味着诱惑也多,诱惑多也就意味着职业发展道路上的陷阱多。如果制定了职业发展规划,对实现自己的职业发展目标有清晰明确的路线图,那就能分辨出机会与陷阱,从而集中精力做对自己职业发展目标最有利的事情,这样,人生中的很多决策就会变得简单。许多秘书在职业决策上患得患失,在很大程度上就是因为他们没有明确的职业目标。

第二节 秘书工作的发展趋势

作为职业秘书,在制定自己的职业生涯规划时,必须考虑秘书工作发展的大趋势,否则其规划只是海市蜃楼。

随着IT技术的迅猛发展,特别是互联网走进千家万户,秘书工作的方式也开始发生革命性的变化,而且,企业领导人对秘书的要求也正在悄悄地发生变化,因此,秘书工作的综合化、信息化和国际化已成为时代的发展趋势。

一、秘书工作的综合化

由于企业经营活动日趋复杂化和多样化,上司对秘书工作有了许多新要求,使秘书工作开始综合化。比如,在公司的新产品新闻发布会上,秘书要像外交部礼宾司的官员那样既能显示出深厚的教养,又能娴熟地应付各种突发的情况;而在与客户进行业务谈判时,则要求秘书有坚韧的耐性和丰富的业务知识,能处理谈判中各种棘手的技术性问题。因此,它不仅要求秘书有一定的专业知识,而且要求秘书有多方面的学识。

二、秘书工作的信息化

随着IT技术的发展和互联网应用范围的扩大,企业领导人在经营管理方面也面临挑战,如果只有经营管理能力而没有相应的技术方面的知识,他们就无法适应这种高度信息化社会发展的需要。对于企业高层管理的人员来说,从经营管理信息系统MIS(Management Information System)到决策支持系统DSS(Decisionmaking Support System)都是他们在实际工作中面临的新课题。因此,无论是在实施局域网LAN(Local Area Network)或在线办公的过程中,秘书都应与上司同舟共济,迎接信息化挑战信念,尽快掌握这些新的办公方法,为企业领导的决策提供辅助。只有这样,才更能体现出作为辅助上司决策的秘书的存在价值。

目前,利用在线办公进行经营管理可以说是一种趋势。企业领导人利用电视会议、电子板等其他通讯手段来完成工作中的交流沟通活动已经非常普遍,而且这些通讯手段的性能还在日新月异。比如,秘书用视频的形式安排上司与客人会谈,这样就可以大大降低秘书接待客人的业务的比重。

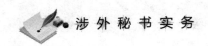 涉外秘书实务

信息处理的能力,对于秘书来说将越来越重要。尽管计算机处理信息的能力是人类所无法比拟的,但是它对信息的质量,即信息的重要性、机密性和紧急性的判断却无能为力,所以只有靠具备相应经营管理意识的秘书,用自己的经验与知识来进行过滤和取舍。比如对电子邮件的处理,虽说电子邮件已经大大改变了人们的办公方式,但是,通过电子邮件发送的信息量越来越大,可内容却越来越简单,而且其中还有一些垃圾信息。如果没有秘书的辅助,信息处理的过程肯定会占用上司大量的时间和精力。因此,现在大多数上司把工作中的电子邮件交给秘书处理。

信息化进程的加快要求使用这些硬件的秘书本身的"软件"升级配套,即一方面要求秘书有更好的组织协调能力,另一方面要求其有更好的表达能力,包括口头的和书面的。作为秘书,不仅要能利用各种信息化工具提高自己的工作效率,更要利用它们开拓自己的视野,丰富自己的大脑。

三、秘书工作的国际化

1. 全球化的时代

十一届三中全会以来,由于中国开始了经济体制改革,经济进入高速成长期,中国在海外的投资也迅速进入了国际贸易大国的行列。如今中国的工业产品席卷全球,已成为"世界工厂"了。

在这个国际化过程中,一大批像海尔这样中国的制造企业已实实在在地出现在人们的面前。在长三角、珠三角等沿海地区,一些中小规模的乡镇企业的产品说明书也多是用中、英两种文字印刷,企业显示出很浓的国际化氛围。

2. 绝对会说英语

随着世界经济一体化进程的加快,我国的企业,无论是国有企业还是民营企业,国际化的步伐也在加快。近几年来,企业收到外文的传真、电子邮件、电话和接待外国客商来访,都已是司空见惯的事情了。在一些大企业,接待外国客户来访几乎是一种日常性工作。如果秘书连一句"This way, please"(这边请)都不会说,就实在说不过去了。所以,秘书要在平时就注意学习外语,特别是学习英语。

3. 国际文化素养

秘书在提高外语水平的同时,应加强对世界各国文化及价值观的了解,这样才能做到在国际交往中畅通无阻。现在所谓的国际化人才,至少应对国内外政治和经济动向有敏锐的洞察力,对各国社会文化和价值观十分了解,具备与外国人打交道时必要的知识和语言能力,并能就外国人对中国感兴趣的一些问题做出令人信服的解答;同时,还应能对外表现出积极合作的姿态,能够具备作为一名中国人应有的良好教养和人品等。如果上司是个外国人(或者在国外工作和留学多年),那么,作为秘书,就必须具有相当的国际文化素养。

第三节 制定职业生涯规划的依据

那么,用什么方法才能确定自己可以将高级秘书(很多时候办公室主任、行政总监这类职务也属于高级秘书范畴)作为职业发展目标呢?这在客观上取决于一个人能否适应未来社会对秘书工作的要求,而在主观上则取决于其是否真正了解秘书的职业价值。

一、社会对秘书工作的新要求

1. 从简单的技能转向全面的知识

对秘书文秘知识的要求,已由过去强调打字、写作和存档这类基本技能向英语、办公自动化、财务这些更广泛的文秘知识拓展。过去招聘文秘,一般只要求"有一定的写作能力"或"良好的文档管理经验"这类基本技能;而现在,不仅在办公自动化方面要求会管理数据库,而且在财务、企业管理的知识方面也有了相当的要求,这是一个趋势。

2. 由本企业转向全行业的要求

秘书不仅要注意秘书业务素质的提高,还要熟悉本公司所在的行业和专业的情况。过去的文秘工作往往只局限于秘书工作本身,而不去了解行业或专业方面的动态和最新进展,以为那只是职能部门的事情。现在则不仅要求秘书应熟悉公司的市场经营活动,而且还要有敏锐的市场洞察力。所以,现在的高新技术企业,特别是那些IT企业,对秘书的要求已兼具两方面:一方面,要求秘书是通才,有相当的行业背景、经验和知识面,对新技术有一定的了解,有快速洞察竞争对手策略变化的能力;另一方面,要求秘书对本公司的产品性能和产品核心价值定位有深刻的理解和体验。如果从秘书是上司的助手和参谋这个高度来看,这个要求是很正常的。如果秘书不懂公司的业务,不了解公司所在行业或专业的具体情况,就很难成为上司的参谋或助手。

3. 由偏重智商转向偏重情商

企业对秘书的非智力因素的要求,将和对智力因素的要求一样同等看待。过去人们对秘书的要求,主要表现在打字、英语这些技能性知识,将来则会更重视协调沟通能力、团队精神、责任感、忠诚度等这些非智力方面的因素。

二、把握自己的价值观

制定职业规划的另一个依据是人的价值观,因为人生的价值观决定了生活态度,而秘书的生活态度决定了其对秘书这种职业的价值认识,而这种认识又最后决定了其人生幸福感。

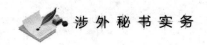

假如一个人认为秘书仅仅是一种侍候人的"办公室的菲佣",那么,其在工作中就找不到任何乐趣,而仅仅是在为那点薪水而工作。

要想成为一个优秀的高级职业秘书,就必须清楚地知道自己的价值观。那么,如何把握自己内心的价值观呢?可以利用表7-1的测试题来测试一下自己的价值观,看看自己是不是适合当秘书。当然,测试结果仅供参考,只要不低于50分,通过努力,就具备了成为一个优秀的职业秘书的潜质!

表7-1 秘书能力自我测试

	非常出色 (5分)	出色 (4分)	一般 (3分)	稍差 (2分)	很差 (1分)	总计
你是一个能随机应变的人吗?						
你能走一步看两步吗?						
你的记忆力好吗?						
你对工作有责任心吗?						
公司里的人信任你吗?						
在工作中你是个有组织能力的人吗?						
你是个遵守公司规章制度和能完成本职工作的员工吗?						
你能保守秘密吗?						
你能熟练地使用中文和英文吗?						
你有强烈的求知欲吗?						
你有成本意识吗?						
你具有良好的判断力吗?						
你有亲和力吗?						
你有自己的主见吗?						
你每天上班都注意自己的衣着装扮吗?						
你很谦虚并乐于助人吗?						
你是个乐观向上的人吗?						
你发现问题总能比别人快一步吗?						
你总是能按时保质地完成自己的工作吗?						
你是一个豁达的人吗?						

注:由于考虑到基本素质有一定的弹性,所以没有设0分。

三、秘书的职位优势

1. "打杂"含金量高

秘书的日常工作是"打杂",那这是不是就意味着秘书工作"技术含量低",没有职业发展前途呢?在现代职场上,白领要想在职业上实现加速度发展,有两种资源必不可少,那就是信息和人脉。对于日常"打杂"的秘书来说,在这两点上恰恰具有天然的优势。那么,秘书如何去收集自己职业发展所需的信息,建立起自己的人脉关系呢?不妨先来看下面的这个例子。

玛丽是东北通用机械股份有限公司总裁办的秘书。她是英语专业的硕士毕业生,半年前来到总裁办,平时也只是打杂,如接电话、取文件、写通知等。但是,她并不觉得自己是大材小用从而感到委屈,她认为如果自己连"杂"都打不好,领导是不会把更重要的工作交给自己。

上个月的一天,总裁让她到4楼的研发部取份材料,他说自己刚给技术总监打过电话。技术总监给她的是一份公司开发纳米产品的可行性报告。由于机械加工行业的利润率越来越低,所以,公司决定开发系列纳米产品,以形成新的利润增长点。她习惯性地仔细阅读了自己经手的材料,看完可行性报告之后,她预感到公司有可能要进行这方面的投资,于是,她开始注意收集有关"纳米"的材料。过去她对"纳米"也没什么了解,现在她不仅注意收集信息,而且还充分利用自己工作上的便利条件,在与研发部打交道时,注意跟有关人员"套磁",如经常开开玩笑说说笑话,向他们请教有关纳米方面的一些问题。见总裁办秘书向自己讨教,工程师们自然诲人不倦。久而久之,玛丽不仅积累了丰富的纳米知识,而且还与从事纳米产品前期研发的工程师们建立了良好的关系。

这天公司召开临时董事会,讨论投资纳米产品项目的问题。由于大多数董事过去都是从事机械加工的,对"纳米"没什么了解,所以,尽管技术总监用原子、电子负荷等理论解释了半天,大家仍然感到有些云里雾里。眼看会议陷入僵局,总裁有些坐不住了,这时,坐在他身后负责担任会议记录的玛丽悄声问总裁是否可以让自己解释一下什么是纳米。总裁马上点头,于是,玛丽用非常通俗的语言解析了什么叫纳米和纳米产品的功效……会议达到了预期的目的,结束时总裁宣布让玛丽负责公司整个纳米项目的协调工作。这样,当总裁让她负责协调整个项目时,她早已胸有成竹了。

像玛丽这样,秘书因为"打杂"而能了解更多的情况,接触更宽的工作面,因此,在视野和经验上,秘书比只在一个部门工作的员工相对要占一些优势。在另一方面,因为秘书工作时效性强,领导的要求高,许多"打杂"的工作给秘书造成很大的压力,也正是这种压力,再加上领导对秘书的了解更多一些,这就给秘书提供了快速成长的环境和条件。这就是秘书的职位优势,而这种职位优势,是其他任何职位,如人力资源、客服或销售都没有的。因此,秘书"打杂"的含金量非常高,问题是其自己有没有能力发现它的价值,并将这种价值提升,变为自己工作的动力和追求的目标。

2. 工作体面而又稳定

作为一种正式的社会职业,秘书工作给一般人的印象首先是体面,她们的办公地方总是挨着公司的高层领导,与其他部门的办公室相比,办公环境更舒适和优雅,与贵宾们接触的机会更多,经常辅助公司领导处理一些重大问题,因此,也特别被公司领导所器重和欣赏。办事比较规范,工作和收入都比较稳定,这些都非常适合女性。

3. 职业发展空间大

秘书职业的吸引力还包括以下方面:由于秘书业务范围涉及面广,所以工作富于变化;

根据具体情况处理业务,能充分发挥自己的主观能动性;不仅能经常接触公司重要信息,而且能根据情况提供一些自己的建议,心理满足感很强;在处理业务过程中与领导一起工作,因此有"与企业高层一起工作"的满足感;有很多与企业内外最优秀的人员打交道的机会;由于秘书积累的经验和知识是多方面的,这为今后转到其他部门工作提供了充分的机会和坚实的基础。

当然,也有人认为,秘书没有自己的主见,只能按上司的意图办事,上司说一秘书不能说二;特别是如果秘书的价值观、伦理观与上司有所不同的话,就很难做好本职工作;上司永远是主角,秘书永远不能出现在舞台的中央;由于上司身居要职,企业同事大多对秘书敬而远之;由于上司上下班时间的不固定,所以秘书需要经常陪着上司加班;秘书必须与上司、同事和客人保持良好的关系,随时要夹着尾巴做人,等等。

四、如果不适合做职业秘书

如果确认自己在职业秘书道路上直线发展面临障碍,那就要提前做好转型的准备。虽然秘书工作为一个人积累了从事新的工作所需的信息和人脉资源,但光靠这两项资源还不能保证其顺利转行,他还得提前准备新职位所需的知识与技能。凡事预则立,不预则废。在选择了自己转型的职业发展目标之后,首先就要开始做知识上的准备。

小芸在北京天华科技公司做总经理秘书已经整整10年了,也就是说,从天华公司成立的那天起,她就是公司总经理的秘书。那时,她还是个稚气未尽刚走出校门的大学生,而天华公司严格地讲还不能称之为"公司",因为它还没有完成公司注册,员工包括总经理在内也只有5个人。经历了10年的风风雨雨,天华公司现在员工已超过了500人,在行业内有相当的知名度。尽管小芸的头衔还是总经理助理,但早就享受中层干部的工资待遇了。小芸曾与老总有过约定,只要条件允许,她会在这个职位上做到退休。但是,自从小芸的儿子去年上小学之后,小芸肩上家庭的担子就越来越重了;她儿子上幼儿园时,她的父母每天帮她接送;现在上小学路远了,两位老人都没精力接送了,更重要的是现在每晚还要辅导孩子学习,所以照顾儿子的事只好小芸自己来负责。但在另一方面,公司规模急剧扩张,老总肩上的担子也越来越重,每天工作的时间越来越长,因此,老总也不忍心让小芸每天跟着自己加班,所以,他提出了几个岗位让小芸选择,如人力资源、市场营销和公关部经理,但小芸却选择了财务部副经理这个位置。当时,老总感到有些迷惑,小芸是学中文的,为什么要选择专业性较强的岗位。其实在两年前,当小芸看到自己的父母越来越难以管束自己越来越淘气的儿子时,她就感到自己必须要多承担一些做母亲的责任了,因而她意识到自己在职业秘书这条路上走不了太远了,于是,通过慎重考虑,她决定自学财务知识,因为她觉得自己在这个职位上还有较大的职业发展空间。

秘书工作范围广,接触面宽,特别是与高层领导人接触的机会多,这样不仅可以积累丰富的工作经验,而且也可以扩充自己的社会关系网络,为自己将来转到别的部门发挥自己的优势提供了保证。因此,与一般员工相比,秘书在职业转型的过程中自然有更多的选择,如去人事、市场、公关等部门做管理工作。如果打算自己创业,利用长期秘书工作积累的知识、经验和社会关系,成功的可能性也比一般人大。

第四节 制定职业生涯规划的方法

确定了职业发展目标之后,制定职业生涯发展规划就相对简单了。

一、确定职业目标

对自己有充分了解之后,就是要为自己设定一个具体的目标。职业生涯规划中的目标,无论是大目标还是小目标,都是越具体越清楚越好。比如,十五年后成为行政总监比成为"优秀的高级秘书"要具体得多。

玛丽在北京某集团公司工作,她为自己制定了职业生涯规划。她去年刚毕业,学的是英语专业,目前的工作以前台接待为主。玛丽将职业发展的总目标定为"公司行政总监"。在她确定了这个目标之后,就要把它划分成近期和中期各种子目标。比如,她打算用3～5年的时间晋升为业务秘书,也就是说日常工作是以收集信息、档案、筹备会议为主;再用5年左右的时间争取成为公司主要领导人的专职秘书,最后再用5年左右的时间争取成为公司的行政总监。

二、了解职业目标的素质与能力要求

在确定了自己各个年龄段职业发展的子目标后,就要了解公司对这些职业目标的素质和能力的要求。比如玛丽的第一个职业发展目标是业务秘书,那她就要去了解公司对这个职位的素质和能力的要求。在管理比较规范的公司,在人力资源部门那里,对上至总裁下到普通文员的每一个职务都有相当详细的描述,不仅对职责、业绩和考核内容有明确的表述,而且对能力、知识和素质也有相当详细的规定。所以,如果第一步是争取成为业务秘书的话,就可以复印一份这个职位的描述,贴在自家写字台玻璃板下,平时对照自己的能力、知识和素质找差距。虽然按照这个职位的要求还有差距,但毕竟看到差距是第一步。

三、根据职位要求制订学习计划

通过了解职业目标的素质与能力要求,你找到了自己的差距;这样,你就可以为自己制

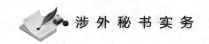

订自己具体的学习计划,开始朝那个方向努力。由于目标明确,自己能给自己压力,你进步肯定就会很快。

比如,玛丽根据公司对业务秘书的要求,觉得自己除了在档案管理、收集信息等方面还有差距之外,在沟通能力也存在不足;这样,她就可以根据自己的实际情况制定具体的学习计划,而这个学习计划可以分解到每一个月。比如今年上半年重点学习存档,下半年重点学习收集信息。成为业务秘书之后,要想成为公司领导人的专职秘书,可能学习的重点就写作等方面的能力;而要成为行政总监这类高级秘书,就要注意提升自己的组织能力和协调能力……(参见表7-2)

表7-2　玛丽的职业生涯规划表

	职业目标	职业目标的素质和能力要求	学习的重点	生活目标	备　注
23—28岁	业务秘书	能熟练地处理秘书的日常工作,具备良好的沟通能力……	注意积累工作经验,强化沟通能力方面的训练	恋爱、结婚、生小孩……	
28—33岁	公司领导人专职秘书	能协助上司灵活地处理工作中的突发事件,有较强的写作能力……	丰富自己的经验,扩展自己的人脉关系,重点加强写作能力方面的学习……	购车、买房……	
33—40岁	公司行政总监	具有相当的组织能力和协调能力……	加强企业管理知识方面的学习,重点提高组织能力和协调能力……		
40岁以后……	……	……	……		

四、对职业生涯规划的修订

由于时代的变化和个人认识上的局限性,所有人制定的职业生涯规划都不可能没有缺陷,所以,在按照自己的既定目标一步步迈进的过程中,每个人都需要经常回头检查自己前进的每一个脚印。通过这种检查,人们也许就会发现自己已经偏离了原来自己设定的路线,或者看到了自己制定的职业生涯规划中不切实际的地方。这样,人们或者校正自己前进的路线,或者修订自己的职业生涯规划,使它臻于完美,避免因为自己的疏失而走入职业发展的歧途。

第五节 自我提升

一、充分发挥主观能动性

这天下午上班不久,市工商银行的李行长打电话来找张总。张总正在市政府汇报工作,作为张总的秘书,玛丽知道李行长是张总研究生班的同学,他与张总的私交不错。见玛丽一时联系不上张总,李行长就对玛丽说,他们导师的夫人昨晚突然去世了,他想约张总明早一起去看看老师。

"你们老板回来后,请你马上告诉他,让他给我回个话。"因为关系很熟,所以李行长说话也比较随便,"另外,看老师的时候,多少得送点钱,表示一下心意。我俩最好送一样多,所以,你问一问你们老板,看他打算送多少,到时候告诉我。"

张总到下午7点多才回到办公室,玛丽马上把李行长的意思向张总作了汇报。

"你说送多少钱比较合适?明天还要带些什么东西去?"不知是突如其来的噩耗让张总不知所措,还是张总对这种世态人情没有什么了解,他这样反问玛丽。

"?"玛丽只好摇头,她看到了张总眼里对自己的不满。

问题出在哪里?

的确,吊唁师母是张总的私事,送多少钱和带什么东西去看老师,作为秘书,玛丽都可以不闻不问;但是,这种"私事"如果处理得不好,它必然会影响张总的工作,因此,作为助手,玛丽必须将这种事情当作自己分内的工作来处理。既然是分内的工作,那么,玛丽就应该充分发挥主观能动性,利用张总回来之前这一段时间做些相应的准备工作。比如,虽然吊唁的时候送多少钱没有一定的标准,但在社会上它有相应的规则,送多了人家可能认为是摆谱,显示自己财大气粗,显得俗气;送少了人家又可能认为寡情少义。因此,如果玛丽还不知道这种送礼的行情,那就应该向部门或公司其他的人请教;如果公司的人不了解,可以问自己的亲戚朋友……玛丽没有及时去了解这方面的情况,让上司失望,说明她作为秘书对自己的职责范围缺乏真正的了解;由于不了解自己的职责,所以在工作中缺乏主动积极的精神。

秘书并不是算盘珠子,上司拨一下才动一下,而是在很多时候需要其充分发挥主观能动性,自己去找事做。一个秘书是否能充分发挥自己的主观能动性,实际上反映出其是否有强烈的上进心。作为秘书,必须有强烈的上进心,因为企业的生存环境越来越复杂,老板的压力越来越大,因而对秘书的期望值也就越来越高。如果没有上进心,不注意自我积累和提升,那秘书的能力就会离上司的要求越来越远。当然,秘书在发挥主观能动性的同时,必须注意是否越位。

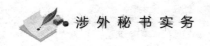 涉外秘书实务

二、提高工作的含金量

玛丽是天津某高科技公司总裁秘书。公司这几年从无到有,年营业额接近10亿元人民币。这天上午总裁正在召集各分公司负责人开营销会议,公司财务总监刘总给玛丽来电话了:"玛丽,你好!我是财务部的刘志。"

"刘总,您好!"

"大老板(指公司总裁)这几天能抽得出时间来吗?北京天地证券公司的马总想过来拜访他,一起吃顿饭。"

"老板开完会后,我问一下老板的意思,回头给您电话。您看可以吗?"

"谢谢!"对方放下电话。

总裁散会后,玛丽马上把财务部刘总的意思告诉总裁。总裁想了一会儿后反问玛丽:"你看我有必要见这个马总吗?"

"?"玛丽不知如何回答是好,总裁也显得很失望。

问题出在哪里?

作为秘书,传递信息是其一项主要工作;在这种传递信息过程中,秘书必须做到准确与及时。从这个意义上来说,玛丽完全履行了自己的职责,工作中不存在任何瑕疵。但是,秘书并不是一个简单的传声筒,当其在传递信息的过程中,应尽可能地给它增加"附加值"。由于天地证券公司是财务总监介绍过来的,所以玛丽应该知道总裁对这个证券公司不熟悉,因此,玛丽在将"马总要求见面"的信息传递给总裁之前,就应该想到总裁在做"见不见马总"这个决策的时候缺乏足够的信息,所以,玛丽就应尽可能地收集有关天地证券公司的信息,并将有关天地公司的信息连同"马总要求见面"这个信息一起传递给上司,以方便上司决策。所以,玛丽的问题就出在没有给老板提供"天地公司"的相关信息,也就是说,玛丽在这里只是一个简单的传声筒,在传递这个信息过程中没有增加任何"附加值"。如果玛丽在与刘总通话时,问清对方的意图和公司背景,并到网上去查"天地证券公司"的网站,了解有关情况,做好相应的准备,那么,一旦总裁问起来,她就能提供天地公司的相关背景资料和马总来访的意图,这样,总裁就能做出自己的决策。

其实,对于秘书来说,不只是接打电话能增加工作"附加值",几乎所有的秘书工作都可以增加"附加值",比如给客人泡茶的时候,给客人一个微笑,让客人感到更温馨;在给上司起草文件的时候,多加几幅图表,让简单枯燥的数字更直观、更生动……虽然秘书的主要工作是做"杂务",但秘书不能只是机械地做,而要有精益求精的态度,尽量给自己的每一份工作增加"附加值";如果秘书给所做的每一件事都增加"附加值",那么,其工作的含金量会大大地提高。如果秘书工作的"含金量"很高,那上司对其自然就会刮目相看。相反,如果秘书认为其工作只是"打杂",那么,秘书的工作永远只能是"打杂"。

三、充分发挥职务优势

这是一家通信辅助设备制造公司,这天老板终于得到了与本地移动通信公司老总见面

的机会,并约好晚上一起吃饭。下午,老板就晚上见面的事与秘书玛丽商量。

"听朋友说,移动公司大老板的酒量很大,我原准备让研发部的刘奇今晚一起去,但他太书生气,不会喝酒。除开销售部的王涛,你看今晚还派谁去比较合适?"老板兴致盎然地征求玛丽的意见。

"我怎么知道?您是老板您定吧!"玛丽诚恳地回答。

听玛丽这么一说,老板兴致陡降,只好转移话题。他指着移动公司的宣传样本说:"这个上面 SP(编者注:指内容提供商)这两个英文字母,它是什么意思?"

"对不起,我是学中文的,我也不知道这 SP 是什么意思。"玛丽实事求是地回答。

"好吧,你出去忙吧!"老板明显地不高兴。

问题出在哪里?

秘书只是秘书,要求秘书是个"百事通"并不现实,所以,玛丽不知道公司谁会喝酒和不能完全看懂客户的样本完全可以谅解。

随着市场竞争越来越激烈,上司面临的压力越来越大,对助手的期望值也越来越高,因此,作为秘书,应尽可能地提高自己的能力,以满足上司的工作要求。如果从这个角度看,作为老板的助手,玛丽连公司几个高层管理人员的酒量如何都不清楚,主要客户的样本也看不懂,那就不能不说是一种失职。如果说这种失职还可以谅解的话,那么,在老板征询其意见时,用"不知道"来应付,而不是积极采取措施"我去查一下"或"我去问一问",则更不可原谅。

玛丽的问题在于她安于现状,没有积极地利用自己的职务优势,充实和提高自己。作为秘书一定要学会利用自己的职位优势,突破自己本职工作的束缚,逐步开阔自己的视野,要从整个公司运营的角度来观察问题,像上司一样思考问题。

一般的上司工作都非常忙,不可能将自己所有的工作和要求都向秘书"汇报",所以,秘书必须学会利用自己的职务优势来收集自己工作的信息。那么,作为秘书,在日常工作中应如何利用自己的职位优势充实自己呢?第一,对从自己经手转发的各种文件和资料应仔细阅读和琢磨;第二,留意上司的电话和上司与各部门经理的谈话;第三,留意网上和报纸杂志上有关本行业的新闻和动向,遇到不清楚的问题就向同事请教。只要做到了这几点,那秘书就能基本了解公司运营状况和上司的工作重心。通过这种日积月累,秘书的工作视野自然就会开阔,想上司所想,急上司所急,与上司在工作中形成默契,自然而然地成为上司的得力助手。

四、在"打杂"中创造机会

玛丽是名牌大学毕业的高材生,工作 3 年多了,虽然有"总经理秘书"的头衔,但一天到晚也没有多少事可做;很多朋友羡慕她工作轻松,但她却因为找不到机会、看不见希望而于心不甘。这天上午老总在开会,她又没什么事,只好像往常一样在网上浏览新闻和八卦消息,消磨时间。11 点多,老总开完会出来,对玛丽说自己下星期一去上海出差,让她把上海两个客户的合同找出来。

"您坐飞机去吗?"玛丽问。

"是的,打算乘星期一下午 3 点多的飞机。"老总说。

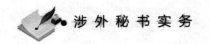

"那我帮您去订机票吧?"玛丽主动地说。

"不用了,我这里有订票处的电话,回头你帮我下楼去取一下就行了。"老总说。于是,玛丽只好怏怏地回到自己的办公室帮老总找出那两份合同。老总在家她都感到无所事事,老总出差之后她会更无聊。想到这里,她暗叹一口气,把两份合同找出来之后,继续上网打发时间。

问题出在哪里?

当然,玛丽完全可以把责任推给老总。实事求是地说,出现这种局面上司负有很大的责任。既然上司习惯这样事无巨细,大包大揽,那就说明上司不会用秘书,是上司让秘书整天无所事事,更何况秘书还是积极主动的。但是,把责任推给了上司就能给玛丽带来机会吗?玛丽应该看到,上司这种大包大揽的工作方式,固然有他工作习惯的问题,但在更深层次上反映了上司对玛丽能力或人品的不放心。所以,玛丽的问题在她仅有主动积极的精神,但还缺乏勇气。

如果玛丽大胆主动坚持帮上司订票,即使老总再"顽固",他也不会拒绝玛丽的"主动";即使他再三拒绝玛丽帮助他订票,那玛丽还可以帮上司做出差的其他准备工作,比如,帮他查询上海的天气情况,把上海客户的其他资料一起找出来,把每个客户的资料分别用大信封装好……玛丽主动坚持要求给上司"打杂",一方面让上司看到其能力,另一方面让上司从这种主动中看到其上进心。只有这样,上司才会慢慢了解和信赖秘书。

秘书可以等待上司赐予其机会;但是,如果秘书能主动去创造机会,那么,其就会进步得更快!

五、将上司当作学习的楷模

作为秘书,也许其职业发展的蓝图已经清晰起来了,例如争取在十年后成为公司的行政总监。可用什么方法让自己保持定力,十年始终一贯呢?被上司信赖的秘书职业发展机会比一般人多得多,经常会遇到各种意外的机会,秘书会不会在未来的某一天因某个意外"机会"的降临而改变初衷?秘书要让自己"忠贞不渝",最好的办法就是为自己寻找一个学习的楷模。

给自己寻找现实的楷模,在职业发展道路上是一条捷径。楷模是理想的化身,所以,楷模最好能从熟悉的人中去找。如果楷模离得太远,那就像是在水中捞月,他对个人没有什么亲和力。所以,作为楷模的人选,最好是自己的上司或公司其他高级管理人员。将上司当作学习的楷模还有个好处,那就是可以直接观察他们为人处世的方法,有问题可以直接向他们请教。

第六节

自我管理

一、学习管理

  如果秘书做好了职业规划，确定了人生奋斗目标，那就要为自己的理想而奋斗。无论秘书选择了什么样的奋斗目标，首先是要做好知识上的准备。如果秘书的职业奋斗目标是公司的行政总监，那就要开始加强行政方面知识的学习；如果秘书计划工作五年，在积累了一定的工作经验和人脉之后自己创业当老板，那就要学习当老板的知识。

  珍妮是北京捷成软件开发公司总经理办公室的秘书。前些天她刚换了上司，一个刚从美国某知名大学毕业的"海龟"博士。新上司上班的第二天，他就让珍妮在一个星期内给他提交一份本公司产品的市场分析报告。这类报告珍妮过去写得太多了，所以，只用三天的时间就把报告写完了。一看报告，上司就把眉头皱紧了："你的报告里用了这么多'也许'、'大概'之类的词，情况都是那么含糊不清，我怎么可能根据它们做决策？"珍妮说下次"注意"，但在心里嘀咕："过去大家都是这么写的，就你事多，看来还不了解国情。"

  上司又问："你第五页上那么多平均数，它们是加权平均还是算术平均？"

  "加权平均和算术平均是什么意思？"珍妮反问，因为她过去从来没听说过这两个词，她的这些数据都是从网上下载的，她并不知道它们到底是什么平均。

  "你连加权平均和算术平均是什么意思都不知道？"上司似乎感到有些不可思议。

  要做好知识上的准备，就要根据自己的实际情况，选择合适的学习方式，例如选择一些职业学校参加在职培训、函授学习，学习像计算机、英语这类基础课程。函授学习的最大特点就是不需要脱产，在时间上比较方便；但是，由于没有老师面对面的指导，学习效果不一定很明显，而且这种学习的压力不大，容易半途而废。选择什么样的学习方式，关键要看是否适合自己，以及自己在时间上和经济上的承受能力如何。在做知识准备的同时，还应注意素质的提高，如条件允许，秘书应经常去参观各种博物馆、展览会，以丰富自己的人生阅历。

  每一种社会职业都要求具备一定的特长，那秘书的特长是什么？秘书的特长应该就是有非常丰富的常识。秘书不仅工作面宽，而且接触的人多，从各科室到公司领导，从公司内部人员到外来客人，因此，这也就给秘书积累经验创造了条件。在秘书的日常工作中，只要处处做个有心人，学会观察周围的人和事，就会有收获。

  因此，秘书每做一件事，每接触一个人之后，都要细想想自己哪些把握好了分寸，哪些还有待改进；同时保持像海绵一样的心态。通过这种日积月累，秘书的能力就会在无形中提高。秘书大多比较年轻，在工作中容易出差错。但只要秘书每次出差错后认真反思，吸取教

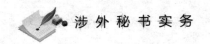

训,学到的东西反而会更多。总而言之,要想成为一个优秀的秘书,就必须具备良好的自我学习和积累的能力。

秘书一般都工作繁忙,用来学习的时间有限,所以,秘书不能只凭兴趣读书,而应该有一定的目的性。特别是在工作一段时间之后,秘书就会知道自己哪些方面知识欠缺,在哪些方面应该"充电"。如果有针对性地进行读书学习,其效果往往事半功倍。

二、健康管理

上司对秘书的要求首先是头脑敏捷,秘书工作可以说既是脑力工作也是体力工作,因此,身心健康是从事秘书工作的先决条件。作为秘书,不仅要保持身体健康,而且还要保持心理健康。只有保持身心健康,才能够在工作中保持相当的耐力和爆发力,出色地完成自己的工作,这是作为秘书最基本的条件。如果秘书今天头痛上医院,明天发烧在家休息,那其不仅不能完成自己的本职工作,还会影响上司和整个部门的工作。因此,秘书从平时起就要注意运动,每天保持充足的睡眠和有规律的生活,按时定量用餐等。

对于年轻的秘书来说,由于收入有限,故应根据自己的实际情况来选择锻炼的方式,例如打羽毛球或篮球,这类运动不仅实惠,而且很容易出汗,锻炼效果很好。如果工作繁忙,抽不出专门的时间进行锻炼,那就要见缝插针进行锻炼,例如在上下班的路上少坐一两站公共汽车,用走路代替锻炼;为了增加运动量,尽量走得快些;平时一般不乘电梯和滚梯等。

秘书在工作中不能出现犯困"走神"的现象。如果秘书在接受上司指示的时候出现"走神",忍不住呵欠连连,上司看了会怎么想?即使没有受到当面批评,秘书在那种状态下能完全领会上司的意思吗?吃不透上司的意思,对于秘书来说,后果可想而知!

此外,秘书经常需要加班加点,有时还要应付一些突发事件,这都要求秘书随时保持清醒的头脑和充沛的体力。即便不加班加点,晚上无论是在家看书还是到外面上课或者进行其他活动,都需要有充沛的精力。一个优秀的秘书,到每天正常下班的时候,还应保持正常体力的30%以上。一个秘书,不论其经验多丰富,知识多渊博,为人多沉稳,但如果总像林妹妹似的,整天病病歪歪,哪会得到上司的真正重用呢?!

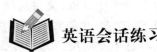 **英语会话练习**

B:Miss Karen, please bring me a cup of green tea.

S:Yes, right away, Mr. David.

B:Miss Karen, can we go over my schedule for today?

S:Yes, today at 9:00 you have a meeting with Mr. Tim from the Personnel Department. At 10:30 the chairman wants to discuss about our newest project. At 12:00 a luncheon meeting at Hotel of Shangrila with U.S. ANK Co.

B:And in the afternoon?

S:At 3 o'clock, Mr. Robert White of AJO Insurance Co. will be here to introduce the new chairman. At 4 o'clock, Mrs. Brown wants to see you about purchasing our ××

product. At 5 o'clock, Mr. Thomas Lee of NUT Trading Co. would like to see you about your business trip to Nanjing next month. At 6 o'clock, formal sit-down dinner party at Hotel of the Great Wall to commemorate our 25th anniversary in our business.

…………

（就上司的日程安排与有关部门沟通）

S: Mr. David's office. Miss Karen speaking.

C: Hello, this is Mr. Kent calling. I'd like to speak with the manager. Will it be all right to drop by this morning?

S: I'm sorry, but right now he's looking over documents which he must approve. And then, he must check the data for this afternoon's management meeting, and this will most likely take until 11:30. Will you be able to see him around that time?

C: That will be fine. I'll drop by around 11:30.

S: We'll be expecting you then.

…………

S: Sales Section.

A（总经理秘书）: Hello. This is Mr. Johnson's secretary. Mr. Johnson would like to see the manager right away for about 30 minutes if possible, on some urgent matter.

S: I'll check with Mr. David and let you know immediately.

（挂断电话后对上司说）

S: Mr. Johnson would like to see you now on some urgent business, if it is possible.

B: Well, Mr. Parker of Overseas Section is scheduled to see me now, but would you call his office and set up another time for him to see me, please?

S: Yes, I'll do that right away.

（拨帕克电话）

S: Hello. Is this Mr. Parker? This is Mr. David's secretary, Miss Karen calling. Mr. David was supposed to see you today but something urgent came up. He would appreciate it very much if you can change the meeting time and come in tomorrow morning between 9:30 and 10:00.

P: Yes, that will be just fine.... tomorrow morning between 9:30 and 10:00.

S: Thank you. We'd certainly appreciate that.

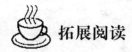

拓展阅读

Collecting Information

With development of information technology, a highly information-based society is approaching us and computers are more and more popularized in office. OA has greatly increased efficiency of secretaries' handling their fixed and standardized daily work. It can be regarded as extension of secretaries' pens and notebooks.

However, does OA merely mean efficiency increase for secretaries? The answer is definitely no. Secretaries should make good use of the time and energy saved through OA to assist their bosses in decision—making process with collecting, screening and digesting useful information, i. e. secretaries ought to screen from complicated information and then summarize the digested information to provide to their bosses. If without secretaries' assistance, bosses would certainly encounter many problems during information processing. For example, information transferred by e-mails and fax is skyrocketing, whereas it tends to be simpler to understand and even sometimes without rhyme or reason. Hence, bosses usually assign their secretaries the work to distinguish fact from fable and control information quality.

At the same time, secretaries don't have to shoulder all of the information processing work. As assistant of bosses, secretaries should utilize their synthetical judgment abilities by the greatest extent. This is in deed their regular work. . Large quantities of information processing should be done by information technology experts or entrusted to a professional information technology company.

第八章

作为助理应具备的经营常识

第一节 企业管理常识

秘书部门是一个企业的综合管理部门,也可以说是企业的"参谋部",因此,作为"参谋",每一位秘书都应具备一些企业管理常识。

一、公司常识

1. 公司的决策、经营机关

目前大多数公司都是"有限责任公司",所谓"有限责任"是指公司出资人仅以自己出资部分来承担偿还债务的责任。

有限责任公司的最高决策机关是公司的股东大会。股东一般都不直接干预公司的经营管理,因此,投资的所有权与公司的经营权大多是分离的。公司股东将公司的经营管理委托给公司董事会。公司股东大会原则上每年召开一次。股东大会审议并决定以下重要事项:规章制度的变更、资本的增减、公司的解散和合并、股份的转让、股东分红、董事会及监事会人员的任免、财务报告的审计和确认、公司董事的薪水等其他利益分配方案等。

公司董事会是公司的经营决策机构,也是股东大会的常设权力机构。董事会对股东大会负责。董事会的主要职责有:决定公司的生产经营计划和投资方案,决定公司内部管理机构的设置,批准公司的基本管理制度,听取总经理的工作报告并做出决议,制订公司年度财务预、决算方案和利润分配方案、弥补亏损方案,对公司增加或减少注册资本、分立、合并、终止和清算等重大事项提出方案,聘任或解聘公司总经理、副总经理、财务部门负责人并决定奖惩等。

公司监事也是由股东大会所选派委任的,其作用是监督董事会的工作是否正确和经营班子是否称职。因此,公司(包含子公司)的董事会成员不得兼任公司的监事。一些公司的监事会不仅对公司财务方面进行监督,而且也对公司业务方面进行监督。上市公司还要接受来自公司以外的财务审计。

2. 公司的组织结构

一般企业的组织结构呈金字塔形,分总经理级领导、部门经理和一般员工三层。如果企业规模比较大,则在部门经理之下、一般职员之上还有组长或项目经理这一基层管理层。

总经理级领导层是公司的最高管理层,负责整个公司的经营管理决策。部门经理层是企业的中间管理层,负责管理财务、市场、研发、营销等部门,将公司最高管理层做出的各种决策在本部门付诸实施。基层管理人员接受中间管理层的指示并领导和监督一般员工落实上级指示。

秘书一般是辅助公司最高经营层处理日常杂务,其作用是将公司高层领导产生的设想传达给下属各部门,并促进双方交流;在计划实施之后,辅助上司对计划实施的进程进行调整和管理监督,从而使之顺利地进行。在大多数企业中,秘书的工作属于金字塔上层的经营层,而秘书的岗位则属于金字塔下层的一般员工层。

二、公司产品(服务)常识

1. 公司的基本情况

公司的基本情况包括公司的历史、发展的过程、注册资本、领导人姓名、具体的业务内容、具体产品或服务的价格、年销售额、各部门的大致分工、各地的分支机构、员工总人数等。对这些情况秘书都应了解。

2. 公司所在行业的基本情况

公司所在行业的基本情况包括同行业厂商的数量和分布、总产量、大致价格、本公司主要竞争对手情况、新技术或新产品开发情况、整个行业的发展趋势等。例如,一个电视机生产工厂的总经理秘书不仅要了解本企业生产的电视机的型号、市场零售价、市场竞争优势等基本情况,而且要了解国内外同行的一些基本情况和它们的竞争优势。这样,无论是为上司起草文件还是与上司闲聊,秘书都能做到言之有物,让上司对其刮目相看。

三、人力资源常识

由于时代的变化和市场竞争的需要,公司的人事结构也处于不断变化之中。人事变动主要是为了调节个人能力与工作之间的平衡,并且确保公司总是处于最有活力的状态。公司人力资源部门主要是负责人员招聘与面试、新员工的试用与合同签订、员工福利、人事档案管理以及员工的考勤与加班、出差与请假、培训、考核与奖惩、薪酬、辞职、退休等方面的管理。

四、市场营销常识

1. 市场营销流程

从产品(或服务)的策划、设想、设计、生产到销售给消费者,这一系列活动就是市场运营。作为企业,不能只简单地生产商品或提供服务,还要站在消费者的立场上考虑如何更好地为消费者服务,这就是市场营销。市场营销包括市场调查、产品策划、价格制定、促销方式、渠道政策的制定等一系列活动。

(1)市场调查:调查市场的规模和发展趋势;通过市场调查和分析,找到消费者的需求所在。

(2)产品策划:根据市场调查的结果,策划能满足消费者需求的商品(或服务)。

(3)价格制定:以生产成本、市场预期销售数量和同行的价格为基础,确定销售方式和价格。

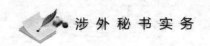

(4) 促销方式：通过广告媒体等手段宣传商品(或服务)的价值和魅力。

(5) 渠道政策：为商品进入市场选择合适的流通渠道，并通过这些渠道推销商品。

2. 市场调查的重要性

市场调查对于产品或服务的开发和上市是非常重要的。消费者的需求因年龄、性别、职业、地区等不同而不同；另外，消费者的需求会随着时代的变化而变化，因此企业必须在市场调查上下工夫。

在另一方面，由于市场竞争越来越激烈，消费者对商品也越来越挑剔，对企业的要求早已不限于产品本身质量好，还要求企业提供良好的售后服务等。提供哪些服务才能满足顾客要求，需要通过市场调查才能了解。

3. 市场营销常用语

经常用到的市场营销用语如下。

(1) 消费者：购买产品(或服务)的人。

(2) 媒体：报纸、杂志、电视、广播和网络等。

(3) 市场占有率：在市场上的所有同类产品中，本企业的商品所占的比例。

(4) 售后服务：在销售产品(或服务)之后为消费者提供的后续服务，如产品维修。

(5) 产品生命周期：商品从产生到消亡的这一段时间。

五、生产管理常识

1. 生产管理

为了能在保证质量的前提下大批量生产产品，并保证企业的持续性发展和生产效率的提高，为此采取合理的生产管理体制，即为"生产管理"。

2. 劳动生产率

劳动生产率是指企业或员工在单位时间内的产品生产量，它是考核企业经济活动的重要指标，是企业生产技术水平、经营管理水平、职工技术熟练程度和劳动积极性的综合表现。

3. 生产管理手段

(1) TQC 与 TQM。

TQC(Total Quality Control，全面质量控制)，是以组织全员参与为基础的质量管理形式。从 20 世纪 80 年代后期以来，TQC 得到了进一步的扩展和深化，逐渐演化成为 TQM(Total Quality Management，全面质量管理)，其含义远远超出了一般意义上的质量管理，是一种综合的、全面的经营管理方式和理念。

(2) ISO 认证。

ISO(International Organization for Standardization，国际标准化组织)是一个全球性的非政府组织，是国际标准化领域中一个十分重要的组织，担负着制定全球协商一致的国际标准的任务。企业推行 ISO 认证的意义在于：强化品质管理，提高企业效益；增强客户信心，扩大市场份额；获得国际贸易"通行证"，消除国际贸易中的壁垒；节省第三方审核商品品质的精力和费用。也就是说，以 ISO 认证标准管理生产可以大大提升产品竞争能力。

第二节 财会常识

秘书作为企业领导人的助手,主要工作就是帮助他们收集信息。在各种应收集的信息中,财务方面的信息是最重要的信息之一,所以,作为秘书,不一定要会记账、做财务报表,但一定要会看财务报表,具备一些财会常识。此外,秘书经常帮上司报销差旅费,帮上司宴请客人,采购一些办公用品,常常要用支票等,所以还要具备一些财务、支票方面的常识。

一、会计常识

企业经营业绩和财务状况,一般是以一定时期内所拥有的资产数量来表示,统计这一资产数量的工作就叫做"决算"。决算一般是以财务年度(Financial Year,FY)为决算单位,也有半年决算一次的。有些公司还每三个月结算一次,一年的四次决算可分别简称为 Q1、Q2、Q3 和 Q4,例如 2005 年度的第三次决算就可简称为"FY2005,Q3"。

财务报表主要有资产负债表和损益表两类。

1. 资产负债表

资产负债表主要反映企业资金的使用情况。企业的资金到底用到了什么地方,企业有多少库存商品、有多少固定资产等,看资产负债表就可知道。通过资产负债表还可了解企业的资产结构,从而知道如何调度资金以及在运营过程中应采取的对策。一般来说,如果与上年同期(或年初)相比,资产增长的幅度较大,那就表示企业经营状况良好;相反,如果企业经营状况不理想,资产就不会有什么增长;如果出现资产减少的情况,那就要采取相应的措施,重新考虑公司运营方针,在资金调度、投资方向和企业管理等方面进行调整。

表 8-1 为某公司某年度资产负债表,从中可了解该公司的资产结构及经营状况。

表 8-1　北京现代科技公司 2005 年资产负债表　　　　单位:元

资　产	年初数	年末数	负债及所有者权益	年初数	期末数
货币资金		1 103 000	流动负债		
短期投资			短期借款		200 000
应收票据		85 000	应付票据		120 000
应收账款净额		696 500	应付账款		350 000
预付账款		100 000	其他应付款		2 000
其他应收款		5 000	应付工资		3 000
应收股利			应付福利费		15 000

续表

资　产	年初数	年末数	负债及所有者权益	年初数	期末数
存货		1 480 000	未交税金		102 000
待摊费用			应付利润		
1年内到期的长期投资			其他未交款		21 000
流动资产合计			预提费用		
长期股权投资		250 000	1年内到期的长期负债		
长期债权投资			流动负债合计		
固定资产			长期负债:		
固定资产原价价		5 800 000	长期借款		2 000 000
减：累计折旧		1 160 000	住房周转金		500 000
固定资产净值		4 640 000	长期负债合计		
在建工程		440 000	所有者权益:		
固定资产合计		5 080 000	股本		5 000 000
无形及递延资产			盈余公积		500 000
无形资产		250 000	其中：公益金		
长期待摊费用		50 000	未利润分配		286 500
无形及递延资产合计		300 000	股东权益合计		5 786 500
合计		9 099 500	合计		9 099 500

2. 损益表

损益表主要反映企业的盈利状况。通过损益表，能了解企业在一定时期内的销售收入和经营费用的情况，通过表中营业收入、费用、利息等指标的对比，还能了解企业经营的效率。通过损益表还可以了解企业收入的构成。一般来说，营业收入增加，营业费用和利润也会相应增加。销售收入与销售进价之间的比率，反映了企业成本的构成。从销售费用、一般管理费用占总销售收入的比重，可以看出企业的负担和经营管理的水平。

表 8-2 为某保险公司损益表，从中可了解该企业的盈利及收入构成等。

表 8-2　某保险公司损益表　　　　　　　单位：百万元

项　目	2000 年	1999 年
收入项目	—	—
保费收入	383	342
分保业务收入	—	—
其他业务收入	10	8
转回未到期责任准备金	55	50
转回人身险责任准备金	151	130
转回未决赔款准备金	9	8
支出项目	—	—
赔款支出	175	206
退保金及给付	12	11
分保业务支出	13	25

续表

项　　目	2000 年	1999 年
手续费支出	12	8
费用及其他支出	60	46
提存未到期责任准备金	76	55
提存人身险责任准备金	186	171
提存长期责任准备金	—	—
提存未决赔款准备金	11	9
提存保险保障基金	3	3
营业税金及附加	13	9
营业利润	47	－5
加：投资收益	10	18
营业外收入	—	—
减：营业外支出	5	1
加：以前年度损益调整	—	—
利润总额	52	12
减：所得税	—	—
净利润	52	12

3. 相关术语

常用的财会术语如下。

（1）资产：即企业经营所需的全部财产，包括现金、租金、土地、建筑物、设备、商品、无形资产等。

（2）负债：即企业必须偿还的财产，包括银行贷款、借款、应付货款等。

（3）流动资产：即能在短期内变为现金的资产，如存款、应收款、有价证券、原材料、产品等。

（4）固定资产：即长期保持同样形态的资产，如土地、建筑物、设备等有形的东西。

二、财务常识

1. 小额现金的处理

公司付款，一般都是通过银行转账结算，或者使用支票、汇票等结算。但是，秘书也经常需要从财务部门预借现金，用于一些小额开销，以备急用，例如购买招待客人的茶叶、咖啡、水果和少量的办公用品等。另外，一些市内交通费、上司临时急用的杂志书籍等的购买，也多是用现金支付。

小额现金一般都不超过千元，一般的公司对这类小额现金的管理都有专门的制度。小额现金从预借到支出，都要严格按规章办理。首先要填写好借款单，请上司在借款单上签字；如果是替上司或其他人借的钱，在把钱交给他们时，应请他们出具收条。秘书在处理这类小额现金时，特别要注意的是不要将它和差旅费等混同起来。

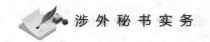

2. 报销费用

有时为公司办事需要花些费用,如出差或接待客人等,事后就需报销费用。报销费用时应根据规定一笔一笔地细算。秘书的主要报销工作是替上司报销差旅费。

上司准备出差时,应根据上司出差的目的地和时间长短,为上司做一个差旅费预算,再根据预算填好借款单,向财务部门的负责人提出申请,在上司出发之前把需用现金准备好。在做差旅费预算时,主要是根据交通费、住宿费、招待费和出差补贴等项来计算。关于出差补贴,公司一般都按职位高低规定了各种补贴标准。

上司出差回来后,秘书要代替上司报销差旅费。秘书应将上司所有出差票据整理好后,按财务部门指定的单据填好,分门别类地算好,将报销单交上司本人和财务部门负责人审核签字。报销时应根据出差之前预借金额和出差发生的实际费用的差额,多退少补。

三、支票常识

支票是由出票人签发的委托办理支票存款业务的银行在见票时无条件支付确定金额给收款人或持票人的票据。出票人是签发支票的单位或个人,付款人是出票人的开户银行。

单位在同一票据交换区域的各种款项结算,均可使用支票。支票分为现金支票和转账支票。依据《中华人民共和国票据法》和中国人民银行发布的《支付结算办法》,客户可以按规定使用现金支票和转账支票。现金支票只能用于支取现金,转账支票只能用于转账。

支票一律记名,其中转账支票可以背书转让;支票提示付款期为10天(从签发支票的当日起计算,到期日遇法定节假日顺延)。支票签发的日期、大小写金额和收款人名称不得更改,其他内容有误的,可以画线更正,并加盖银行预留印鉴予以证明。支票发生遗失的,可以向付款银行申请挂失;挂失前已经支付的,银行不予受理。

出票人签发空头支票、印章与银行预留印鉴不符的支票、使用支付密码但支付密码错误的支票,银行除将支票作退票处理外,还要对出票人按票面金额处以5%但不低于1000元的罚款。

四、税务常识

1. 税务机关

按财政分税制的要求,我国税务机关分为国税系统和地税系统两部分。它们之间的征收管理分工如下:国税系统负责征收管理的税种有增值税、消费税等;地税系统负责征收管理的税种包括营业税、个人所得税、土地增值税、城市维护建设税、车船使用税、房产税等。

2. 纳税人

纳税人是纳税义务人的简称,是《中华人民共和国税法》规定的直接负有纳税义务的法人和自然人;企业理所当然属于纳税人,是法人纳税人。

3. 课税对象

课税对象又称征税对象,是税法规定的征税的目的物。每一种税都必须明确规定对什么对象征税。一般来说,不同的税种有着不同的课税对象,不同的课税对象决定着税种所应有的不同性质。

4. 税目

税目是课税对象的具体项目。有些税种的课税对象具体情况复杂,需要规定税目。例如消费税、营业税,一般都规定有不同的税目。

5. 税率

税率是应纳税额与课税对象之间的比例,是计算应纳税额的尺度,体现征税的深度。

第三节 法律常识

市场经济就是法治经济。公司的一切业务,都是在相应的法律规定约束之下进行的。稍具规模的公司,都会有自己的法务部或专职的法律顾问。在公司经营活动中,如何对公司的法律权利进行获得、行使与保护,如何避免出现法律纠纷以及出现法律纠纷后如何解决,这些都涉及专门而又复杂的法律条文,必须由专门的律师来处理。但是,这并不等于秘书不需要具备一些法律知识。企业对法律知识的需求,不仅仅是在签订那些事关全局的协议或合同的时候,更多的是体现在日常工作中,从各种协议与合同的起草,到与客户的常规谈判,都要用到法律常识,而律师往往只是最后把关。如果秘书具备了一定的法律知识,就能在辅助上司决策和处理日常工作过程中,给上司提供有用的建议,使上司在日常经营活动中能够及时判断什么事可以自己解决、什么时候需要律师的帮助,这样就可以既避免发生法律纠纷,又大大降低公司法律需求的成本。由于我国目前的法制还不是很健全,在经营企业过程中往往会遇到一些法律上的陷阱,因此秘书更需要具备相当的法律知识,以便及时提醒上司。

一、《中华人民共和国公司法》

《中华人民共和国公司法》(简称《公司法》)的制定是为了规范公司的组织和行为,保护公司、股东和债权人的合法权益,维护社会经济秩序,促进社会主义市场经济的发展。秘书需掌握以下有关《公司法》的内容。

(1) 公司是企业法人,有独立的法人财产,享有法人财产权。公司以其全部财产对公司的债务承担责任。有限责任公司的股东以其认缴的出资额为限对公司承担责任;股份有限公司的股东以其认购的股份为限对公司承担责任。

(2) 公司股东依法享有资产收益、参与重大决策和选择管理者等权利。

(3) 公司从事经营活动,必须遵守法律、行政法规,遵守社会公德、商业道德,诚实守信,接受政府和社会公众的监督,承担社会责任。公司的合法权益受法律保护,不受侵犯。

(4) 设立公司,应当依法向公司登记机关申请设立登记。符合《公司法》规定的设立条件的,由公司登记机关分别登记为有限责任公司或者股份有限公司;不符合《公司法》规定的设立条件的,不得登记为有限责任公司或者股份有限公司。

(5) 依法设立的公司,由公司登记机关发给公司营业执照。公司营业执照签发日期为公司成立日期。公司营业执照应当载明公司的名称、住所、注册资本、实收资本、经营范围、法定代表人姓名等事项。

(6) 设立公司必须依法制定公司章程。公司章程对公司、股东、董事、监事、高级管理人员具有约束力。

(7) 公司法定代表人依照公司章程的规定,由董事长、执行董事或者经理担任,并依法登记。公司法定代表人变更,应当办理变更登记。

二、《中华人民共和国合同法》

《中华人民共和国合同法》(简称《合同法》)的制定是为了保护合同当事人的合法权益,维护社会经济秩序,促进社会主义现代化建设。秘书应掌握以下有关《合同法》的内容。

(1) 合同是平等主体的自然人、法人、其他组织之间设立、变更、终止民事权利义务关系的协议。

(2) 合同当事人的法律地位平等,一方不得将自己的意志强加给另一方。

(3) 当事人依法享有自愿订立合同的权利,任何单位和个人不得非法干预。

(4) 当事人行使权利、履行义务应当遵循诚实信用原则。

(5) 依法订立的合同,对当事人具有法律约束力。当事人应当按照约定履行自己的义务,不得擅自变更或者解除合同。

(6) 书面形式是指合同书、信件和数据电文(包括电报、电传、传真、电子数据交换和电子邮件)等可以有形地表现所载内容的形式。

(7) 合同的内容由当事人约定,一般包括以下条款:当事人的名称或者姓名和住所,标的,数量,质量,价款或者报酬,履行期限、地点和方式,违约责任,解决争议的方法。

(8) 依法成立的合同,自成立时生效。

三、《中华人民共和国劳动法》

《中华人民共和国劳动法》(简称《劳动法》)的制定是为了保护劳动者的合法权益,调整劳动关系,建立和维护适应社会主义市场经济的劳动制度,促进经济发展和社会进步。秘书应掌握以下有关《劳动法》的内容。

(1) 在中华人民共和国境内的企业、个体经济组织(以下统称用人单位)和与之形成劳动关系的劳动者,都必须遵守《劳动法》。

(2) 劳动者享有平等就业和选择职业的权利,取得劳动报酬的权利,休息休假的权利,获得劳动安全卫生保护的权利,接受职业技能培训的权利,享受社会保险和福利的权利,提请劳动争议处理的权利以及法律规定的其他劳动权利。劳动者应当完成劳动任务,提高职业技能,执行劳动安全卫生规程,遵守劳动纪律和职业道德。

(3) 用人单位应当依法建立和完善规章制度,保障劳动者享有劳动权利和履行劳动义务。

(4) 劳动者依照法律规定,通过职工大会、职工代表大会或者其他形式,参与民主管理或者就保护劳动者合法权益与用人单位进行平等协商。

(5) 劳动者就业,不因民族、种族、性别、宗教信仰不同而受歧视。

(6) 妇女享有与男子平等的就业权利。在录用职工时,除国家规定的不适合妇女的工种或者岗位外,不得以性别为由拒绝录用妇女或者提高对妇女的录用标准。

(7) 禁止用人单位招用未满16周岁的未成年人。

(8) 订立和变更劳动合同,应当遵循平等自愿、协商一致的原则,不得违反法律、行政法规的规定。劳动合同依法订立即具有法律约束力,当事人必须履行劳动合同规定的义务。

(9) 下列劳动合同无效:违反法律、行政法规的劳动合同;采取欺诈、威胁等手段订立的劳动合同。无效的劳动合同,从订立的时候起,就没有法律约束力。确认劳动合同部分无效的,如果不影响其余部分的效力,其余部分仍然有效。劳动合同的无效,由劳动争议仲裁委员会或者人民法院确认。

(10) 劳动合同可以约定试用期。试用期最长不得超过6个月。

(11) 劳动合同应以书面形式订立,并包含以下条款:劳动合同期限,工作内容,劳动保护和劳动条件,劳动报酬,劳动纪律,劳动合同终止的条件,违反劳动合同的责任。

四、《中华人民共和国专利法》

《中华人民共和国专利法》(简称《专利法》)的制定是为了保护发明创造专利权,鼓励发明创造,有利于发明创造的推广应用,促进科学技术进步和创新。秘书对此应掌握以下内容。

(1) 发明创造是指发明、实用新型和外观设计。

(2) 执行本单位的任务或者主要是利用本单位的物质技术条件所完成的发明创造,为职务发明创造。职务发明创造申请专利的权利属于该单位;申请被批准后,该单位为专利权人。

(3) 两个以上的申请人分别就同样的发明创造申请专利的,专利权授予最先申请的人。

(4) 转让专利申请权或者专利权的,当事人应当订立书面合同,并向国务院专利行政部门登记,由国务院专利行政部门予以公告。专利申请权或者专利权的转让自登记之日起生效。

(5) 发明和实用新型专利权被授予后,除法律另有规定外,任何单位或者个人未经专利权人许可,都不得实施其专利,即不得为生产经营目的制造、使用、许诺销售、销售、进口其专利产品,或者使用其专利方法以及使用、许诺销售、销售、进口依照该专利方法直接获得的产品。

外观设计专利权被授予后,任何单位或者个人未经专利权人许可,都不得实施其专利,即不得为生产经营目的制造、销售、进口其外观设计专利产品。

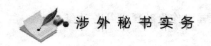

（6）任何单位或者个人实施他人专利的，应当与专利权人订立书面实施许可合同，向专利权人支付专利使用费。被许可人无权允许合同规定以外的任何单位或者个人实施该专利。

五、《中华人民共和国商标法》

《中华人民共和国商标法》(简称《商标法》)的制定是为了加强商标管理，保护商标专用权，促使生产、经营者保证商品和服务质量，维护商标信誉，以保障消费者和生产、经营者的利益，促进社会主义市场经济的发展。秘书对此应掌握如下内容。

（1）经商标局核准注册的商标为注册商标，包括商品商标、服务商标和集体商标、证明商标；商标注册人享有商标专用权，受法律保护。

商标法所称集体商标，是指以团体、协会或者其他组织名义注册，供该组织成员在商事活动中使用，以表明使用者在该组织中的成员资格的标志。

商标法所称证明商标，是指由对某种商品或者服务具有监督能力的组织所控制，而由该组织以外的单位或者个人使用于其商品或者服务，用以证明该商品或者服务的原产地、原料、制造方法、质量或者其他特定品质的标志。

（2）自然人、法人或者其他组织对其生产、制造、加工、拣选或者经销的商品，需要取得商标专用权的，应当向商标局申请商品商标注册。自然人、法人或者其他组织对其提供的服务项目，需要取得商标专用权的，应当向商标局申请服务商标注册。

（3）国家规定必须使用注册商标的商品，必须申请商标注册，未经核准注册的，不得在市场销售。

（4）商标使用人应当对其使用商标的商品质量负责。各级工商行政管理部门应当通过商标管理，制止欺骗消费者的行为。

（5）任何能够将自然人、法人或者其他组织的商品与他人的商品区别开的可视性标志，包括文字、图形、字母、数字、三维标志和颜色组合，以及上述要素的组合，均可以作为商标申请注册。

（6）申请注册的商标，应当有显著特征，便于识别，并不得与他人在先取得的合法权利相冲突。

商标注册人有权标明"注册商标"或者注册标记。

就相同或者类似商品申请注册的商标是复制、模仿或者翻译他人未在中国注册的驰名商标，容易导致混淆的，不予注册并禁止使用。

（7）就不相同或者不相类似商品申请注册的商标是复制、模仿或者翻译他人已经在中国注册的驰名商标，误导公众，致使该驰名商标注册人的利益可能受到损害的，不予注册并禁止使用。

（8）商标注册申请人在不同类别的商品上申请注册同一商标的，应当按商品分类表提出注册申请。

第四节 统计学常识

秘书起草的公文与学生写"作文"是有很大区别的。写作文时完全可以想当然，充分发挥想象力，而且想象力越丰富效果越好；但起草公文时决不能想当然，任何观点都要有事实作依据，而且最好用数据说话，像"也许"、"可能"这类的词基本上不能用。如果秘书总是想当然，数据不准确，那其写的东西就没有什么实用价值，上司不需要那些模棱两可的东西。因此，秘书还必须具备一定的统计学常识，这是分析问题的基本工具。

一、绝对数

统计绝对数是反映在一定时间、空间条件下某种现象的总体规模、总水平或总成果的统计指标，又称为总量指标。例如，北京××科技发展公司2008年年底员工总人数为600人，12辆汽车。

二、相对数

相对数是两个有联系的指标数值的比率，反映现象的相对数量特征。例如，北京××科技发展公司2008年年底员工总人数为600人，而2007年年底员工总人数为500人，故2008年公司员工比2007年增长20%。

1. 计划完成相对数

计划完成相对数是经济现象在某一时间、某类指标的实际完成数与计划完成数对比，反映计划完成的程度，通常用百分数表示，所以又叫做计划完成百分数。其基本计算公式为：

$$计划完成相对数 = 实际完成数 \div 计划完成数 \times 100\%$$

例如，北京××科技发展公司2008年计划完成8 000万元销售额，实际12 000万元，则该公司年生产计划完成相对数为：

$$12\,000 \div 8\,000 \times 100\% = 150\%$$

计算结果说明该公司不仅完成了销售计划，并且超额完成计划：

$$150\% - 100\% = 50\%$$

2. 结构相对数

结构相对数是在分组的基础上，将分组指标与总体指标对比，反映总体部分数值占总体全部数值的比重，常用百分数表示。总体各部分所占比重之和等于100%或1。计算公式如下：

结构相对数＝部分数值÷总体数值×100％

例如,北京××科技发展公司2008年完成销售额12 000万元,其中A型仪器的销售额为6 000万元,那A型仪器的销售额占公司总销售额的结构相对数为:

6 000÷12 000＝50％

3. 比例相对数

比例相对数是反映总体中各组成部分之间数量联系程度、协调平衡状况及比例关系的相对指标。其计算公式为:

比例相对数＝某部分数量÷另一部分数量

例如,北京××科技发展公司2008年年底员工总人数为600人,其中男性员工为450人,女性员工为150人,则该公司男女员工之比是:300∶100。

4. 比较相对数

比较相对数可用来反映同类视像数量特征在不同空间条件下静态对比关系,是不同空间同一时间上同类指标对比的结果。比较相对数的计算公式为:

比较相对数＝甲单位某指标÷乙单位同类指标

例如,北京××科技发展公司2008年销售部人均年奖金为50 000元,而行政部人均年奖金为20 000元。也就是说,销售部人均年奖金是行政部的2.5倍,或者说行政部人均年奖金只有销售部人均年奖金的25％。

5. 强度相对数

强度相对数是两个性质不同而有联系的统计绝对数之比,说明一种现象在另一现象中的强度、密度和普遍程度。其计算公式为:

强度相对数＝某一统计绝对数÷另一性质不同有联系的绝对数

例如,北京××科技发展公司2008年年底有员工600人,其中240人有私家车(自驾车上下班),则该公司员工私家车拥有量为40辆/100人。

6. 动态相对数

动态相对数是同一现象的同类指标在不同时间状态的对比,反映其发展变动方向和变动程度。通常我们把所要研究时间的指标称为报告期水平,把作为对比基础时间的指标称为基期水平。动态相对数也叫做发展速度,一般用百分数表示,说明报告期水平是基期水平的百分之多少。用发展速度减去1(或100％)称增长速度,说明报告期水平比基期水平增长了百分之几。计算公式如下:

动态相对数＝报告期水平÷基期水平×100％

例如,北京××科技发展公司2008年实现纯利1 200万元,2007年实现纯利1 000万元,则该公司2008年的纯利为2007年的1.2倍,也就是说,2008年纯利比2007年同比增长20％。

三、平均数

1. 简单算术平均数

简单算术平均数是总体各单位某一数量的全部标志值的平均,它等于总体各单位某一数量标志值的总和除以总体单位数。计算公式如下：

简单算术平均数＝总体标志值总和÷总体单位数

例如，北京××科技发展公司2008年年底有员工600人，年底共发放奖金1 200万元，故人均奖金为2万元（1 200万元÷600人）。

2．加权算术平均数

加权算术平均数是先将各组标志值与相同组的频数相乘以后得到各级标志值总和，再将各组标志值总和相加求得总体标志值总和，同时，把各组频数相加得到总体单位总数，再将两者相除。

例如，北京××科技发展公司2008年年底有员工600人，年底奖金分为一等奖、二等奖和三等奖三个档次，它们分别是10万元、5万元和1万元。其中拿一等奖的有50人，二等奖的有100人，三等奖的450人，故全公司人均奖金：

全公司人均奖金＝（50×100 000元＋100×50 000元＋450×10 000元）÷600人≈24 000元/人

四、发展速度

发展速度是现象在两个不同时期发展水平的比值，用以表明现象发展变化的相对程度。其基本计算公式为：

发展速度＝报告期水平÷基期水平×100％

发展速度的取值可以大于1或小于1，但不能是负值。

由于基期的选择不同，发展速度有两种，即环比发展速度和定基发展速度。

（1）环比发展速度：是报告期水平与前一期水平之比，用以反映现象逐期发展的相对程度。用公式表示为：

环比发展速度＝报告期水平÷报告前期水平×100％

（2）定基发展速度：是报告期水平与某一固定时期水平（通常是最初水平）之比，用以反映现象在较长一段时期内总的发展速度，又称"总速度"。其计算公式为：

定基发展速度＝报告期水平÷固定基期水平×100％

发展速度示例参见表8-3。

表8-3　北京中商集团2001—2007年实现利润及其发展速度指标

年　份	2000	2001	2002	2003	2004	2005	2006	2007
实现利润（万元）	99 215	109 655	120 333	135 823	159 878	183 868	210 871	246 619
环比发展速度（％）	—	110.5	109.7	112.9	117.7	115.0	114.7	117.0
定基发展速度（％）	100.0	110.5	121.3	136.9	161.1	185.3	212.5	248.6

五、增长速度

增长速度是增长量与基期水平的比值，用以反映现象报告期水平比基期水平的增长程度。其基本计算公式为：

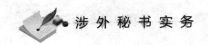

$$增长速度 = 增长量 \div 基期水平 \times 100\%$$

由于"增长量=报告期水平－基期水平",所以:

$$增长速度 = (报告期水平 - 基期水平) \div 基期水平 \times 100\%$$

增长速度一般用百分数表示,当增长速度大于0,表明现象的发展是上涨的(正增长);当增长速度小于0,表明现象的发展是下降的(负增长)。

由于基期的确定方法不同,故增长速度的具体计算方法也有两种,即环比增长速度和定基增长速度。

(1) 环比增长速度:是报告期逐期增长量与前一期水平之比,用以反映现象逐期增长的程度。用公式表示为:

$$环比增长速度 = 逐期增长量 \div 前期水平 \times 100\%$$
$$= 环比发展速度 - 1$$

(2) 定基增长速度:是报告期累计增长量与固定基期水平之比,用以反映现象在较长一段时期内总的增长程度。其计算公式为:

$$定基增长速度 = 累计增长量 \div 固定基期水平 \times 100\%$$
$$= 定基发展速度 - 1$$

增长速度示例参见表8-4。

表8-4 北京中商集团2001—2007年实现利润及其发展速度指标

年 份	2000	2001	2002	2003	2004	2005	2006	2007
实现利润(万元)	99 215	109 655	120 333	135 823	159 878	183 868	210 871	246 619
环比增长速度(%)	—	10.5	9.7	12.9	17.7	15.0	14.7	17.0
定基增长速度(%)	0	10.5	21.3	36.9	61.1	85.3	112.5	148.6

需要注意的是,当报告期水平和基期水平表明的是不同方向的数据时,不宜计算增长速度。例如某公司基期利润为－10万元(亏损),报告期利润为20万元(盈利),如果套用上述公式计算增长速度,则计算结果为:增长速度为－3(倍),这显然与实际情况不符。对这种情况一般只用文字表述,而不计算增长速度。

参考书目

[1] 谭一平.一个外企女秘书的日记[M].北京:学苑出版社,2004.
[2] 〔日〕夏目通利著,谭一平译.秘书常识趣谈[M].北京:经济科学出版社,1989.
[3] 〔日〕田中笃子著,谭一平译.秘书的理论与实践[M].北京:高等教育出版社,2004.
[4] 谭一平.现代职业秘书实务[M].北京:中国人民大学出版社,2007.
[5] 谭一平.秘书工作案例分析与实训[M].北京:中国人民大学出版社,2007.
[6] 谭一平.我是职业秘书[M].北京:机械工业出版社,2008.
[7] 冯修文.文秘英语实训[M].北京:中国人民大学出版社,2008.
[8] 窦卫霖.跨文化商务交流案例分析[M].北京:对外经济贸易大学出版社,2007.
[9] 李学爱.跨文化交流:中西方交往的习俗和语言[M].天津:天津大学出版社,2007.